U0590003

第九章 跨境电商选品与平台选择

整部 跨境电商的选品
整部 跨境电商的平台选择
整部 主要跨境电商平台介绍
案例 Jumia 专注非洲市场
案例 贸易强国：浙江"地瓜经济"
总结 跨境电商选品与平台选择的知识小结

整部 跨境电商的选品原则
整部 跨境电商的选品逻辑
依赖 跨境电商的市场调研
新发展格局与全球产业链供应链合作
依赖 跨境电商平台的选择策略

平台赋能不停步 跨境电商跑出"加速度"

付应用

实验一 卖家账户注册 实训
实验二 企业入驻 实训
实验三 产品管理 实训
实验四 店铺开通与装修 实训
实验五 交易管理 实训
实验六 广告营销 实训
实验七 数据纵横 实训

实验一 卖家账户开通 实训
实验二 卖家账户设置 实训
实验三 商品管理 实训
实验四 配送管理 实训
实验五 买家体验 实训
实验六 订单管理 实训
实验七 广告营销 实训

实验一 注册开店 实训
实验二 产品管理 实训
实验三 订单管理 实训
实验四 客户管理 实训
实验五 广告营销 实训
实验六 业绩分析 实训

AliExpress 平台
Amazon 平台
Wish 平台

第十章 跨境电商综合实训

第一节 跨境电商的主流平台
第二节 跨境电商的单一窗口
第三节 跨境电商虚拟仿真实验

一般货物跨境贸易实训 实训
保税加工料件跨境贸易实训 实训
特定减免税货物跨境贸易实训 实训

实训 跨境电商保税进口虚拟仿真实验
实训 跨境电商数字人直播运营设计与决策优化虚拟仿真实验
实训 电商小件商品快速拣货决策虚拟仿真实验
实训 跨境电商直邮监管虚拟仿真实验

打
莫式
"卡一路"

通

高等院校**跨境电子商务**
新形态系列教材

跨境电商
理论与实务

第二版

伍蓓◎主编

王姗姗 张芮 李进◎副主编

Cross-Border E-Commerce
Theory and Practice

人 民 邮 电 出 版 社
北 京

图书在版编目（CIP）数据

跨境电商理论与实务 / 伍蓓主编. -- 2版. -- 北京：
人民邮电出版社，2024.5
高等院校跨境电子商务新形态系列教材
ISBN 978-7-115-63412-2

Ⅰ．①跨… Ⅱ．①伍… Ⅲ．①电子商务－商业经营－
高等学校－教材 Ⅳ．①F713.365.2

中国国家版本馆CIP数据核字(2024)第000005号

内 容 提 要

党的二十大报告中指出，我国要推进高水平对外开放，加快建设贸易强国，推动共建"一带一路"高质量发展。本书是一部既反映新时代我国跨境电商的新模式、新进展，又体现其发展方向的教材。全书共十章，划分为三大部分：第一部分为跨境电商理论篇，介绍了跨境电商的基本理论及跨境电商政策法规与监管制度；第二部分为跨境电商运作篇，围绕 AliExpress、Amazon、eBay、Wish 四大跨境电商平台，详细讲述了跨境电商物流、跨境电商支付、跨境电商营销、跨境电商通关、跨境电商大数据分析、跨境供应链管理等环节的具体操作流程及技巧；第三部分为跨境电商实务篇，对跨境电商的选品与平台选择进行了详细介绍，并提供了跨境电商三大主流平台、单一窗口、虚拟仿真等综合实训等方面的内容。

本书适合高等院校跨境电子商务、电子商务、国际商务、国际经济与贸易等专业本科生、研究生和工程管理、国际商务专业硕士等学员作为教材使用，也适合电子商务从业人员参考阅读。

- ◆ 主 编 伍 蓓
  副 主 编 王姗姗 张 芮 李 进
  责任编辑 刘向荣
  责任印制 胡 南
- 人民邮电出版社出版发行 北京市丰台区成寿寺路 11 号
  邮编 100164 电子邮件 315@ptpress.com.cn
  网址 https://www.ptpress.com.cn
  三河市祥达印刷包装有限公司印刷
- ◆ 开本：787×1092 1/16 插页：1
  印张：15 2024 年 5 月第 2 版
  字数：388 千字 2025 年 7 月河北第 5 次印刷

定价：59.80 元

读者服务热线：(010)81055256 印装质量热线：(010)81055316
反盗版热线：(010)81055315

　　当前，新一轮科技革命和产业变革突飞猛进，全球数字经济蓬勃发展，以数据要素和数字服务为核心、数字订购与交付为主要特征的数字贸易，成为国际贸易发展的新趋势。跨境电商成为我国发展速度最快、潜力最大、带动作用最强的外贸新业态。如何立足我国数字经济和数字贸易实践，提炼和总结跨境电商的基础理论、知识体系、研究方法论，培养跨境电商精英人才，推动跨境电商高质量发展，是当代高等教育面临的时代命题。

　　浙江工商大学与国内首个跨境电商综合试验区（杭州）、杭州跨境电商综保区共同创建中国（杭州）跨境电商学院，开设了跨境电商微专业、跨境电商与商务智能创新班，推出了跨境电商"6+X"系列精品课程和教材，为全国跨境电商人才培养树立了典范。

　　《跨境电商理论与实务》基于跨境电商全链路知识体系，分为3篇，共计10章。理论篇阐述跨境电商基本理论和法律法规，引入跨境电商的前沿理论；运作篇论述了跨境电商物流、支付、营销、通关、大数据分析、跨境供应链管理，诠释跨境电商的知识体系；实务篇介绍了跨境电商选品、平台选择及综合实训，进一步提升读者的跨境电商实践能力。本书知识体系完善，内容紧密结合行业实践，具有鲜明的时代性、先进性和完整性，力图引导读者从战略视角洞察跨境电商的交叉性、系统性、实践性等特性，全面了解跨境电商的发展趋势和商业实践。本书推出后受到广大师生欢迎。本书第二版新增了国际贸易基础、跨境供应链管理、党的二十大精神及相关典型跨境电商案例、单一窗口实训和虚拟仿真实验等内容。同时，团队还推出了跨境电商概论（双语）等系列慕课，丰富和完善了跨境电商知识体系和教学资源。

　　《跨境电商理论与实务（第二版）》的出版发行，为广大跨境电商从业者、跨境电商科研工作者、跨境电商相关专业学生学习研究跨境电商提供了必要参考。本书整合了政府、知名企业和高校的专家资源，具有鲜明的时代特点、系统的理论体系和丰富的教学资源，为我国跨境电商人才培养做出了有益的贡献。

彭丽芳
厦门大学教授，博导，教育部高等学校电子商务类专业教学
指导委员会副主任委员

党的二十大报告指出，推进高水平对外开放，稳步扩大规则、规制、管理、标准等制度型开放，加快建设贸易强国，推动共建"一带一路"高质量发展，维护多元稳定的国际经济格局和经贸关系。自 2014 年起，政府工作报告已连续 11 年提及跨境电商。跨境电商作为外贸发展的新业态、新动能，在国家政策的支持下，逐渐从试点走向普惠，继续保持着高速发展的态势。2024 年的政府工作报告提出"促进跨境电商等新业态健康发展，优化海外仓布局，支持加工贸易提档升级，拓展中间品贸易、绿色贸易等新增长点。"这是党中央站在新的历史起点上，统筹中华民族伟大复兴战略全局和世界百年未有之大变局作出的重大战略安排，为新时代新征程贸易强国建设指明了前进方向，提供了根本遵循。

浙江工商大学于 2004 年开设电子商务专业，2019 年获批国家一流专业建设点。2019 年，浙江工商大学与国内首个跨境电商综合试验区（杭州）、杭州钱塘新区综合保税区共同创建中国（杭州）跨境电商学院，开设跨境电商微专业。从 2020 年开始，学院招收电子商务（跨境电商方向）、跨境电商与商务智能创新班学生，旨在培养新文科背景下"数字丝路"的跨境电商精英人才，为跨境电商人才培养提供新理念、新模式和新路径。中国（杭州）跨境电商学院获批国家发改委"十四五"教育强国推进工程、浙江省首批重点支持现代产业学院、浙江省首批重点支持虚拟教研室、浙江省产教融合创新深化试点。学院相继推出了跨境电商理论与实务、跨境电商物流与供应链管理、跨境电商营销与大数据分析、跨境电商数字金融等系列慕课和教材，在全国具有良好的示范效应和影响力。

浙江工商大学伍蓓教授领衔编写的《跨境电商理论与实务》由人民邮电出版社于 2021 年 1 月出版，自出版以来印刷已达 10 次，受到了跨境电商理论界和实务界的普遍欢迎，在跨境电商教育教学、人才培养、创新实践等方面发挥了积极作用。近几年，跨境电商持续健康高速发展，成为推动外贸转型升级和高质量发展的新动能和新业态；全面推进全国跨境电商综合试验区建设、积极参与和制定在全球范围内的跨境电商发展规则、鼓励引导多元主体建设海外仓、优化跨境电商零售进口监管、加快构建跨境物流网络成为新时代跨境电商推动数字贸易强国建设的重要举措。

随着跨境电商的制度环境不断优化、跨境电商企业不断成长，科产教融合、大数据和人工智能技术引入等促使我们决定对本书进行再版，以期体现新文科背景下跨境电商的理论和实践新进展，进一步完善跨境电商的知识体系。

《跨境电商理论与实务（第二版）》的变化主要体现在以下三个方面。

一是面向国家重大战略需求，构建新文科背景下跨境电商人才培养的全链路知识体系。本书以跨境电商全链路知识体系为核心内容（如图 0-1 所示），分为三个部分。第一部分为跨境电商理论篇，增加了国际贸易基础的内容，系统介绍了跨境电商的基本理论及跨境电商政策法规与监管制度；第二部分为跨境电商运作篇，增加了跨境供应链管理的内容，围绕 AliExpress、Amazon、eBay、Wish 四大跨境电商平台，详细讲述了跨境电商物流、跨境电商支付、跨境电商营销、跨境电商通关、跨境电商大数据分析、跨境供应链管理等环节的具体操作流程及技巧；第三部分为跨境电商实务篇，增加了单一窗口和虚拟仿真实验的内容，对跨境电商选品与平台选择进行了详细介绍，并介绍了跨境电商三大主流平台、单一窗口、虚拟仿真实验等综合实训相关内容。本书理论体系完整，四大跨境电商平台操作内容通俗易懂，

前言

既具有理论前瞻性和学术性，又具备实操性和指导性，为从事跨境电商类工作的读者提供了全方位的解析和多维度的提升指导。

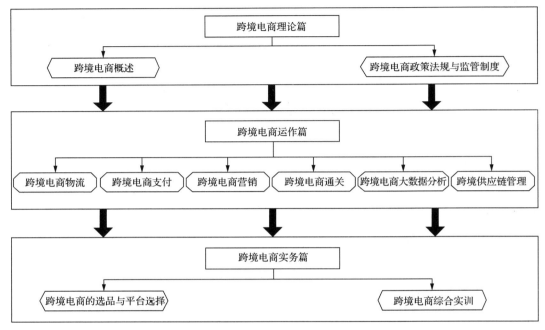

图 0-1　本书框架

二是扎根中国大地，厚植跨境电商行业的时代前沿案例。本书更新了所有章的导入案例，增加了兰亭集势、亚马逊、京东物流国际供应链、Barbox 宠物品牌盲盒销售、Jumia、人工智能和大数据与跨境电商等反映跨境电商时代的前沿案例。结合党的二十大精神和跨境电商全链路知识点，每章增设了价值目标，围绕"家国情怀、大国担当、系统思维、国家安全、文化自信、创新思维"提炼了 150 个价值理念，在每章末尾增加了杭州跨境电商综试区、海关"前店后仓"监管模式、物流方案、SHEIN 的数字化柔性供应链、"多边数字货币桥"、国货出海、"智慧口岸"、浙江"地瓜经济"等本土跨境电商行业发展案例。更新了每章末的 8 个知识点，分别从跨境政策、行业案例、研究报告、知识解读、跨境时事新闻等角度拓展读者的知识面。

三是嵌入基于知识图谱的数字资源，提升学生的创新能力和实践能力。本书按照跨境电商的全链路知识体系，提取了 200 多个知识节点、40 多个教学德育融合点，为每章建构了 AI 知识图谱，为读者系统梳理知识提供数字化手段。浙江工商大学跨境电商团队领衔拍摄了"跨境电商理论与实务""跨境电商物流与供应链管理""跨境电商与数字金融""跨境电商营销与大数据分析"等 4 门核心课程的数字慕课，在智慧树上线，形成了跨境电商全链路知识体系的跨境电商微专业。"跨境电商概论（双语）"为省一流课程，采用双语在线慕课，在中国大学慕课上线，从跨境电商前世今生、流量密码、运营之道、统筹规划、物转星移、杭州实践、"大咖"面对面等方面进行跨境电商知识讲授，丰富和完善跨境电商的理论框架。实务篇提供的亚马逊、速卖通和 Wish 仿真平台、跨境贸易单一窗口、虚拟仿真实验等能有效提升学生的实践能力。本书还提供了 PPT 课件、电子教案、教学大纲、微课视频、实验手册、思维导图、知识点拓展、试卷和习题答案等 10 个学习包，读者可登录人邮教育社区获取。

本书具有如下特色。

一是价值引领，融入习近平新时代中国特色社会主义思想和党的二十大精神。本书围绕党的二十大报告提到的贸易中国、数字中国、对外开放格局等重要精神，提炼了 150 个价值理念，通过每章的跨境电商行业案例、拓展知识点融入前沿案例和党的二十大精神，构建 AI 知识图谱。

二是体系完备，构建跨境电商人才培养的全链路知识体系。本书从跨境电商的理论、运作和实务 3 个维度详细地介绍了跨境电商理论体系、政策法规、物流、支付、营销、通关、大数据分析、跨境供应链管理、选品、平台选择和综合实训。前 9 章章前设置了导入案例，章末设置了案例分析、练习题、知识点拓展等模块。读者可通过上机实训软件模拟 AliExpress、Amazon、Wish、单一窗口及数字虚拟人、保税进口、仓储管理等跨境电商平台的相关操作，提高实践操作能力。

三是科产教融合，紧跟国家重大战略需求和时代前沿。本书由中国（杭州）跨境电商学院、中国（杭州）跨境电商人才联盟、国家电子商务虚拟仿真实验教学中心、中国（杭州）跨境电商综合试验区、杭州综合保税区、跨境电商百人会合作完成，引入了前沿的跨境电商政策制度、行业洞察、跨境周报、知识解读等内容，增设了大量的中国本土案例，使读者在掌握跨境电商基础理论知识的基础上，深入洞察跨境电商的新发展情况及前沿动态。本书是国家社科重点项目系列成果之一，书中也融入"一带一路"、RCEP、DEPA 国际规则及跨境电商推动数字贸易强国建设等领域的知识，开阔了学科专业视野。

四是数字赋能，打造数字时代背景下的新形态教材。本书提供了丰富的数字资源，并采用纸质教材和数字教材双发行模式。本书依托中国大学慕课和智慧树平台上线的"跨境电商概论（双语）""跨境电商理论与实务"等 5 门数字慕课、全英文慕课"Cross-Border E-Commerce"，为全国读者提供丰富的教学资源。本书系统梳理了跨境电商知识点，构建了 AI 知识图谱；提供跨境电商三大主流平台、单一窗口和虚拟仿真上机实训软件和实训教程，有效地提升了读者的实践能力；同时，本书与全国大学生电子商务"三创赛"、浙江省大学生电子商务竞赛跨境电商实战赛道接轨，快速提升学生的实践创新能力。

五是慕课西行，搭建中西部高等教育的空中之桥。浙江工商大学跨境电商学院响应教育部"慕课西部行计划"号召，先后与新疆科技学院、新疆理工学院开展了"跨越千里 慕课西行""金专西行"等系列活动。"跨越千里 慕课西行"也入选高校在线开放课程联盟的"慕课十年典型案例"、国家高等教育智慧教育平台浙江工商大学智慧教育平台试点创新案例、教育部在线教育研究中心"拓金计划"第三批示范课程，为中西部高校教学资源共享课堂高质量发展奠定了坚实基础。

本书由伍蓓担任主编，王姗姗、张芮、李进担任副主编。具体分工如下：第一章由伍蓓、吴伟峰、李进编写，第二章由王安菁、伍蓓编写，第三章、第四章由叶新娜、伍蓓编写，第五章、第六章由张文艺、伍蓓编写，第七章、第九章由王姗姗编写，第八章由伍蓓、金明寒、李进编写，第十章由张芮、张研研、顾晨磊编写；导入案例和思政案例由伍蓓、申配宁编写；附录部分由

前言

蔡逸编写。伍蓓、李进负责知识图谱建设。杭州市商务局武长虹，杭州跨境电商综保区张立溧、俞宙，跨境电商百人会的诸多企业家给予本书很多指导，在此表示感谢。

感谢教育部和浙江省高等学校电子商务类专业教学指导委员会指导，感谢刘军、覃征、彭丽芳、华迎、陈进、李琦、马述忠等诸多教授对我校跨境电商学院人才培养和本书的支持。同时也特别感谢杭州市商务局王永芳，跨境电商综合试验区（杭州）施黄凯、陈卫菁、武长虹、陈健，杭州跨境电商综保区李俊、朱政、张立溧、李路宁、周郑宇、俞宙、陈可等对跨境电商学院建设的大力支持。感谢浙江工商大学跨境电商的中英文拍摄团队张芮、毛郁欣、邓弋威、李修琳、吴功兴老师，感谢郁建兴、王永贵、金一斌、李军、丁一志、赵英军等领导对跨境电商学院的支持，感谢陈展宏等所有热爱跨境电商学院并且一直在付出的老师们和同学们。

本书是国家社科基金重点项目（22AGL002）、浙江工商大学"数字+"学科（ZJ2022B002）阶段性成果，浙江省一流线上课程、浙江省普通本科高校"十四五"新文科重点建设教材、浙江工商大学"数字+"专业建设成果（教材系列）。在编写本书过程中，编者参考了相关的教材、论文、期刊以及众多网站中的内容，在此对相关作者表示衷心的感谢。跨境电商作为新兴产业，发展迅猛，知识更新和迭代也较快，很多相关的概念和观点在理论及实践层面都还需进一步沉淀，因此衷心希望各位读者能提出宝贵的意见（意见可发至邮箱 kjdsllysw666@163.com），以便持续完善本书。

跨越未来，境无止尽！希望本书提供的跨境电商理论框架和实践平台能对跨境电商从业者具有启发和参考价值。在此，祝愿我国的跨境电商产业发展得越来越好，走向全球，引领世界！

伍 蓓

浙江工商大学教授 博导

浙江工商大学教务处处长

浙江省高等学校电子商务类专业教学指导委员会秘书长

《跨境电商理论与实务（第二版）》配套数字资源

资料一 （教辅资料）	1. 课件 PPT（第一章～第九章） 2. 电子教案（第一章～第八章） 3. 教学大纲和教学日历（第一章～第八章） 4. 思维导图（第一章～第八章） 5. 课程试卷（6 套） 6. 习题答案（第一章～第八章）
资料二 （数字资源）	**1. AI 智慧课程** （1）中国大学慕课平台（http://www.icourse163.org） 课程名：跨境电子商务概论（双语） （主讲教师：伍蓓、张芮、毛郁欣、李修琳、邓弋威） （2）智慧树平台（http://www.zhihuishu.com） 课程名：跨境电商理论与实务 （主讲教师：伍蓓、张芮） 学校：浙江工商大学 **2. 中英文慕课**（智慧树平台 http://www.zhihuishu.com） （1）课程名：Cross-Border E-commerce（英文） （主讲教师：伍蓓、张芮、毛郁欣、李修琳、邓弋威） （2）课程名：跨境电商物流与供应链管理 （主讲教师：伍蓓、李修琳） （3）课程名：跨境电商营销与大数据分析 （主讲教师：毛郁欣、吴功兴） 学校：浙江工商大学 **3. 数字教材**（青蓝云数字教材平台 www.qldbook.com） **4. 授课微视频**（第一章～第八章） **5. 知识图谱**（知识点（230+）的 AI 知识图谱）
资料三 （产教融合）	**联合杭州跨境电商百人会、跨境电商主流平台、跨境电商综合试验区、杭州跨境电商综保区共同打造创新实践资源** 1. 跨境电商主流平台 Amazon/AliExpress/Wish 模拟软件实验手册 2. 跨境电商单一窗口模拟软件实验手册 3. 跨境电商虚拟仿真实验手册 4. 跨境电商各章节自编实验手册
资料四 （价值引领）	**课程学习资源**（第一章～第八章） 1. 学习手册（第一章～第八章课程学习素材） 2. 课程设计方案（每章节的课程知识要素及典型案例） 3. 微案例（国货之光、丝路电商、义乌绽放）
资料五 （科教融汇）	**拓展知识点**（第一章～第八章） 内容包括跨境政策、行业案例、研究报告、知识解读、跨境时事五大模块，与跨境电商理论前沿、商业实践紧密结合
资料六 （一带一路 慕课西行）	1. 高校在线开放课程联盟的"慕课十年典型案例" 2. 国家高等教育智慧教育平台浙江工商大学智慧教育平台试点创新案例 3. 浙江工商大学与新疆理工学院，新疆科技学院"跨越千里 金专西行"创新案例

注：欢迎登录人邮教育社区（www.ryjiaoyu.com）获取相关资源。配套的数字教材已上线，欢迎登录青蓝云数字教材平台（www.qldbook.com）进行学习。
教材编辑：刘老师，2354879773（QQ 号）
邮箱：kjdsllysw666@163.com

目录 —————————————————— CONTENTS

CONTENTS ———————————————————— 目 录

目录 —————————————— CONTENTS

I

跨境电商理论篇

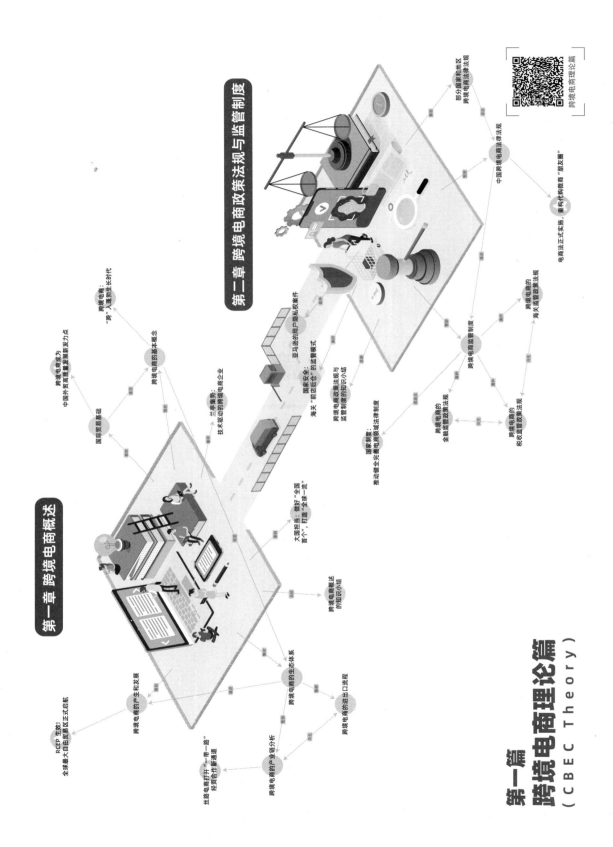

第一篇
跨境电商理论篇
（CBEC Theory）

第一章 跨境电商概述

跨境电商打开"一带一路"
经贸合作新通道

RCEP 生效！
全球最大自由贸易区正式启航

丝路电商

跨境电商的产生和发展

跨境电商的产业链分析

跨境电商的出口流程

跨境电商的生态体系

跨境电商概述
的知识小结

大国担当：做好"全国
首个，打造"全球一流"

国际贸易基础

跨境电商的基本概念

跨境电商应为
中国外贸高质量发展新发力点

跨境电商：
"勇"入海外生长时代

兰亭事势：
技术驱动的跨境电商企业

国家安全：
海关"前店后仓"的监管案件

亚马逊的用户隐私权案件

跨境电商政策法规与
监管制度的知识小结

国家制度：
推动健全完善跨境电商领域法律制度

跨境电商的
金融监管政策法规

跨境电商的
税收监管政策法规

跨境电商的
海关监管政策法规

中国跨境电商法律法规

部分国家和地区
跨境电商法律法规

跨境电商政策制度

电商法正式实施，
重构代购商"朋友圈"

第二章 跨境电商政策法规与监管制度

跨境电商理论篇

第一章
跨境电商概述

知识结构图

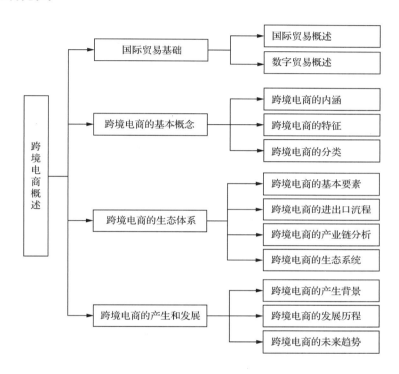

学习目标

知识目标

1. 了解国际贸易和数字贸易的基本概念。
2. 掌握跨境电商的基本概念。
3. 掌握跨境电商的生态体系。
4. 了解跨境电商的产生背景和发展历程。

价值目标

1. 了解跨境电商的产生背景、发展和未来趋势，树立爱国主义情怀和民族自豪感。
2. 学习跨境电商经典案例，树立大国担当、使命担当的意识。

导入案例

兰亭集势：技术驱动的跨境电商企业

近几年来，兰亭集势发布的财务报表所显示的营业收入都相当可观，并且一直处于上升的状态。面对充满不确定性的市场环境和更为审慎的全球用户，兰亭集势仍然砥砺前行，取得了越来越优秀的成绩。

兰亭集势是一家以技术驱动、大数据为贯穿点，整合供应链生态圈服务的在线 B2C 跨境电商公司。该公司为全世界小零售商提供一个基于互联网的全球整合供应链，通过其创新的商业模式、领先的精准网络营销模式、世界一流的供应链体系，依托包括谷歌、eBay、UPS 在内的全球合作伙伴，将中国的产品直接卖给国外终端消费者。

作为数字化科技驱动的跨境平台企业，兰亭集势高度注重自身研发能力的提升，花重金进行技术研发。兰亭集势在互联网上开拓了丰富的营销渠道，并依托技术手段实现精准营销，直销到个体消费者，同时在生产环节展示更多的灵活性，实现了小批量多批次生产。从供应链到消费端，兰亭集势致力于持续完善全链路数字化建设，优化跨境零售的"人""货""场"关系网，提升客户购物体验，在产品设计和供应链等方面持续投入。

（资料来源：逯宇铎，陈璇，孙速超. 跨境电子商务案例 [M]. 北京：机械工业出版社，2020：156-157.；兰亭集势 LITB 公众号）

讨论题：兰亭集势为何能成为中国跨境电商平台的领头羊？

第一节　国际贸易基础

一、国际贸易概述

1. 国际贸易的含义

国际贸易（International Trade）是指世界各国或地区之间进行的商品和服务的交换活动。它既包含有形商品（实物商品）交换，也包含无形商品（劳务、技术、资本、咨询等）交换。它不仅是商品和服务的交换，而且是国家间深度的经济、技术和文化交流。通过国际贸易，各国或地区可以根据自身的比较优势，充分利用并分配全球资源，从而实现资源配置的最优化。这样，每个国家或地区都可以专注于它最擅长的领域，同时从其他国家获取它缺乏的资源或服务，从而提高全球整体的生产效率和生活质量。此外，国际贸易也为消费者带来了更丰富且高质量的商品和服务选择。这个过程中的竞争促使企业提高商品质量，降低商品价格，进一步推动了技术创新和经济发展。

国际贸易已经超越了单纯的商品和服务交换，进一步拓展到了跨国投资、技术合作、跨境服务等领域。跨国公司的崛起和发展，极大地推动了国际贸易的进步，进而加速了全球经济一体化和产业链全球化的进程。更重要的是，国际贸易为各国或地区提供了大量的就业机会，刺激了经济增长，并加强了各国或地区间的互相联系和合作。这对促进世界和平与发展具有重要的意义。

2．国际贸易的特点

国际贸易有别于国内的其他贸易形式，其特点主要体现在以下几个方面。

（1）跨国界性和国际分工

国际贸易涉及不同国家或地区之间的商品和服务的交换活动，是跨越国界的经济活动。国际贸易促进了全球范围内的国际分工，各国或地区可以专注于自己的特色产业和优势领域，通过贸易与其他国家或地区进行合作，实现资源的有效利用和经济的发展。

（2）货币和汇率体系

不同国家或地区之间存在不同的货币和汇率体系，需要进行货币兑换和支付方式的调整，期间汇率的波动会对贸易成本和收益产生影响，并带来汇率风险。

（3）经济政策和政治因素

国际贸易容易受到各国或地区的贸易政策、关税和贸易协定等经济政策的影响，同时也容易受到如贸易争端、制裁措施等政治因素和国际关系的影响。此外，欧盟（EU）、亚太经济合作组织（APEC）和北美自由贸易协议（NAFTA）等经济合作组织和区域一体化协定也对国际贸易有着重要影响。

（4）语言、法律和风俗习惯

由于不同国家或地区之间的语言、法律和风俗习惯存在差异，国际贸易面临着跨文化沟通、法律合规等问题。语言障碍、法律失误、文化误解都可能导致贸易活动失败，因此理解和遵守不同国家的语言、法律和风俗习惯至关重要。

（5）风险和不确定性

国际贸易面临的风险和不确定性相对较高，风险包括政治不稳定、贸易政策变化、汇率波动、物流和运输风险、法律和合规风险、自然灾害等，这些风险引发的不确定性都可能导致国际贸易的供应链中断、产能减少、运输出现问题等。

3．国际贸易的作用

国际贸易在全球经济中扮演着重要的角色，在参与贸易的国家与地区的经济发展中具有广泛的影响，具体表现在以下几个方面。

（1）拓展国际市场，促进经济发展

国际贸易为经济增长和发展提供了重要的动力。跨越关境的经济活动为企业提供了拓展国际市场的机会。通过出口产品，企业可以进入全球市场，扩大销售规模，增加收入和利润。各个国家或地区可以利用自身的资源和优势，通过开放市场和扩大贸易，刺激生产和就业，从而推动经济发展。

（2）调节各国或地区市场的供求关系

国际贸易通过供给国或地区提供产品和服务，满足需求国或地区的需求，从而平衡各国或地区市场上的供求关系。如果一个国家或地区的产品供不应求，它可以通过进口来满足境内市场的需求，避免物价上涨和市场紧缺的情况。相反，如果一个国家或地区有过剩的产品，它可以通过出口将产品销售到其他国家或地区，避免境内市场过剩的问题。

（3）优化各国或地区生产要素配置

由于自然条件不同，社会经济条件有差异，任何一个国家或地区都无法完全具备发展所需的生产要素。国际贸易使得各国或地区可以根据自身资源和生产要素的优势进行国际分工，实现生产要素的优化配置。一国或地区可以通过进口需要的生产要素来满足自身生产的需求，而将自身富余的生产要素出口到其他国家或地区，以获得相对稳定的经济发展。

（4）引进先进技术，实现产业结构升级转型

一方面，国际市场上日益激烈的竞争迫使企业努力改进或引进技术，促使传统产业转型升级，从低附加值商品和服务生产向高附加值商品和服务生产转变。这种结构优化有助于提高产业的竞争力和附加值，为国家创造更多的经济价值。另一方面，国际贸易还可以促进新兴产业的发展，为创新和高科技产业提供更多的市场机会。这种结构优化有助于推动经济的转型升级，提高国家或地区的产业竞争力和创新能力。

（5）提高国民福利水平，满足人民群众的物质文化需要

国际贸易通过对进口商品征收关税和其他税收为国家或地区增加了财政收入的来源，政府可以将这些收入投入国内的公共服务和社会福利，提高国民的福利水平。同时通过国际贸易的交换活动，可以节约社会劳动，增加社会生产总量，满足人民群众日益增长的物质文化需要。

（6）加强各国经济联系，促进文化交流

随着经济全球化，国际贸易在全球经济中越来越重要。经济全球化促使各国或地区之间的经济联系更加紧密，促使世界总体的生产力进一步发展。同时，国际贸易通过各国或地区间相互合作，分享不同的价值观和风俗习惯，从而促进了不同国家或地区之间的互相理解和尊重，有助于维护世界和平和增进文化交流。

二、数字贸易概述

1. 数字贸易的产生与发展

数字贸易深度融合实体经济，对全球贸易格局产生了深远影响。经过对数字贸易发展的梳理，按照时间维度，可以将数字贸易的发展历程划分为以下几个阶段。

萌芽阶段（1990—2000年）：这个阶段是数字贸易的起步阶段，互联网的普及和商业化开启了数字化交流和交易的新时代。电子邮件、网站和电子商务平台的出现为企业和消费者提供了在线交流和交易的机会。

过渡阶段（2001—2010年）：在这个阶段，数字贸易迅速扩张、规模不断扩大，产生了重要的影响力。电子商务平台的兴起，如亚马逊、阿里巴巴和eBay等，推动了跨境在线零售和B2B交易的发展。同时，数字支付和物流技术的进步也提高了数字贸易的便捷性和安全性。

成长阶段（2011年至今）：在这个阶段，数字贸易进入了创新驱动成长的时期。移动互联网的普及和智能手机的普及使移动支付和移动购物成为主流。同时，新兴技术如大数据分析、云计算、人工智能和物联网等的应用，为数字贸易带来了更多的创新机会和商业模式的变革，如共享经济、在线服务和数字内容消费等。

随着技术的不断进步和全球数字化的加速推进，数字贸易将继续发展并进入成熟阶段。随着5G网络的普及和边缘计算的发展，数字贸易将更加智能化、高效化和个性化。同时，数字贸易面临的挑战也将增加，包括数据安全和隐私保护、数字鸿沟的缩小以及数字经济治理等问题。

2. 数字贸易的定义与分类

2013年，美国国际贸易委员会（USITC）首次对数字贸易进行了定义，即通过互联网传输产品和服务的国内贸易和国际贸易总称，涵盖数字内容、社交媒体、搜索引擎、其他数字产品和服务四类。2017年，美国国际贸易委员会在原有基础上优化了数字贸易的定义和分类，将数字贸易产品和服务划分为六大类：互联网基础设施和网络通信服务、云计算服务、数字内

容、电子商务、数字技术的行业应用以及消费者通信服务和相关设备。此外，2020 年 3 月，OECD[①]、WTO、IMF 发布《关于衡量数字贸易的手册》，将数字贸易定义为"所有通过数字订购和 / 或数字交付的贸易"。

我国商务部服务贸易和商贸服务业司在 2019 年发布的《中国数字服务贸易发展报告 2018》中，首次提出了数字服务贸易的定义，即采用数字化技术进行研发、设计、生产，并通过互联网和现代信息技术手段为用户交付的产品及服务，是以数字服务为核心、数字交付为特征的贸易新形态。随后又在《中国数字贸易发展报告 2021》中，根据数字贸易交付标的，将数字贸易进一步细分为数字技术贸易、数字产品贸易、数字服务贸易、数据贸易四大领域。其中，数字技术贸易包括：软件、通信、大数据、云计算、区块链、工业互联网等数字技术的跨境贸易；数字产品贸易包括：数字游戏、数字内容出版、数字影视、数字动漫、数字广告、数字音乐等数字内容产品的跨境贸易；数字服务贸易包括：跨境电商的平台服务、数字金融与保险、远程教育、远程医疗等通过数字形式交付的服务；数据贸易主要是数据跨境流动。

3. 数字贸易与跨境电商的关系

一方面，跨境电子商务（以下简称"跨境电商"）是数字贸易的一个重要组成部分，它强调通过线上电商平台进行商品和服务交易，为中小企业提供参与全球贸易的机会。相对于传统实体贸易，跨境电商降低了进入门槛和成本，使中小企业能够更容易地进入国际市场，从而扩大业务范围。跨境电商不仅涉及在线购物、支付、物流等数字化交易方式，还不断拓展商务活动的半径，整合传统贸易供应链和产业链，推动生产贸易活动的数智化转型，推动数字贸易的发展和应用。

另一方面，数字贸易涵盖在数字环境下进行的所有跨境贸易活动，是跨境电商未来发展的高级目标。数字贸易强调数据的价值和利用，企业通过数据分析和人工智能技术来更好地了解消费者需求、预测市场趋势，并根据数据洞察进行精准的营销和个性化服务。数据驱动的贸易模式有助于促进不同行业之间的跨界整合和创新，使跨境电商将不再局限于有形商品的交易，还包含数字资产、在线教育、远程医疗等无形商品的交易，从而推动跨境电商新的商业模式和价值链的形成。

第二节 跨境电商的基本概念

一、跨境电商的内涵

随着数字经济、网络技术、电子支付等新兴科技手段的普及和贸易全球化的发展，跨境电商已成为国际贸易中的重要分支，同时也成为全球经济发展的新业态和全球国际贸易的新引擎。根据中国海关统计，2022 年，中国跨境电商进出口规模首次突破 2 万亿元，比 2021 年增长 7.1%，占全国货物贸易进出口总值的 4.9%。2022 年上半年，中国外贸进出口规模在历史同期首次突破 20 万亿元。其中，跨境电商进出口 1.1 万亿元，同比增长 16%。据世界贸易组织预测，2026 年之前全球 B2C 跨境电商将保持 27% 的增速。

跨境电商的
基本概念

---

① 经济合作与发展组织（Organization for Economic Co-operation and Development，OECD），简称经合组织。

跨境电商（Cross-Border E-Commerce）是指处于不同国家（地区）的交易主体，以电子商务平台为媒介，以信息技术、网络技术、支付技术等为技术支撑，完成商品的线上交易、支付结算，并通过跨境物流或异地存储将商品送达消费者手中的国际商务活动。跨境电商源于电子商务，是电子商务的新模式和新业态，包括海淘、代购、跨境零售和跨境企业对企业（Business to Business，B2B）等模式。

广义的跨境电商基本等同于外贸电商（B2B），是指处于不同国家（地区）的交易主体，通过电子商务的手段将传统进出口贸易中的展示、洽谈和成交环节电子化，并通过跨境物流送达商品、完成交易的一种国际商业活动。跨境电商是电子商务在进出口贸易中的应用，是传统国际贸易商务流程的电子化、数字化和网络化。它涉及许多方面的活动，包括货物的电子贸易、在线数据传递、电子资金划拨、电子货运单证等内容。

狭义的跨境电商基本等同于跨境零售企业对个人（Business to Customer，B2C）和个人对个人（Customer to Customer，C2C），是指处于不同国家（地区）的交易主体，通过互联网平台达成交易、进行支付结算，并采用快件、小包等行邮方式通过跨境物流将商品送达消费者手中的交易过程。

二、跨境电商的特征

1. 多边化

传统的国际（地区间）贸易主要表现为两国（地区）之间的双边贸易，即使有多边贸易，也是通过多个双边贸易实现的，呈线状结构；跨境电商则可以通过 A 国（地区）的交易平台、B 国（地区）的支付结算平台、C 国（地区）的物流平台，实现其他国家（地区）间的直接贸易。与贸易过程相关的信息流、商流、物流、资金流也由传统的双边逐步向多边演进，呈网状结构。跨境电商正在重构世界经济秩序。

2. 直接化

传统的国际（地区间）贸易主要由一国（地区）的进/出口商通过另一国（地区）的出/进口商集中进/出口大批量货物，然后通过境内流通企业的多级分销，使货物到达有进/出口需求的企业或消费者手中，进出口环节多、时间长、成本高、效率低。跨境电商可以通过电子商务交易与服务平台，实现多国（地区）企业之间、企业与最终消费者之间的直接交易，进出口环节少、时间短、成本低、效率高。

3. 小批量

跨境电商是单个企业之间或单个企业与单个消费者之间的交易。相对于传统贸易而言，跨境电商交易大多是小批量，甚至是单件。

4. 高频率

跨境电商是单个企业之间或单个企业与单个消费者之间的交易，同时也呈现即时按需采购、销售或消费的特征。相对于传统贸易而言，跨境电商交易的次数或频率更高。

5. 数字化

传统的国际（地区间）贸易主要是实物商品或服务交易。随着信息网络技术的深化应用，数字化商品（软件、影视、游戏等）的品类和贸易量快速增长，且通过跨境电商进行销售或消费的趋势更加明显。跨境电商就是通过数据驱动的新外贸体系。跨境电商平台可以将各类分散的信息集中起来，使交易信息较容易获得，而且可以通过大数据的积累，为所有参与者建立全新的信用体系，让买卖双方的交易容易达成。

6. 全球化

与传统的交易方式相比，跨境电商的一个重要的特点在于它是一种无边界交易，突破了传统交易所具有的地理因素的限制。企业不需要跨越国界就可以把商品和服务，尤其是高附加值的商品和服务提供给市场。任何人只要具备一定的技术手段，在任何时候、任何地方都可以发布信息、相互联系并进行交易。跨境电商大大提高了贸易自由度，因此它具有全球性和非中心化的特性。

三、跨境电商的分类

1. 跨境进口和跨境出口

根据商品流向的不同，跨境电商可分为跨境进口和跨境出口。

（1）跨境进口

跨境进口的传统模式是海淘，即境内消费者在境外 B2C 网站购物，然后境外 B2C 网站通过直邮或转运的方式将商品运送至境内。除了可以直邮的商品品类，境内消费者只能借助转运物流的方式接收货物。简单来说，海淘就是在境外设有转运仓库的转运公司代替消费者在位于境外的转运仓库收货，之后再通过第三方或转运公司自营的跨境物流将商品发送至境内口岸。

主要的跨境进口模式有"直购进口"模式和"保税进口"模式。

"直购进口"模式是指符合条件的电商平台与海关联网，在境内消费者跨境网购后，由企业将电子订单、支付凭证、电子运单等实时传输给海关，然后商品通过海关跨境电商专门监管场所入境，按照个人邮递物品纳税。与传统的模式相比，"直购进口"模式商品符合国家海关监管政策，清关更"阳光"，消费信息也更透明，同时商品来源和服务也比较有保障。

"保税进口"模式则是指境外商品整批抵达境内海关监管场所——保税港区。在消费者下单后，商品从保税港区直接被发出，在海关等监管部门的监管下实现快速通关，在几天内被配送到消费者手中。"保税进口"模式借助了保税港区特殊的监管政策优势，采取"整批入区、B2C 邮快件缴纳行邮税出区、最后缴纳综合税"的方式，大大降低了电商企业进口商品的价格。同时，从境内发货的形式也缩短了消费者从下单到收货的时间。

（2）跨境出口

跨境出口是指国内电商企业通过电子商务平台达成出口交易、进行支付结算，并通过跨境物流送达商品，完成交易的一种国际商业活动。

跨境出口电商市场中的电商企业根据营业模式的不同可以分为 4 类：第一类是 B2B 模式下的信息服务平台，该类跨境电商平台作为第三方，主要为供应商发布信息或帮助分销商、零售商搜索信息，最后为交易双方提供撮合服务，代表企业有阿里巴巴国际站、环球资源、中国制造网等；第二类是 B2B 模式下的交易服务平台，能够实现供需双方的网上交易和在线电子支付，代表企业有敦煌网、大龙网等；第三类是 B2C 模式下的平台型网站，这类网站涉及出口电商的各个环节，除了开放买家和卖家数据外，还包括开放商品、店铺、交易、物流、价格、仓储、营销推广等各环节和流程的业务，代表企业有亚马逊、全球速卖通等；第四类是 B2C 模式下的自营型网站，这类网站对其经营的商品进行统一生产或采购、商品展示、在线交易，并通过物流配送将商品送到最终消费者手中，代表企业有环球易购、兰亭集势等。

2. 跨境电商一般贸易和跨境电商零售

根据交易主体的不同，跨境电商可分为跨境电商一般贸易和跨境电商零售。

（1）跨境电商一般贸易

跨境电商一般贸易也称为跨境电商 B2B 贸易，是指分属不同关境的企业直接面向企业在线销售商品和服务，通过电商平台达成交易、进行支付结算，并通过跨境物流送达商品、完成交易的一种国际商业活动，已纳入海关一般贸易统计。从本质上讲，其仍为一般贸易类型，只是促成交易的手段与时俱进，享受科技便利化的成果。

跨境电商 B2B 贸易所面对的最终用户为企业或集团，提供企业、商品、服务等相关信息。目前，我国跨境电商市场中跨境电商 B2B 市场交易规模占总交易规模的 90% 以上。在跨境电商市场中，企业级市场始终处于主导地位。

（2）跨境电商零售

跨境电商零售又可分为跨境电商 B2C 和跨境电商 C2C。跨境电商 B2C 是分属不同关境的企业直接面向个人消费者在线销售商品和服务，通过电商平台达成交易、进行支付结算，并通过跨境物流送达商品、完成交易的一种国际商业活动。跨境电商 B2C 面对的最终用户为个人消费者，其针对最终用户以网上零售的方式售卖商品。在跨境电商 B2C 模式下，我国企业直接面对个人消费者，以销售个人消费品为主，物流方面主要采用邮政物流、商业快递、专线物流及海外仓储等方式。而跨境电商 C2C 是个人与个人之间的跨境电商，其优点是用户群体广泛，成为卖家用户的门槛比较低，相对更自由；缺点是卖家用户不易管理、竞争激烈，产品质量参差不齐。

从交易规模上看，跨境电商 B2B 贸易占据跨境电商的主要市场份额，但其监管措施与传统一般贸易差异较小，而国家重点探索的贸易模式是跨境电商 B2C，尤其是跨境零售进口。

3. 平台型跨境电商、自营型跨境电商和独立站

根据运营方式的不同，跨境电商可分为平台型跨境电商、自营型跨境电商和独立站。

（1）平台型跨境电商

平台型跨境电商在线上搭建商城，整合物流、支付、运营等服务资源，吸引卖家进驻，并为其提供跨境电商交易服务。同时，平台以收取卖家佣金及增值服务佣金为主要盈利模式。平台型跨境电商采用轻资产运作模式，重点在于售前引流、招商及平台管理等，售后只在一定程度上参与物流和服务，以弥补线上入驻卖家的不足，代表企业有亚马逊、速卖通、敦煌网、环球资源、阿里巴巴国际站等。

（2）自营型跨境电商

自营型跨境电商在线上搭建平台，整合供应商资源，以较低的价格采购商品，然后以较高的价格售出商品，主要以获取商品差价为盈利模式。自营型跨境电商需要参与整个销售流程的运作，包括选品、供应商选择、物流与售后服务等多个环节，代表企业有兰亭集势、米兰网、大龙网等。

（3）独立站

独立站是指基于 SaaS 技术平台建立的拥有独立域名，内容、数据、权益私有，具备独立经营主权和经营主体责任，由社会化云计算能力支持，并可以自主、自由对接第三方软件工具、宣传推广媒体与渠道的新型官网（网站）。独立站最早出现在 2004 年左右，如 Shopify、FunPinPin、Wix、LTD 等建站 SaaS 平台。独立站起初是借助 Goolge 搜索引擎等第三方媒体的流量平台，帮助中小电商卖家以自己官网的形式实现"在线销售"。随着技术的发展，独立站逐渐拓展了全行业（包括 B2B、B2C 与咨询服务类）商家，甚至包括一些中大型企业，帮助它们实现"销售自动化，服务在线化"的数字化经营应用模式，代表企业有 SHEIN、Anker 等。

第三节　跨境电商的生态体系

一、跨境电商的基本要素

跨境电商包括信息流、资金流和货物流三大要素，涵盖了物流、仓储、支付、通关等环节。

1. 信息流

跨境电商平台的信息流是指信息的传播与流动，一般分为信息采集、传播和加工处理，其基本任务是让用户了解商品的类型、价格及特点。跨境电商平台依托互联网的技术力量，运用搜索引擎、社交媒体、邮件、视频等不同的载体来引流，从而实现精准营销，提升重复购买率和用户黏性。跨境电商在发展中，除了鼓励电商平台利用各种传播媒介提高境外影响力，还要通过培训和典型示范，鼓励外贸企业和制造企业采取跨境电商 B2B 和跨境电商 B2C 全网营销的方式来提高商品曝光率；鼓励外贸企业和制造企业选择阿里巴巴国际站、亚马逊、中国制造网、敦煌网、大龙网等跨境电商平台，通过谷歌等搜索引擎和社交工具来实现精准化营销；鼓励外贸企业和制造企业主动创造品牌，提高境外影响力。

2. 资金流

跨境电商平台的资金流是指用户确认购买商品后，将自己的资金转移到商家账户的过程，其基本任务是成功地向境外购买者收取不同种类的货币及接入各类不同的本土支付方式。传统一般贸易往往采取信用证结算，即开证行应申请人（买方）的要求，按其指示向受益人开立的载有一定金额的、在一定期限内凭符合规定的单据付款的书面保证文件。这种传统的信用证结算方式涉及银行核验单证的真实性及开证行的资信调查等内容，存在流程烦琐、交易时间长的问题。在跨境电商金融支付中，银行是国际清算的主体，第三方跨境支付机构通常与银行合作开展跨境支付业务。

3. 货物流

跨境电商平台的货物流是指物品从供应地到接收地的实体流动过程，包括运输、储存、装卸、搬运、包装流通加工等环节。大多数跨境电商借助于全球的物流商（DHL、UPS、FedEx、TNT 等）及境外邮政国际小包来完成商品的运送和投递。实践中，物流成本在跨境电商贸易总成本中占据 1/3。目前，阿里巴巴国际站和一达通的盈利模式除了平台的账号收入，主要通过一站式外贸综合服务来赚取利润；亚马逊等跨境电商平台则把盈利点放在了跨境物流上，通过自建海外仓、在全球布局仓储设施实现分级配送，赚取物流运输中的利润。一些跨境电商平台和应用型企业也根据需要探索适合自己的物流路径，加快公共海外仓布局，优化跨境物流体验；一些龙头企业，如菜鸟网络运用大数据驱动建立智能物流体系，全面提高、优化跨境电商的供应链分析和整合能力。

二、跨境电商的进出口流程

跨境电商的出口流程是生产商或制造商将生产的商品在跨境电商企业的平台上展示，在商品被选购，用户下单并完成支付后，跨境电商企业将商品交付物流企业进行投递，相应商品经过两次（出口地和进口地）海关通关商检后，最终送达消费者或企业手中。有些跨境电商企业直接与第三方综合服务平台合作，让第三方综合服务平台代办物流、通关商检等一系列环节，从而完成整个跨境电商交易。跨境电商的进口流程方向与出口流程方向相反，其他内容则基本相同。跨境电商进出口涉及的主要环节及流程如图 1-1 所示。

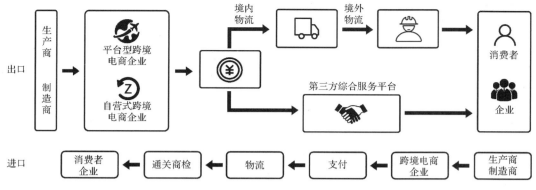

图 1-1 跨境电商进出口涉及的主要环节及流程

三、跨境电商的产业链分析

　　跨境电商的产业链涉及跨境电商企业、金融服务企业、技术服务企业、物流服务企业及营销服务企业等多个业务主体，各业务主体紧密联系，构成了跨境电商的产业链。跨境电商产业链图谱如图 1-2 所示。

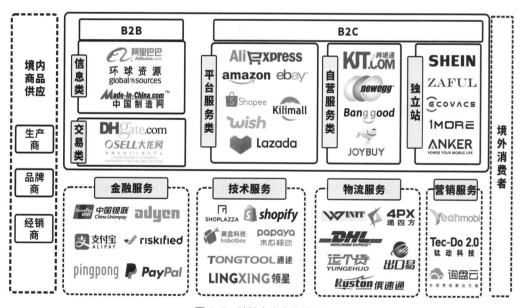

图 1-2 跨境电商产业链图谱

1. 跨境电商企业

　　跨境电商企业主要包含平台型跨境电商企业和自营型跨境电商企业两种。平台型跨境电商企业主要提供信息服务和交易服务，包含 B2B 和 B2C 两种类型；自营型跨境电商企业的所有商品均为境外生产或销售的正品，其根据商品的受欢迎程度和境内消费者一定时期内购物记录的大数据分析，有针对性地通过渠道批量采购商品至境内，最后在平台上架销售。

2. 金融服务企业

　　跨境电商由于涉及跨境转账，其支付过程与境内电商采用的支付宝、微信支付、网银等支付方式的差别较大。不同的跨境支付方式有不同的金额限制和到账速度。总体来看，跨境支付方式有两大类：一类是线上支付，包括各种电子账户支付方式和国际信用卡，由于线上支付手段通常有交易额的限制，所以比较适合小额的跨境零售；另一类是线下汇款模式，比较适合大金额的跨境 B2B 交易。

3. 技术服务企业

技术服务企业是指专门为跨境电商企业提供技术支持和服务的企业。它们通常提供跨境电商平台搭建、数据分析等技术解决方案，帮助企业实现跨境电商业务的顺利运营。相关企业主要包括 Shopify、木瓜移动、通途、领星等。

4. 物流服务企业

受制于地理、通关等因素，跨境电商的物流环节与境内电商的物流环节有较大的不同，物流运输企业为跨境电商企业提供物流服务。目前，在常用的国际物流方式中，B2C 企业以商业快递（如 DHL、UPS、TNT 等）、邮政渠道（如中国邮政）、自主专线（如中东专线 ARAMEX、中俄专线）等方式为主，B2B 企业以空运、海运和各式联运为主。

5. 营销服务企业

营销服务企业主要为跨境电商企业提供跨境电商产品线上运营、多渠道营销推广等服务，代表企业有询盘云、钛动科技（Tec-Do）、易点天下（Yeahmobi）等。

四、跨境电商的生态系统

跨境电商涵盖了物流、信息流、资金流三大基本要素。随着跨境电商经济的不断发展，跨境电商核心企业吸引并孵化了一些配套的企业。软件公司、代运营公司、在线支付公司、物流公司等配套企业开始向跨境电商企业集聚，服务内容涵盖了网店装修、图片翻译描述、网站运营、营销、物流、退换货、金融服务、质检、保险等。整个行业的生态体系越来越健全，分工越来越清晰，并逐渐具有生态化的特征。目前，我国的跨境电商服务业已经初具规模，有力地推动了跨境电商行业的快速发展。基于交易平台的跨境电商生态系统如图 1-3 所示。

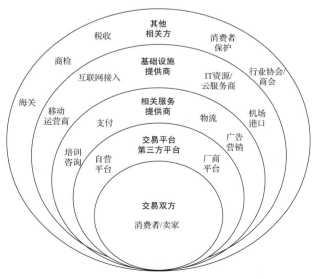

图 1-3　基于交易平台的跨境电商生态系统

第四节　跨境电商的产生和发展

一、跨境电商的产生背景

随着经济全球化、贸易一体化与电子商务的迅猛发展，跨境电商成为全球商品和贸易的一种新型商业贸易方式。近年来，跨境电商发展迅猛，成为"一带一路"倡议的先导和突破点，已经从一种经济现象发展成一种商业模式，并固化为一种以跨境电商平台为依托、以大数据为支撑、以数据技术为驱动的新型数字贸易方式。

跨境电商的
产生和发展

1. 全球贸易模式的转变成为跨境电商发展的契机

随着国际分工的深化和互联网的发展，外贸领域逐步出现了一种新型贸易方式，它将传统的大额交易转变为小额、多批次、高频率的采购。进口商采购行为的变化促使以互联网为基础的跨境小额批发和外贸零售业务迅速发展起来。同时，个人购买者可以在全球购物网站上进行比价以购买性价比高的商品，贸易主体和购买行为的改变成为推动跨境电商发展的强大引擎。

2. "一带一路"倡议为跨境电商注入新的发展动力

"一带一路"倡议为跨境电商与"中国智造"和"中国制造"走向世界的结合注入了新的发展动力。跨境电商模式为中国商品提供了一个无地理界限的平台，使企业和消费者、生产商和经销商、供货商和订货商摆脱了传统贸易模式下的时间和空间限制。同时，"一带一路"倡议完善经济合作机制，为跨境电商创造了良好的政治经济合作环境，有助于我国跨境电商产业的全球布局。"一带一路"倡议涵盖了 60 多个国家和地区，44 亿人口，经济总量约占全球的30%，具有巨大的市场潜力。

3. 政策红利和良好的营商环境推动跨境电商发展

2013 年以来，国家密集出台了一系列鼓励和规范跨境电商发展的政策，从监管、支付、税收等方面支持跨境电商的发展。2023 年 4 月，国务院办公厅发布《国务院办公厅关于推动外贸稳规模优结构的意见》，其中提到推动跨境电商健康持续创新发展，积极发展"跨境电商 + 产业带"模式，带动跨境电商企业对企业出口。同年 6 月，海关总署推出的优化营商环境 16 条中，明确提出促进跨境电商持续健康发展，包括：有序开展跨境电商海关监管综合改革，研究完善跨境电商网购保税监管制度措施；实现电子缴税功能，便利企业线上办理缴税业务。积极扩大优质产品和服务进口，创新发展服务贸易、数字贸易，推进实施跨境服务贸易负面清单。深化通关便利化改革，加快国际物流体系建设，有力推动跨境电商的发展。

二、跨境电商的发展历程

跨境电商的发展历程大致分为以下 3 个阶段。

1. 萌芽期：跨境电商风起云涌（1997—2007 年）

早在 20 多年前，跨境电商的雏形就已经存在，跨境电商 B2B 平台也开始兴起，我国的外贸 B2B 电子商务网站——中国化工网、中国制造网、阿里巴巴国际站等相继成立。这些跨境电商平台为中小企业的信息及产品提供网络平台展示、交易撮合等基础服务，其主要采用的是网上展示、线下交易的外贸信息服务模式，在网络上不涉及任何交易环节。此时，第三方平台的盈利模式主要是向进行信息展示的企业收取会员费（如年服务费）。萌芽阶段的跨境电商在发展过程中，逐渐衍生出竞价推广、咨询服务等为供应商提供的信息流增值一条龙服务，代表企业主要有阿里巴巴国际站和环球资源。其中，阿里巴巴国际站成立于1999年，以网络信息服务为主、线下会议交易为辅，是我国最大的外贸信息黄页平台之一，现已从线上B2B信息服务平台逐步发展为B2B跨境在线交易平台，是目前全球最大的跨境B2B平台之一。

2．发展期：跨境电商群雄争霸（2008—2013年）

在这一阶段，跨境电商B2C出口平台起步，同时跨境电商B2B平台发展迅猛。随着全球网民渗透率的提高及跨境支付、物流等服务水平的提高，2008年前后，面向境外个人消费者的中国跨境电商零售出口业务（B2C/C2C）蓬勃发展，DX、兰亭集势、全球速卖通等皆是顺应这一趋势成长起来的跨境电商B2C网站。2010年，全球速卖通正式上线，行业加速发展。跨境电商零售的发展使得国际贸易主体、贸易方式等发生了巨大变化，我国大量中小企业、网商开始直接深入参与国际贸易。在这个阶段，跨境电商平台开始摆脱纯信息黄页的展示方式，将信息展示、线下交易、支付、物流等流程电子化，逐步成为在线交易平台。与萌芽期相比，发展期更能体现电子商务的本质，借助于电子商务平台，通过服务、资源整合有效打通上下游供应链。这一阶段的盈利模式的特点是以收取交易佣金替代了收取会员费。

3．腾飞期：跨境电商蓬勃发展（2014年至今）

从2014年起，随着一系列促进跨境电商发展政策的出台和监管措施的实施，我国跨境电商的发展进入腾飞期。这是跨境电商发展的重要转折点。在这一阶段，跨境电商B2C进口平台起步，跨境电商B2C出口平台迎来了良好的发展时机，同时跨境电商B2B出口平台也开始从信息发布展示平台向在线交易平台转型。近几年，我国对跨境电商零售进口进行监管制度创新，促进了我国跨境电商零售进口的迅猛发展，推动了一大批跨境电商零售进口平台和企业的诞生，包括天猫国际、考拉海购、洋码头、小红书等，跨境电商全产业链出现了商业模式的变化。在这一阶段，跨境电商具有大型工厂上线、传统规模型外贸企业陆续登场、B类卖家成规模、中大额订单比例提高、大型服务商加入、移动用户量爆发和移动跨境电商逐渐走向主流等特征。与此同时，跨境电商平台服务全面升级，平台承载能力更强。全产业链服务在线化也是此阶段的重要特征，用户群体由草根创业向工厂、外贸公司转变，且具有极强的生产、设计和管理能力。另外，平台销售产品由网商、二手货源产品向一手货源的高品质产品转变。

三、跨境电商的未来趋势

1．跨境电商的新格局

随着全球经济的快速发展，电子商务在国际贸易中的地位越来越重要，已发展成为对外贸易的必然趋势。跨境电商作为电子商务的一个重要分支，也受到了高度重视。据统计，目前我国跨境电商主体已超10万家，进出口额1亿元以上的约7 800家，设立跨境电商海外仓的超1 500个，面积超1 900万平方米，近90%的海外仓已开展信息化智能化建设。我国批准设立的165个跨境电商综合试验区覆盖了31个省（自治区、直辖市）。跨境电商在电商市场中占据着举足轻重的地位。目前，我国的跨境电商仍处于高速发展时期，政府也出台了各项利好政策，跨境电商的发展潜力巨大。

从国际市场来看，一是经济全球化将深入发展，贸易自由化和区域经济一体化将继续推进，双边和区域自由贸易协定数量不断增加，国际产业转移从加工制造环节向产业链两端延伸，为中国延伸产业链条、优化要素配置带来机遇；二是新兴经济体和发展中国家工业化、城镇化进程加快，经济有望保持较快发展，为中国开拓市场提供新的支撑；三是科技创新孕育新兴产业，有利于加快产业升级，促进国际分工深化，推动产业发展并扩大国际贸易空间。

从国内市场来看，一是中国产业体系日益完善，基础设施建设明显改善，劳动力素质不断提高，科技创新日益深化，出口产业综合优势进一步增强；二是产业结构升级，城镇化和人民生活水平提高，带动各类生产资料和生活资料进口增长；三是战略性新兴产业快速发展，带动相关产品和技术的进出口，专业市场开展对外贸易，将为外贸增长提供新的增长点；四是国家加快中西部开发速度，提高沿边开放水平，中西部地区和沿边地区贸易投资环境进一步改善，吸引投资和产业转移的能力增强，使进出口具备了更快发展的基础和条件。

跨境电商产业格局具有以下几个特点。

（1）进口跨境电商迎来"寡头时代"

2019年9月6日，网易与阿里巴巴共同宣布，阿里巴巴确认以20亿美元全资收购跨境电商平台考拉海购，收购后的考拉海购将保持独立品牌运营，天猫进出口事业群总经理刘鹏兼任考拉海购CEO。这次巨资收购引发了业内的广泛热议。阿里巴巴收购考拉海购的意义有三点。一是获取规模优势。收购考拉海购后，阿里巴巴在进口电商市场的份额接近60%，相对于其他竞争对手具有明显的规模优势，天猫国际成为国内首个进口商品数超百万的跨境电商平台。二是业务模式互补。考拉海购的业务模式是"保税电商＋直采自营"，天猫国际是开放平台，二者的业务模式有很强的互补性，可以和客户资源相互打通，特别是考拉海购的自营业务，对阿里巴巴正在进行的线下扩张和新零售整合具有很大帮助。三是业务能力协同。考拉海购的供应链和客服系统可以和阿里巴巴的供应链和客服系统打通，菜鸟网络可以和考拉海购各地保税仓打通，蚂蚁金服能够提供更多供应链金融服务。同时，阿里巴巴强大的数据和信息技术能够为考拉海购赋能。这些都为考拉海购业务的持续快速增长提供了良好的基础。

（2）出口跨境电商的独立站越来越受市场青睐

跨境电商独立站如Shopee、沃尔玛（Walmat）的良好业绩，使更多的跨境电商卖家开始向独立站发展。从全球来看，电商市场重心开始转移，传统欧美电商市场逐渐变成一片红海，电商增速逐步放缓；与此同时，东南亚、中东以及印度和俄罗斯等新兴电商市场正在成为电商创业的热点地区，也是今后资本的重点布局方向。从模式来看，电商平台红利消失，必然会使独立站和私域流量重新得到重视。因此，Shopify异军突起，在第三方平台和独立站之间保持平衡成为一种新的发展策略。在跨境电商综合试验区等政策的带动下，中国跨境电商生态不断完善。数据显示，中国跨境电商主体已超10万家，建设独立站超20万个，综合试验区内跨境电商产业园约690个，与29个国家或地区签署了双边电子商务合作备忘录。

（3）社媒传播成为跨境电商的重要营销方向

目前，"95后"消费群体逐渐占据更重要的市场地位。这一新消费群体追求时尚、潮流化的生活，因此跨境电商在宣传营销方面应更多采用符合年轻人审美的元素、使用为年轻人所喜爱的方式，如海淘直播、社交电商等。它们将成为未来跨境电商营销的重要方向。在短视频平台崛起的同时，直播行业快速发展，直播成为中国社交电商最热、最新的模式。2019 年，我国第一家电商企业（如涵）在纳斯达克上市。在美国，美妆品牌 Glossier 为"网红经济"树立了成功的标杆。Glossier 提倡独特的美学理念，拥有更加反映时代和市场需求的品牌定位和营销理念，这是它能够在众多品牌之中杀出重围的根本原因。

（4）跨境电商更重视口碑建设

在消费升级的背景下，正品保障是海淘用户的核心需求。用户更加注重购物体验和品牌价值，也对各大跨境电商平台提出了更严格的要求。用户要求提高、市场监管趋严，促使各大跨境电商平台纷纷采取各项正品保障措施，通过技术赋能供应链发展，加强从采购到供应的全流程控制，在保障消费者权益、提升用户购物体验方面取得了一定进展。海淘用户对品牌、品质的重视程度不断提高，平台的社会舆论和口碑对用户的选择日益具有影响力，负面舆论极易导致营业情况的不稳定，因此未来将会有更多跨境电商企业重视舆情监测和预警，积极维护和建设平台口碑，也将会在公共关系方面增加投入。

2．跨境电商的新规则

（1）eWTP 的提出背景

面对跨境电商供应链全球化的新特征，全球小微企业和个人依托电商平台、普惠金融、智能物流、云和大数据、跨境服务等新型商业基础设施，与大型公司一起"买全球、卖全球"，正在成为新一轮全球化的重要驱动力量。如今，大型采购商和贸易商的采购需求大幅下降，以跨国公司为主导的区域分工体系逐渐瓦解。全球范围内的中小企业，甚至个人卖家正在通过互联网达成交易，大量小而散的参与者进入国际贸易的价值链分工。

2016 年，时任阿里巴巴集团董事局主席的马云现身博鳌亚洲论坛，并出席"eWTP：互联网时代的全球贸易规则"主题午餐会，代表中小企业组提出构建 eWTP 世界电子贸易平台的倡议。马云呼吁在全世界建立一个 eWTP，让这个平台专注于服务 80% 的没有机会参与全球化的企业，专注于小企业和发展中国家。如果说 WTO 过去一直是在帮助跨国企业和发达国家，那么eWTP 未来 30 年应该专注于帮助那些 80% 的中小企业、80% 的发展中国家以及 80% 的妇女和年轻人，让他们更有机会在这个平台上得到发展。

（2）eWTP 的内涵

eWTP（Electronic World Trade Platform），即世界电子贸易平台，它旨在促进公私对话，推动建立相关规则，为跨境电商的健康发展制定切实有效的政策并营造有利的商业环境；主要目的是帮助发展中国家和中小企业参与全球化，为全世界中小企业打造一个真正属于自己的、可以自由公平开放贸易的平台。这一平台应该由商业驱动，真正设置一套为中小企业解决发展问题、为年轻人解决就业问题的方案。eWTP 能够大幅减少贸易成本，降低中小企业参与全球价值链的门槛。另外，其在线支付工具将提供快捷的支付方式，对中小企业的现金流和营运资本产生积极的影响。所以，这一模式如若实施良好，将会被应用到更多发展中国家和最不发达国家。

（3）eWTP 的发展

eWTP 是由私营部门引领、市场驱动、各利益相关方共同参与的世界电子贸易平台，主要通过开展公私对话和机制性合作，探讨全球电子贸易的发展趋势、面临的问题，并推广商业实践和最佳范例，孵化全球电子贸易的规则和标准，为全球互联网经济和电子商务发展创造更加有效、充分和普惠的政策和商业环境。eWTP 可帮助全球发展中国家、中小企业、年轻人更方便地进入全球市场、参与全球经济。在未来，eWTP 不仅是个开放的国际交流合作平台，还有望进一步发展成一个全球性的、繁荣的电子贸易生态体系。而全球中小企业和消费者将在其中发挥重要作用，并从中真正受益，更好地成为全球化的参与者和受益者。

（4）eWTP的实践探索

eWTP杭州实验区建设以"一带一路"倡议为统领，充分利用基础设施互联互通和跨境电商的双重便利优势，积极推进市场层面和制度层面的创新探索与联动发展，促进中小企业和个人通过运用跨境电商更加自由、便利、规范地参与世界贸易，着力建设自由便捷、开放高效的世界电子贸易大通道，加快打造数字丝绸之路枢纽。从市场层面来看，eWTP杭州实验区应重点发展世界电子贸易新模式，培育世界电子贸易新业态，鼓励企业运用互联网、大数据、人工智能等新技术，创新发展跨境电商B2B、企业对企业对个人（Business to Business to Customer，B2B2C）、B2C、线上对线下（Online to Offline，O2O），以及移动电商、社交电商等新模式；大力支持阿里巴巴等本土电商平台的国际化发展，积极引进亚马逊等境外知名电商平台；通过构建智能物流网络、完善跨境支付体系、拓展第三方服务，拓宽世界电子贸易进出口双向通道，更好地实现全球卖和全球买。从制度层面来看，eWTP杭州实验区应着力推进政策创新和孵化合作机制，充分发挥杭州互联网创新应用和跨境电商发展的优势，加快建设数字口岸、探索数字认证、创新数据监管、推广数据应用、优化数字服务、发展数字金融，建立适应世界电子贸易发展的政策体系和制度环境。同时，eWTP杭州实验区应充分发挥阿里巴巴等eWTP倡议方的作用，搭建公私对话和交流合作平台，为世界电子贸易发展和全球网络经济增长贡献"杭州力量"。

3．跨境电商的新趋势

（1）跨境电商的运营合规化

2019年10月26日，国家税务总局发布《关于跨境电子商务综合试验区零售出口企业所得税核定征收有关问题的公告》，出台了跨境电商出口企业所得税核定征收办法，规定应税所得率统一按照4%确定。该公告自2020年1月1日起施行。除此之外，全国各地方人民政府也在陆续推出各项跨境电商合规业务与服务，包括郑州等城市开通"9610"海关监管条件下的跨境出口通关规范操作、武汉跨境电商综合试验区"无票无税"平台的运行、深圳沙田海关解决跨境电商出口商品退货进境问题等。特别是针对企业退货难的问题，海关总署要求优化跨境电商商品进出口退货措施，完善升级退货中心仓功能，试点开展跨境电商网购保税零售进口跨关区退货模式，研究扩大跨境电商一般出口商品跨关区退货试点。

（2）跨境电商的通关便利化

优化营商环境是党中央、国务院的重大决策部署，口岸通关便利化是营商环境的重要组成部分。中国海关把"放管服"改革与优化营商环境结合起来，积极开展促进贸易便利化专项行动，稳步推进"简流程、减单证、提速度、降成本"等重点工作，推出"单一窗口"、海运口岸"两步申报"、进口商品检验第三方采信制度等便利化举措，进一步高质量推进口岸营商环境优化，完善管理制度，解决企业痛点，提高海关监管效能，激发市场活力，为外贸发展创造优质的环境。我国跨境电商将继续借鉴杭州模式，在完善进口电商管理之后继续规范出口电商。我国跨境电商改革试点成果"1210""9610""9710""9810"将成为全球跨境电商规范化、便利通关的中国经验、中国标准和中国技术。

（3）跨境电商的供应链体系完整化

供应链体系在跨境电商行业的发展中起到了至关重要的作用。供应链体系不完善的跨境电商平台可能存在商品品质无法保障、跨境物流时效慢、商品价格不实惠、售后服务不好等问题，使发展受到制约。供应链体系完善的跨境电商平台，如 Young boss 在创立之初就开始布局境外供应链和仓储物流，采用产地直采模式，使商品经过中国内地、中国香港双海关监管验证和 CIC 承保。同时，七大海外仓＋香港中转仓＋内地五大保税仓，不仅从源头确保了商品品质，还大大提升了跨境物流时效，降低了物流成本，同时也让商品价格更加实惠。商务部表示，将发展"跨境电商＋产业带"，依托中国 165 个跨境电商综合试验区，结合各地的产业禀赋和区位优势，推动更多地方特色产品更好地进入国际市场。同时，支持指导跨境电商综合试验区进一步优化服务平台功能，引导海外仓企业对接线上综合服务平台，力争集通关、税收、金融、海外仓储功能于一体，实现"一点接入、一站式"供应链综合服务。

案例分析

大国担当：做好"全国首个"，打造"全球一流"

中国（杭州）跨境电子商务综合试验区（以下简称"杭州综合试验区"）：做好"全国首个"，打造"全球一流"。

"八八战略"实施以来，杭州以"跨境电商综试区"为支点，抓好顶层设计、推动品牌出海、优化服务生态，撬动"开放齿轮"加速转动，不断擦亮跨境电商"全国第一城、全球第一流"金名片，争当"地瓜经济"提能升级模范生。

杭州综合试验区几年来一直抓好顶层设计，打造跨境电商创新发展策源地。杭州综合试验区建设形成以"六体系两平台"为核心的政策框架，不断深化"六体系两平台"实践，引领跨境电商纵深发展，构建了"一核两翼"的跨境电商总体布局。全市共有线下产业园 32 个，包括 11 家省级跨境电商产业园和 12 家跨境电商品牌出海基地。

经过多年努力，杭州综合试验区已形成通关监管、物流仓储、税务优化、金融外汇等 8 个方面 46 项跨境电商制度创新案例。例如：全国率先应用跨境电商"9610""9710""9810""1210"业务模式；全国率先开展跨境电商立法和建立互联网法院跨境贸易法庭；全国率先试点跨境电商零售出口"无票免税"和所得税核定征收；不断推动品牌出海，引领跨境电商产业高质量发展，蓬勃生长；杭州综合试验区优化服务生态，构建跨境电商国际合作枢纽。

以跨境物流为例，以往国际商业快递、专线物流，存在物流价格较高、费用变化大、配送时效慢等问题。利用自身数字经济优势，杭州综合试验区很早就开始布局建设海外仓，助力企业出海。

杭州综合试验区支持 eWTP（世界电子贸易平台）商业试点，先后落地马来西亚、泰国、墨西哥等 12 个国家和地区。

在金融支付枢纽方面，杭州还拥有 PingPong、连连支付、万里汇、珊瑚支付等 4 家头部跨境支付机构，可以帮助企业节省成本，更便利地"卖全球"。

随着"地瓜经济""一号开放工程"的深入实施，杭州综合试验区将深化先行先试，推动品牌出海，促进跨境电商创新链、产业链、人才链、服务链、金融链、政策链"六链融合"，持续打响跨境电商全国第一城、全球第一流，在服务和融入新发展格局中，迎来更为广阔的发展空间。

（资料来源：中国跨境电商综合试验区）

案例讨论：为什么杭州能发展成跨境电商"全国第一城"？

本章小结

本章主要介绍了国际贸易和数字贸易的基础知识，跨境电商的基本概念、生态体系及其产生和发展。通过对本章的学习，我们了解了国际贸易和数字贸易的含义和分类；了解了跨境电商的内涵及其多边化、直接化、小批量、高频率、数字化和全球化的特点；了解了跨境电商的分类；熟悉了跨境电商的生态系统和未来趋势。

习题

一、名词解释

国际贸易　数字贸易　跨境进口　跨境出口　跨境电商一般贸易　eWTP　自营型跨境电商　第三方综合服务企业

二、选择题

1. 跨境电商的特征包括（　　　　）。
   A. 全球化　　　　　B. 多边化　　　　　C. 直接化　　　　　D. 高频率
   E. 小批量　　　　　F. 数字化

2. 以下属于跨境电商萌芽期特征的是（　　　　）。
   A. 佣金制　　　　　　　　　　　B. 服务商加入
   C. 信息展示收取年服务费　　　　D. 大型工厂上线

3. 跨境电商的基本要素包括（　　　　）。
   A. 信息流　　　　　B. 配送流　　　　　C. 资金流　　　　　D. 货物流

4. 跨境电商的产业链涉及的业务主体有（　　　　）。
   A. 跨境电商企业　　B. 金融服务企业　　C. 物流服务企业
   D. 营销服务企业　　E. 技术服务企业

5. 根据运营方式的不同，跨境电商可分为（　　　　）。
   A. 平台型跨境电商　　　　　　　B. 第三方开放型跨境电商
   C. 自营型跨境电商　　　　　　　D. 在线交易型跨境电商

6. 以下属于跨境电商新趋势的有（　　　　）。
   A. 运营合规化　　　B. 贸易多边化　　　C. 通关便利化　　　D. 供应链体系完整化

7. 国际贸易按照商品移动方向分类包括（　　　　）。
   A. 出口贸易　　　　B. 进口贸易　　　　C. 过境贸易　　　　D. 复进出口贸易

三、主观题

1. 什么是跨境电商？
2. 简述跨境电商的特征。
3. 请概述跨境电商的发展历程。
4. 简述 eWTP 的内涵。
5. 简述跨境电商的进口流程。
6. 跨境电商与传统国际贸易有何区别？
7. 跨境电商和数字贸易有什么关系？

知识点拓展

知识点 1-1：
跨境电商发展
态势

知识点 1-2：
企业海外发展
蓝皮书

知识点 1-3：
全球贸易

知识点 1-4：
进博会

知识点 1-5：
丝路电商

知识点 1-6：
跨境电商
新时代

知识点 1-7：
中国电子商务
发展情况

知识点 1-8：
跨境电商物流
白皮书

第二章

跨境电商政策法规与监管制度

 知识结构图

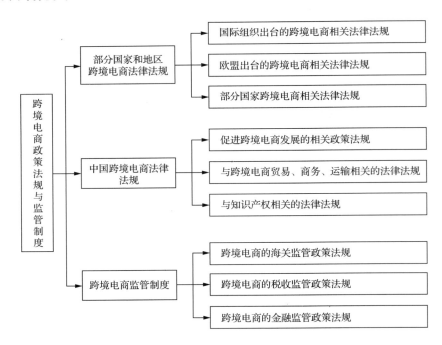

 学习目标

知识目标

1. 了解主要国际组织、部分国家和地区的跨境电商法律法规。
2. 了解我国跨境电商相关法律法规。
3. 了解跨境电商领域与知识产权相关的法律法规。
4. 掌握跨境电商的海关监管、税收监管和金融监管的政策法规。

价值目标

1. 学习跨境电商相关法律法规，树立法治意识。

2. 学习知识产权等相关政策法规，树立正确的数据观、隐私权保护观，提高职业道德水平。

3. 学习各种政策法规，树立国家安全意识。

亚马逊的用户隐私权案件

美国联邦贸易委员会（FTC）宣布，亚马逊分别就其旗下语音助手部门——Alexa 和智能家居公司——Ring 所涉侵犯隐私问题与 FTC 达成和解协议，同意支付共超过 3 000 万美元的罚款。

FTC 表示，亚马逊旗下的 Alexa 未能应要求删除用户的语音信息和地理定位信息，反而将其录音保存了好几年，并一直用录音数据改进产品算法。对此，FTC 宣布的一项和解协议显示，Alexa 需支付 2 500 万美元的民事罚款用于解决其部门违反儿童隐私法的指控。此外，Alexa 还需要删除不活跃的儿童账户，以及一些录音和地理位置信息，并且不可继续使用这些信息来改进其算法。

此外，FTC 还指控，Ring 未能限制其员工和承包商访问用户视频，并在未经同意的情况下使用用户视频来完善其算法，违反了联邦贸易委员会法案中关于不公平或欺骗性商业行为的规定。据悉，Ring 的大量摄像头产品被黑客入侵。一些入侵者不仅观看了用户视频，还利用摄像头骚扰、威胁和侮辱用户，并更改设备的设置。对此，FTC 要求 Ring 删除在 2018 年之前从个人面部收集的任何客户视频和数据。亚马逊因此不得不向用户支付 580 万美元的退款，并将被禁止从非法获得的用户视频中获利。

亚马逊回应称，公司已推出一系列保护儿童隐私的措施。Ring 则表示，在 FTC 开始调查之前，公司就解决了隐私和安全问题。

（资料来源：跨境电商头条公众号）

讨论题：亚马逊旗下的 Alexa 与 Ring 违反了什么法律？

第一节　部分国家和地区跨境电商法律法规

一、国际组织出台的跨境电商相关法律法规

国际组织在电子商务的立法方面做了大量工作。世界贸易组织（WTO）有关电子商务的立法范围涉及跨境交易的税收和关税问题、电子支付、网上交易、知识产权保护、个人隐私、安全保密、电信基础设施、技术标准、普遍服务、劳工问题等，较为典型的法律法规有《服务贸易总协定》《全球电子商务宣言》《电子商务工作计划》等。

1998 年 10 月，经济合作与发展组织（OECD）在加拿大的渥太华召开了题为"一个无国界的世界：发挥全球电子商务的潜力"的电子商务部长级会议，公布了《OECD 电子商务行动计划》《有关国际组织和地区组织的报告：电子商务的活动和计划》《工商界全球电子商务行动计划》，并通过了《关于电子商务身份认证的宣言》《电子商务：税收政策框架条件》等报告。

亚太经济合作组织（APEC）的"APEC 电子商务指导组"近年来专门开会讨论了对跨境网络隐私权的保护，提出了《APEC 跨境隐私规则体系（CBPR）》，号召成员经济体尽力实施隐私框架，用最适合经济体的各种方法确保个人（信息）隐私保护。

联合国（UN）也出台了一系列政策支持跨境电商发展。其中，1996 年 12 月 16 日在联合国国际贸易法委员会第 85 次全体会议上通过的《电子商务示范法》、2001 年颁布的《电子签名统一规则》均是在国际上颇有影响力的电子商务法律文件，也是世界各国立法的参照文本。

二、欧盟出台的跨境电商相关法律法规

欧盟始终将规范电子商务活动作为发展电子商务的一项重要工作，制定了一系列用以规范和指导各国电子商务发展的"指令"，以保障和促进联盟内部电子商务的发展，并期望建立一个清晰的概括性法律框架，以处理欧盟统一市场内部的电子商务相关法律问题。近年来，欧盟出台的主要法律法规有《欧洲电子商务提案》《关于数据库法律保护的指令》《关于消费者权利的指令》《电子隐私条例》《通用数据保护条例》等。

三、部分国家跨境电商相关法律法规

1. 美国的电子商务立法

美国制定了一系列与电子商务相关的法律和文件，在整体上构成了电子商务的法律基础和框架。相关法律和文件具体包括以信息为主要内容的《个人隐私保护法》《电子信息自由法案》《公共信息准则》，以基础设施为主要内容的《1996年电信法》，以计算机安全为主要内容的《计算机保护法》《网上电子安全法案》，以商务实践为主要内容的《统一电子交易法》《国际与国内电子商务签章法》，还有属于政策性文件的《国家信息基础设施行动议程》《全球电子商务纲要》《全球电子商务政策框架》等。

2. 俄罗斯的电子商务立法

俄罗斯主管对外贸易的政府部门包括经济发展部、工业和贸易部、联邦海关署等。经济发展部、工业和贸易部主要负责制定对外贸易的政策和管理对外贸易，签发进出口许可证，制定出口检验制度，管理进出口外汇业务，审批对外贸易协定或公约等；联邦海关署负责执行政府对外贸易管理政策，办理关税和报关等业务。联邦海关署在俄罗斯对外贸易方面制定了一系列法律法规，包括《对外贸易活动国家调节法》《对外贸易活动国家调节原则法》《俄罗斯联邦海关法典》《海关税则法》《关于针对进口商品的特殊保障、反倾销和反补贴措施联邦法》《外汇调节与外汇监管法》《技术调节法》《在对外贸易中保护国家经济利益措施法》等。

俄罗斯是世界上较早进行电子商务立法的国家，颁布了一系列相关的法律法规，包括《俄罗斯联邦信息、信息化和信息保护法》《电子商务法》《电子合同法》《电子文件法》《俄联邦因特网商务领域主体活动组织的建议》《电子商务组织和法律标准》《提供电子金融服务法》《利用全球互联网实现银行系统的信息化法》《国际信息交流法》《俄联邦电子商务发展目标纲要》《国家支付系统法》《电子签名法》《电子一卡通法》及与电子商务税收有关的法律法规等。

3. 巴西跨境电商相关法律

在跨境贸易关税方面，巴西是南方共同市场（MERCOSUR）的成员。MERCOSUR由乌拉圭、巴西、阿根廷、巴拉圭等组成，自2006年开始执行包括全部产品的共同对外关税（CET）。共同对外关税在零关税到35%的从价税之间浮动（特定地区的几种有限的产品除外）。在南方共同市场内部，除了糖、汽车及其零部件，其他商品均可免税流通。

4. 韩国跨境电商相关法律

韩国有关关税的基本法律是《关税法》。该法规定了关税的种类和税率，并规定了关税调整的负责机构。韩国财政经济部是关税政策的制定机构，关税厅及其下属机构是《关税法》的执行机构。此外，韩国跨境电商相关法律还包括《消费者基本法》《电子商务基本法》《电子交易消费者保护法》《产品责任法》《电子单证法》等相关法律法规。

5．日本跨境电商相关法律

日本在跨境贸易方面制定了一系列法律法规，包括《外汇及对外贸易管理法》《进出口交易法》《贸易保险法》《日本贸易振兴机构法》等。根据有关进出口的法律，日本政府还颁布了《输入贸易管理令》和《输出贸易管理令》，日本经济产业省则颁布了具体的《输入贸易管理规则》和《输出贸易管理规则》。

《外汇及对外贸易管理法》规定日本的对外交易活动可自由进行，政府部门仅在必要时采取最低限度的管理和调控。《进出口交易法》允许日本的贸易商在价格、数量等贸易条件方面进行协同，以及结成诸如进出口协会之类的贸易组织，必要时政府可以通过行政命令对外贸进行调控。该法同时确立了日本对外贸易的秩序，以实现对外贸易的健康发展。在此基础上，日本政府制定了《输入贸易管理令》和《输出贸易管理令》，从而对货物进行具体的分类并加以管理。

6．新加坡跨境电商相关法律

新加坡没有基本的贸易法规，其对外贸易政策通过专项法令和条例进行规范实施，关税、贸易禁令等单个贸易政策问题分别由专门的立法机关研究处理。新加坡对外贸易主要涉及的法律包括《进出口贸易规则法令》和《自由贸易区法令》。

《进出口贸易规则法令》重点规定了对进出口货物实行登记注册、管制及控制的政府授权，许可证的发放及撤销、计算机服务等，授权官员可以行使的具体权利包括扣押货物，没收货物、运输工具，检查货物及其包装，搜查以及商业秘密保留等。《自由贸易区法令》重点规定了自由贸易区内商品的处理、自由贸易区内的操作和生产、关税的计算以及管理部门的责任和职能。

第二节　中国跨境电商法律法规

一、促进跨境电商发展的相关政策法规

我国相继出台了众多促进跨境电商发展的相关政策法规，如过去 10 年间陆续出台了几十项促进电商发展的政策。从 2004—2007 年政策起步期的以规范行业发展为主，到 2008—2012 年政策发展期的以支持和引导为主，再到 2013—2014 年的政策爆发期，直至 2014 年至今的政策红利期，我国跨境电商迎来了高速发展的好时机。根据前瞻产业研究院发布的《2019—2024 年中国电子商务行业发展趋势与投资决策分析报告》，截至 2018 年 11 月，我国已经出台全国范围电子商务政策近 20 项，多个省市地区就全国政策给出了相关的指导意见及配套措施，并陆续出台了具体细化的地方性电子商务政策以扶持行业发展。以下为国家在各时期陆续出台的跨境电商发展政策。

中国跨境电商
法律法规

2005 年 1 月 8 日，我国第一个专门指导电子商务发展的政策性文件——《国务院办公厅关于加快电子商务发展的若干意见》颁布。

2012 年 8 月 11 日，中华人民共和国国家发展和改革委员会（以下简称"国家发改委"）下发了《关于开展国家电子商务试点工作的通知》，正式批复同意在全国首批 5 个试点城市（郑州市、杭州市、重庆市、上海市、宁波市）开展跨境贸易电子商务服务试点工作，研究解决跨境贸易电商行业遇到的"三难"问题，拉开了中国跨境电商创新发展的序幕。郑州市针对跨境电商"通关难、退税难、阳光结汇难"问题，率先上报试点方案，率先获批，其试点成功经验被海关总署上升为"1210"模式，并在全国范围内复制推广。

2014 年 7 月 30 日，海关总署 57 号公告增列 "保税跨境贸易电子商务" 海关监管方式代码 "1210"，标志着我国跨境电商发展进入了新的阶段，有着划时代的意义。该公告规定，"1210" 监管方式用于进口时仅限经批准开展跨境贸易电子商务进口试点的海关特殊监管区域和保税物流中心（B 型）。截至 2018 年年底，全国有 37 个试点城市可开展 "1210" 进口业务。此外，海关总署还出台了一系列促进跨境电商通关便利的支持政策。

跨境电商需要国家多个部委的协同共管，除中华人民共和国国务院（以下简称 "国务院"）、国家发改委、中华人民共和国海关总署（以下简称 "海关总署"）外，还涉及中华人民共和国商务部（以下简称 "商务部"）、中华人民共和国财政部（以下简称 "财政部"）、中华人民共和国工业和信息化部（以下简称 "工业和信息化部"）、国家外汇管理局、国家税务总局、中华人民共和国农业农村部、中华人民共和国交通运输部（以下简称 "交通运输部"）、国家市场监督管理总局、中华人民共和国国家邮政局、中国人民银行、国家金融监督管理总局、中央网络安全和信息化委员会办公室、中华人民共和国濒危物种进出口管理办公室、国家密码管理局等多个部门。

2016 年 3 月 24 日，财政部、海关总署、国家税务总局联合颁布了《关于跨境电子商务零售进口税收政策的通知》，之后又相继出台了一系列鼓励跨境电商发展的进口政策，实施新的税收政策并调整行邮税政策。后因政策引起行业熔断而在此进行调整，过渡期内暂不执行 "网购保税进口" 通关单和五大类商品的注册、备案与 "非首次进口" 的要求。此后政策 3 次延期，直到 2018 年 11 月确定跨境电商进出口监管政策。

2021 年 6 月 22 日，为认真落实全国深化 "放管服" 改革着力培养和激发市场主体活力电视电话会议精神，进一步促进跨境电商健康有序发展，助力企业更好开拓国际市场，海关总署推动全国复制推广跨境电商企业对企业出口监管试点。在现有试点海关基础上，在全国海关复制推广跨境电商 B2B 出口监管试点。跨境电商企业、跨境电商平台企业、物流企业等参与跨境电商 B2B 出口业务的境内企业，依据海关报关单位备案有关规定，向所在地海关办理备案。

2022 年 12 月 26 日，为进一步优化口岸营商环境，促进跨境贸易便利化，在前期试点基础上，海关总署、国家发改委、商务部决定自 2023 年 1 月 1 日起对《中华人民共和国农产品进口关税配额证》《中华人民共和国化肥进口关税配额证明》《关税配额外优惠关税税率进口棉花配额证》全面实施电子数据联网核查。

二、与跨境电商贸易、商务、运输相关的法律法规

1. 规范对外贸易主体、贸易规范、贸易监管的一般性法律

跨境电商的参与者大多具有贸易主体的地位，跨境 B2B 电商仍然适用于货物贸易的情形。为规范跨境电商贸易活动，国家提出了一系列指导政策与相关法规，如《中华人民共和国对外贸易法》《对外贸易经营者备案登记办法》《中华人民共和国货物进出口管理条例》。跨境电商合约除了具有电子合同的属性，还具有贸易合同的性质。当前国际上比较重要的公约是《联合国国际货物销售合同公约》。该公约实际上规范的是一般贸易形态内商业主体之间的、非个人使用的、非消费行为的货物销售合同的订立。该公约具体规范了合同订立行为、货物销售、卖方义务、货物相符（含货物检验行为等）、买方义务、卖方补救措施、风险转移、救济措施等。同时，跨境电商合约也需要参照《中华人民共和国民法典》进行规范。

2. 跨境电商商务方面的法律法规（商品质量和消费者权益方面）

在法律实践中，跨境电商常常面临商品质量的责任和纠纷；在贸易过程中，商品质量问题和责任需要通过法律法规进行规范，消费者权益需要通过法律进行保护。我国相继出台了《中

华人民共和国对外贸易法》《中华人民共和国产品质量法》《中华人民共和国消费者权益保护法》《跨境电子商务统计调查制度》《最高人民法院关于审理网络消费纠纷案件适用法律若干问题的规定》等法律法规，对生产者、销售者的责任进行了梳理，对欺诈、侵权的行为进行了规制。

3. 跨境电商运输方面的法律法规

跨境电商交易活动后期会涉及较多的跨境物流、运输问题，涉及海洋运输、航空运输方面的法律。跨境电商运输主要应参照《中华人民共和国海商法》《中华人民共和国民用航空法》《中华人民共和国国际货物运输代理业管理规定》。这些法律法规对承运人的责任、交货提货、保险等事项做了具体规定，同时也对国际贸易中的货物运输代理行为做了规范，厘清了代理人作为承运人的责任。这部分法律法规同时还需要参照《中华人民共和国民法典》进行规范，以解决代理合同当中委托人、代理人、第三人之间的责任划分问题。货运代理的代理人身份和独立经营人身份/合同当事人的双重身份也需要参照《中华人民共和国民法典》进行规范。

三、与知识产权相关的法律法规

跨境电商交易的商品需要遵守专利、商标、著作权等与知识产权有关的规范。跨境电商作为利用电子数据处理技术进行贸易活动的电子化商务运作模式，其核心是"数据信息"，而这些数据信息的内容大多是一连串的文字、图形、声音、影像、计算机程序等作品，这些客体都涉及商标、专利、著作权等不同种类的知识产权。

WTO对电子商务知识产权的保护规定主要体现在1995年的《与贸易有关的知识产权协议》（TRIPS）之中。对于专利权的期限，各国专利法都有明确的规定，发明专利权的保护期限自申请日起计算，一般在10～20年；实用新型专利和外观设计专利权的保护期限，大部分国家规定为5～10年。我国现行《中华人民共和国专利法》规定的发明专利权、实用新型专利权及外观设计专利权的保护期限自申请日起分别为20年、10年和15年。

我国相继出台了《中华人民共和国专利法》《中华人民共和国商标法》《中华人民共和国著作权法》，已经成为《保护工业产权巴黎公约》成员及《商标国际注册马德里协定》同盟方。在加入WTO之后，我国同时也受到《与贸易有关的知识产权协议》的约束。2021年中共中央、国务院印发了《知识产权强国建设纲要（2021—2035年）》，明确提出要完善以企业为主体、市场为导向的高质量创造机制。这些法律及国际公约详细规定了知识产权的性质、实施程序和争议解决机制。

第三节　跨境电商监管制度

一、跨境电商的海关监管政策法规

海关作为跨境电商监管链条的关键环节，在跨境电商政策的制定上有着较高的权力。近年来，海关已经出台多项举措以保证跨境电商的快速发展。中国海关针对跨境电商零售进出口，在建立适合跨境电商发展的管理制度、监管模式和信息化系统建设等方面进行了有益的尝试，探索出一系列新理念、新模式和新手段。其内容概括起来就是"一个理念，两个平台，三单对比，四种模式，五大举措"：始终坚持一个包容、审慎、创新、协同的理念；联通海关监管平台与跨境电商企业平台两个平台；实现交易、支付、物流三方数据与申报信息

跨境电商的
海关监管政策
法规

三单比对；试点网购保税进口、直购进口、一般出口、特殊监管区域出口四种监管模式；实施正面清单管理、征收跨境电商税、实施清单申报、创新退货监管、实现申报信息和扫描图像同屏比对五大举措，以确保有效监管。

自跨境电商发展以来，我国出台了《中华人民共和国海关法》，并通过了《中华人民共和国海关企业分类管理办法》《中华人民共和国海关行政处罚实施条例》。《中华人民共和国海关法》涉及海关的监管职责和对进出境运输工具、货物、物品的查验及关税等内容。《中华人民共和国海关企业分类管理办法》对海关管理企业实行分类管理，对信用较高的企业采用便利通关措施，对信用较低的企业采取更严密的监管措施。同时，我国在通关环节也加强了对知识产权的海关保护，出台了《中华人民共和国知识产权海关保护条例》及其实施办法。针对目前空运快件、个人物品邮件增多的情况，我国出台了一些专门的管理办法，如《中华人民共和国海关对进出境快件监管办法》《关于调整进出境个人邮递物品管理措施有关事宜》（海关总署公告 2010 年第 43 号）等。

为加快跨境电商商品的通关速度，中国海关为跨境电商量身打造了涵盖"企业备案、申报、征税、查验、放行"等各个环节的无纸化流程，实现了通关手续的"前推后移"。自 2014 年起，海关总署出台了一系列有利于跨境电商发展的政策，如 2016 年 4 月 6 日公布的海关总署公告 2016 年第 26 号《关于跨境电子商务零售进出口商品有关监管事宜的公告》，确认了不同参与者向海关发送相关数据的义务。在 B2C 电子商务进口报关前，电子商务平台公司、金融机构、物流公司应当通过海关总署开发的跨境电商进口统一版系统，分别向海关发送交易、支付和物流的"三单"电子数据，以便海关提前对商品名称、价格、运费、购买人实名信息等数据进行比对。

2018 年 11 月 28 日发布的《商务部 发展改革委 财政部 海关总署 税务总局 市场监管总局关于完善跨境电子商务零售进口监管有关工作的通知》规定了跨境电商零售进出口商品监管工作，以促进跨境电商健康有序发展。

2020 年 6 月 12 日公布的海关总署公告 2020 年第 75 号《关于开展跨境电子商务企业对企业出口监管试点的公告》贯彻落实党中央国务院关于加快跨境电商新业态发展的部署要求，充分发挥跨境电商稳外贸保就业等积极作用，进一步促进跨境电商健康快速发展。

跨境电商试点的创新首先体现在通关环节的监管服务模式方面，我国首创的"1210""9610"模式为外贸进出口打开了新的渠道。尤其是"1210"模式，已成为跨境电商进口的主通道，也是近几年跨境电商蓬勃发展的基础。

二、跨境电商的税收监管政策法规

1. 跨境电商的税收政策

（1）其他国家的税收政策

目前，电子商务的税收政策有两种倾向：一种是以美国为代表的免税派，另一种是以欧盟为代表的征税派。

在关税方面，美国针对不同的国家实行不同的税率，其主要包括两大类。第一类有一般税率和特殊税率。一般税率指享有美国最惠国待遇的税率，特殊税率指享有美国特殊待遇的税率，后者远低于前者。第二类是法定税率，适用于没有取得美国最惠国待遇或特殊待遇的国家。

欧洲电子商务税收政策是初期主张免税、中期主张征收增值税、后期强硬征税。欧盟成员中有 15 个国家普遍实行增值税，增值税对这些国家而言非常重要。欧盟对个人从欧盟境外邮购的商品，价值在 150 欧元以下的免征关税，价值超过 150 欧元的则按照该商品在海关关税目录中规定的税率征收关税。其中关税的税基不是商品价值，而是商品价值和进口增值税的总额。欧盟对企业通过网络购进的商品普遍征收增值税。2000 年 6 月，欧盟委员会就网上交易增值税提出新的议案，规定欧盟境外企业通过互联网向欧盟境内消费者销售货物或提供劳务，金额超过10万欧元的，应在欧盟进行增值税纳税登记，并按当地税率缴纳增值税。

与美国和欧盟不同，发展中国家主要从维护本国的国家利益出发制定跨境电商税收的相关政策，并保持税收中性原则，既主张对跨境电商进行征税，又期望不会因征税而阻碍本国电子商务的发展。

（2）我国的税收政策

我国第一部真正意义上应对信息化浪潮的法律是 2005 年 4 月 1 日正式实施的《中华人民共和国电子签名法》。这部法律首次对电子签名进行了法律上的确认，正式确立了电子签名的法律效力。然而，外贸电子商务的立法，参照的依然是 1991 年颁布的《中华人民共和国外商投资企业和外国企业所得税法》及其实施细则、2011 年颁布的《中华人民共和国个人所得税法》及其实施细则、2015 年修订的《中华人民共和国税收征收管理法》及其实施细则等法律法规。

近年来，我国政府部门一直高度关注电子商务的发展，也在为规范市场秩序进行相应的努力。2013 年 8 月 21 日，商务部等部门联合颁发了《关于实施支持跨境电子商务零售出口有关政策的意见》，要求财政部和国家税务总局制定相应的支持跨境贸易电子商务发展的税收政策。2014 年 1 月 26 日，国家工商行政管理总局（现为国家市场监督管理总局）第 60 号文件《网络交易管理办法》发布，自 2014 年 3 月 15 日起施行。该办法第七条规定了从事网络交易及相关服务的经营者也应当办理工商登记。

跨境电商涉及的税收法律法规主要有《中华人民共和国进出口关税条例》和退税阶段的各类规章制度。《中华人民共和国进出口关税条例》在《中华人民共和国海关法》和国务院制定的《中华人民共和国进出口税则》的基础上具体规定了关税征收细则，包括货物关税税率设置和适用、完税价格确定、进出口货物关税征收、进境货物进口税征收等。针对新出现的跨境电商企业的征税和退税问题，国家税务总局也出台了一系列文件，如《税务登记管理办法》《网络发票管理办法》等。

2. 跨境电商进口税收监管政策

（1）"正面清单 + 负面清单"

2016 年"四八新政"后，财政部、国家发改委等 11 部门发布了《跨境电子商务零售进口商品清单》（以下简称"正面清单"）。此后，只有正面清单上列出的税号商品才能按照跨境电商的税制进口和通过跨境电商平台进行销售，正面清单外的其他商品则需要按一般贸易税收政策进口。该清单共包括 1 142 个 8 位税号商品，主要是国内有一定消费需求，可满足相关部门监管要求且客观上能够以快件、邮件等方式进境的生活消费品，具体包括部分食品饮料、服装鞋帽、家用电器以及部分化妆品、纸尿裤、儿童玩具、保温杯等。

2016 年 4 月 18 日，财政部、国家发改委等 13 个部门发布了《跨境电子商务零售进口商品清单（第二批）》。第二批清单共涉及 151 个 8 位税号商品，包括食品（如新鲜水果）、特殊食品（如维生素）及医疗器械（如血压测量仪器）等。

2018 年 11 月 20 日，财政部、国家发改委、工业和信息化部等 13 个部门联合发布了《关于调整跨境电商零售进口商品清单的公告》（财政部公告 2018 年第 157 号），公布了调整后的跨境电商零售进口商品清单，共计 1 321 个商品。

2019 年 12 月，财政部等 13 部门发布了《关于调整扩大跨境电子商务零售进口商品清单的公告》。该公告指出，为落实国务院关于调整扩大跨境电商零售进口商品清单的要求，促进跨境电商零售进口的健康发展，现将《跨境电子商务零售进口商品清单（2019 年版）》予以公布，自 2020 年 1 月 1 日起实施。清单（2019 年版）纳入了部分近年来消费需求比较旺盛的商品，增加了冷冻水产品、酒类等 92 个商品。2022 年跨境电商零售进口商品清单进一步优化，删除了刀剑 1 个商品税目，增加了滑雪用具、番茄汁、高尔夫球用具等 29 个商品税目。同时，清单备注和尾注中的监管要求得到了进一步规范。

（2）跨境电商进口税收政策

海关总署在 2014 年 3 月，针对上海、杭州、宁波、郑州、广州、重庆 6 个地方的保税区试行保税进口模式的情形，出台了《海关总署关于跨境贸易电子商务服务试点网购保税进口模式有关问题的通知》，对保税进口模式的商品范围、购买金额和数量、征税、企业管理等做出了相应的规定。

试点网购商品按照《关于调整进出境个人邮递物品管理措施有关事宜》（海关总署公告 2010 年第 43 号）的规定，以"个人自用、合理数量"为前提，个人邮寄进境物品，海关依法征收进口税，但应征进口税税额在人民币 50 元（含 50 元）以下的，海关予以免征。个人寄自或寄往港、澳、台地区的物品，每次限值为 800 元人民币；寄自或寄往其他国家和地区的物品，每次限值为 1 000 元人民币。个人邮寄进出境物品超出规定限值的，应办理退运手续或者按照货物规定办理通关手续。但邮包内仅有一件物品且不可分割的，虽超出规定限值，经海关审核确属个人自用的，可以按照个人物品规定办理通关手续。邮运进出口的商业性邮件，应按照货物规定办理通关手续。

① 行邮税

2013 年 7 月起至 2016 年 4 月 8 日，我国消费者通过跨境电商平台购买境外商品，海关总署以"个人自用且数量合理"为原则，对单次订单购买多个商品但订单金额在 1 000 元以下的，海关按行邮税办理通关；若金额超出 1 000 元限值，需要按一般贸易进出口办理通关手续。行邮税的税率比一般贸易进口税率（包括关税、增值税、消费税）低，且应征进口税额在 50 元以下的，海关予以免征。

2016 年 3 月 16 日，国务院关税税则委员会发布了《关于调整进境物品进口税有关问题的通知》，对行邮税进行了调整。行邮税率由原来的 10%、20%、30%、50% 四档，调整为 15%、30%、60% 三档。

2019 年 4 月 8 日，国务院关税税则委员会发布通知，自 2019 年 4 月 9 日起，调降对个人携带进境的行李和邮递物品征收的行邮税税率，对食品、药品等的税率由 15% 调降为 13%，并将税目 1 "药品"的注释修改为"对国家规定减按 3% 征收进口环节增值税的进口药品，按照货物税率征税"；对纺织品、电器等的税率由 25% 降为 20%；第三档贵重物品的税率保持 50% 不变。

2020 年 8 月 5 日，财政部、海关总署、税务总局联合发布《财政部 海关总署 税务总局关于不再执行 20 种商品停止减免税规定的公告》（财政部 海关总署 税务总局公告 2020 年第 36 号），规定自该日起，进境旅客携带电视机、摄像机、录像机、放像机、音响设备等 20 种商品也可以在规定的限值内予以免税。

② 跨境电商综合税

2016 年 3 月 24 日，财政部、海关总署、国家税务总局联合发布了《关于跨境电子商务零售进口税收政策的通知》，对跨境电商零售进口税收政策进行了调整，并从 2016 年 4 月 8 日开始执行。在新政策下，跨境电商零售进口商品的单次交易限值为 2 000 元并增设个人年度交易限值 20 000 元。对跨境电商零售进口商品不再征收行邮税，改为征收跨境电商综合税（包括关税、增值税、消费税）。"四八新政"前，跨境电商进口按行邮税办理清关并有 50 元免征税额；"四八新政"后，跨境电商进口改征综合税，大部分商品的综合税率约为 11%，低于调整后的行邮税税率和一般贸易进口税率。

2018 年 11 月 29 日，财政部等发布了《关于完善跨境电子商务零售进口税收政策的通知》（财关税〔2018〕49 号），规定从 2019 年 1 月 1 日开始，将跨境电商零售进口商品的单次交易限值由 2 000 元提高至 5 000 元，年度交易限值由 20 000 元提高至 26 000 元。完税价格超过 5 000 元单次交易限值但低于 26 000 元年度交易限值，且订单下仅一件商品时，可以通过跨境电商零售渠道进口，按照货物税率全额征收关税和进口环节增值税、消费税，交易额计入年度交易总额，但年度交易总额超过年度交易限值的，应按一般贸易管理。本次税收政策提高了消费限额，让境内消费者享受到更大的税收优惠，有利于满足消费升级的需求，同时可以刺激消费者在轻奢、电器、美妆等价值较高商品领域的跨境电商进口消费。

实行跨境电商进口税收新政，对跨境电商的发展产生了积极的影响：一是设定年度个人消费额度，通过有效设定贸易准入门槛，避免了对一般贸易的冲击，并兼顾了境内消费者消费升级的需求；二是取消免征，实现了单单征税，降低商家拆单偷逃税的可能性；三是实行综合统一税率，与国际接轨，提高贸易便利性；四是不断调整和降低进口增值税的征收税率，从 17% 降低至 16%，2019 年 4 月下调至 13%，相当于进一步降低了跨境电商综合统一税率。跨境电商零售进口征税政策对比如表 2-1 所示，政策调整让境内消费者以更低的价格购买到境外商品，提高了境内民众的幸福感和获得感。

表 2-1　　　　　　　　　　跨境电商零售进口征税政策对比

项目	行邮税	跨境电商综合税 2016 年 4 月	跨境电商综合税 2018 年 5 月	跨境电商综合税 2019 年 1 月	跨境电商综合税 2019 年 4 月
单次交易限值	1 000 元	2 000 元	2 000 元	5 000 元	5 000 元
年度交易限值	无	20 000 元	20 000 元	26 000 元	26 000 元
单件不可分割且超出单次交易限值的商品	按行邮税征税	按一般贸易方式全额征税	按一般贸易方式全额征税	按一般贸易方式全额征税	按一般贸易方式全额征税
应征税率	视商品种类分为 15%、30% 和 60%	关税：暂设为 0% 增值税：11.9%（17%×70%） 消费税：商品种类的税率 ×70%	关税：暂设为 0% 增值税：11.2%（16%×70%） 消费税：商品种类的税率 ×70%	关税：暂设为 0% 增值税：11.2%（16%×70%） 消费税：商品种类的税率 ×70%	关税：暂设为 0% 增值税：9.1%（13%×70%） 消费税：商品种类的税率 ×70%
应征税额 50 元以下	免征	不免征	不免征	不免征	不免征

3. 跨境电商出口税收监管政策

（1）跨境电商零售出口的政策

2013 年 8 月，商务部、国家发改委等 9 部门出台了《关于实施支持跨境电子商务零售出口有关政策的意见》。该意见首次针对跨境零售出口出台了支持政策，将跨境电商零售出口纳入海关的出口贸易统计，提出了确定零售出口的经营主体和专项统计、检验监管模式、收结汇、支付服务、税收政策、信用体系 6 项措施。

2013 年 12 月 30 日，财政部和国家税务总局又出台了《关于跨境电子商务零售出口税收政策的通知》（财税〔2013〕96 号），规定了跨境电商出口企业出口货物适用增值税、消费税退（免）税政策的条件。

国家税务总局经财政部、商务部同意，发布了出口货物的退（免）税事项。外贸综合服务企业以自营方式出口国内生产企业与境外单位或个人签约的出口货物，在规定情形下，可由外贸综合服务企业按自营出口的规定申报退（免）税。

（2）针对跨境电商零售出口退税的政策

① 实行"免征不退"

跨境电商零售出口的商品种类繁多，跨境电商卖家在进行市场采购时，无法取得每一类、每一批次商品的增值税购货发票。根据国家现行的出口税收管理政策，"无票"商品在"阳光化"出口后，不仅不能享受出口退税，反而要加征增值税，出现"不退反征"的问题，造成跨境电商卖家的海量包裹以行邮方式向邮政交运，或交由有资质的贸易企业按"市场采购"（"1039"）方式申报出境后再向其他国家邮政交运，或交由物流企业以"边境小额贸易"（"4019"）方式申报出境后再向其他国家邮政交运。在现阶段及未来较长的一段时间里，"无票"是我国跨境电商零售出口的普遍现状，对跨境电商零售出口"无票"商品免征增值税成为市场的最大诉求。

2015年年底，国家税务总局曾给予杭州为期一年的跨境电商出口"免征不退"试点政策，对试点地区符合监管条件的跨境电商零售出口企业，如不能提供增值税购货发票，按规定实行增值税"免征不退"政策。但由于缺乏切实可行的操作办法，政策落地效果不佳。

2018年9月28日，财政部、国家税务总局、商务部、海关总署联合发布了《关于跨境电子商务综合试验区零售出口货物税收政策的通知》（财税〔2018〕103号），对所有跨境电商综合试验区内的跨境电商出口未取得有效进货凭证的货物，同时符合下列条件要求的，试行增值税、消费税免税政策。

条件1，跨境电商出口企业在综合试验区注册，并在注册地跨境电商线上综合服务平台登记出口日期、货物名称、计量单位、数量、单价、金额。

条件2，出口货物通过综合试验区所在地海关办理电子商务出口申报手续。

条件3，出口货物不属于财政部和国家税务总局根据国务院决定明确取消出口退（免）税的货物。

跨境电商零售出口"免征不退"由个惠政策变成普惠政策，跨境零售出口企业实现税收"阳光化"，"9610"模式将得到进一步的发展。"9610"出口"免征不退"流程如图2-1所示。

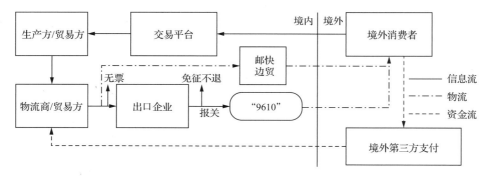

图2-1 "9610"出口"免征不退"流程

国家税务总局于2019年10月26日发布的《关于跨境电子商务综合试验区零售出口企业所得税核定征收有关问题的公告》，规定自2020年1月1日起，综合试验区内的跨境电商零售出口企业，同时符合相关条件的，试行核定征收企业所得税办法，该类企业应准确核算收入总额，采用应税所得率方式核定征收企业所得税，应税所得率统一按照4%确定。

该公告同时规定，综合试验区内实行核定征收的跨境电商企业符合小型微利企业优惠政策条件的，可享受小型微利企业所得税优惠政策；其取得的收入属于《中华人民共和国企业所得税法》第二十六条规定的免税收入的，可享受免税收入优惠政策。

2023年1月30日公布《关于跨境电子商务出口退运商品税收政策的公告》，确定自本公告印发之日起1年内在跨境电商海关监管代码（"1210""9610""9710""9810"）项下申报出口，因滞销、退货原因，自出口之日起6个月内原状退运进境的商品（不含食品），免征进口关税和进口环节增值税、消费税；出口时已征收的出口关税准予退还，出口时已征收的增值税、消费税参照内销货物发生退货有关税收规定执行。其中，监管代码"1210"项下出口商品，应自海关特殊监管区域或保税物流中心（B型）出区离境之日起6个月内退运至境内区外。

②"9610/1210"阳光模式

未来跨境电商（B2B2C+集结仓+监管仓+海外仓+综服平台）"9610/1210"模式将成为主流阳光模式，即积极探索试点境内制造企业至其境外分支机构至境外消费者（M2B2C）业务模式，境内外贸企业至其境外分支机构至境外消费者（B2B2C）业务模式，努力在跨境电商B2B2C出口业务模式认定规范、业务流程、技术标准和监管模式等方面取得突破；支持本地有条件的制造企业和传统外贸企业从"产品走出去"转向"服务走出去、品牌走出去"，依托境外保税仓积极布局全球供应链，开展跨境电商M2B2C出口和B2B2C出口模式试点，以新渠道抢占新市场；与邮政合作，致力于打破境外"最后一公里"的发展瓶颈，快速抢占全球消费市场。"9610/1210"出口通关流程与其他方式的对比如图2-2所示。

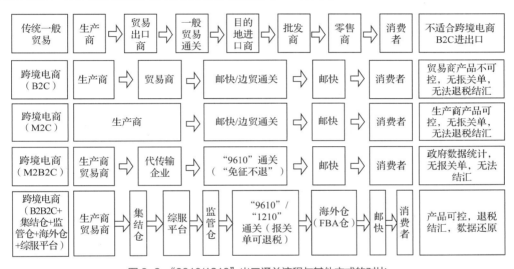

图2-2　"9610/1210"出口通关流程与其他方式的对比

三、跨境电商的金融监管政策法规

1. 跨境电商的支付结算相关政策法规

根据联合国国际贸易法委员会1992年颁布的《国际贷记划拨示范法》第一条关规定："本法适用于任何发送银行和接收银行位于不同国家时的贷记划拨。"长期以来，该法被认为是跨境电子支付范围界定的核心规则。依据该条款的定义，跨境电子支付的核心内容应当是发送银行和接收银行不在同一主权国家，分行和单独的办事处也视为单独的银行。随着全球化的发展与深化，我们对跨境电子支付的界定不应该局限于"银行的地理差异特征"，而应结合支付体系相关主体，特别是第三方支付平台的特性来界定跨境电子支付服务。

现有的、相关的法律法规主要有《中华人民共和国民法典》《中华人民共和国涉外民事关系法律适用法》《互联网信息服务管理办法》《关于网上交易的指导意见（暂行）》《网络商品交易及有关服务行为管理暂行办法》《第三方电子商务交易平台服务规范》等。

近年来，我国出台的有关跨境电商支付结算的政策法规主要有《跨境贸易人民币结算试点管理办法》《非金融机构支付服务管理办法》《跨境贸易人民币结算试点管理办法实施细则》《非银行支付机构客户备付金存管办法》《支付机构跨境外汇支付业务试点指导意见》《关于加强商业银行与第三方支付机构合作业务管理的通知》《支付机构跨境外汇支付业务试点指导意见》《关于规范跨境电子商务支付企业登记管理》《关于实时获取跨境电子商务平台企业支付相关原始数据接入有关事宜的公告》等。

2. 第三方支付行业的金融法规

中国人民银行早在 2010 年 6 月就出台了第三方支付管理办法。2011 年 5 月，支付宝等 27 家企业获得第三方支付牌照，解决了第三方支付的法律障碍。这是监管部门首次推出的和第三方支付相关的政策，它对第三方支付企业提出了更高的要求。第三方支付最大的成就在于推动了互联网应用走向深入，改变了人们支付结算的方式。

目前，国内第三方支付企业主要通过与境外机构合作开展跨境网上支付服务，包括购汇支付和收汇支付两种模式。其中，购汇支付是指第三方支付企业为境内持卡人的境外网上消费提供人民币支付、外币结算的服务；收汇支付是指第三方支付企业为境内外商企业在境外的外币支付收入提供人民币结算支付服务。根据《非金融机构支付服务管理办法》的相关规定，其中涉及的货币兑换和付款流程由其托管银行完成。

近年来，国内以电子商务和网络支付为核心的现代数字化商业模式发展迅猛，催生了一些规模较大、发展较为成熟的支付机构。这些支付机构随着业务扩展，产生了进入跨境联网支付服务领域的迫切需求。为规范和便利个人和机构进行跨境外汇互联网支付，帮助培育我国外贸新的增长点，2013 年 2 月，国家外汇管理局发布了汇综发〔2013〕5 号（已废止），决定在北京、上海、杭州、深圳和重庆 5 个城市先行开展支付机构跨境电商外汇支付业务试点；9 月，随着国内 17 家支付机构获得国家外汇管理局核准，跨境电商外汇支付业务正式拉开帷幕。

截至 2022 年年底，国家外汇管理局共发放 186 张跨境支付许可证，业务区域主要集中在北京、上海、浙江等地，如北京的易宝支付、钱袋宝、银盈通、拉卡拉、网银在线、爱农驿站、首信易支付、资和信、联动优势；上海的支付宝、汇付天下、环迅支付、富友、盛付通、银联在线、通联支付、东方付通；浙江的连连支付、贝付、网易宝等企业。

案例分析

国家安全：海关"前店后仓"的监管模式

重庆海关在跨境电商监管方面的创新正形成"海淘"过程中的新体验。重庆首票跨境电商"前店后仓＋快速配送"业务实货测试在重庆保税港区"一带一路"保税商品展示交易中心顺利通过。

"前店后仓＋快速配送"这一监管模式是指消费者在"一带一路"保税商品展示交易中心内挑选商品后，可以现场下单、马上提货，省去物流配送环节。省去配送等环节后，消费者现场拿货将运营成本降低了 30% 左右，进一步降低了商品的售价，从而享受更多实惠。

"前店后仓＋快速配送"这一新业务充分利用重庆保税港区和贸易功能区政策优势，通过配送中心一站式接入，搭建跨境电商线上线下联动平台，顺利实现跨境电商体验式购物。"前店后仓"监管模式有利于建立便捷的货物通道，形成"审、验、放"一体化监管和商品"存、展、销"一站式经营，实现企业成本最低、通关时效最快、管理措施最优。

与以往"海淘"中看不到实物以及漫长的配送时间相比，"前店后仓＋快速配送"真正做到了消费者与跨境电商商品"零距离"。在新业务的助推下，重庆保税港区出货量将持续稳定地增长。

（资料来源：百度百家号）

讨论题：重庆海关"前店后仓"的监管模式比之前的监管模式好在哪里？

本章小结

通过对本章的学习，我们了解了国内外跨境电商立法的概况，熟悉了跨境电商贸易、商务、运输、知识产权等相关政策法规，掌握了跨境电商的海关监管、税收监管和金融监管政策制度，深入了解了跨境电商的政策法规。

习题

一、名词解释

跨境电商政策法规　海关监管　税收监管　金融监管

二、选择题

1. （　　）我国颁布了第一个专门指导电子商务发展的政策性文件。
   A．2003 年　　　　　B．2004 年　　　　　C．2005 年　　　　　D．2006 年
2. 《电子商务示范法》是（　　）于 1996 年通过的。
   A．联合国国际贸易法委员会　　　　B．国际商会
   C．欧盟贸易法委员会　　　　　　　D．美国贸易法委员会
3. 在跨境电商出口税收新政策出台之前，跨境电商零售出口商品一直征收行邮税，执行（　　）4 档税率。
   A．10%、20%、30%和50%　　　　　B．10%、30%、40%和50%
   C．20%、30%、40%和50%　　　　　D．10%、20%、30%和60%
4. 企业（包括商家）对企业的电子商务，即企业与企业之间通过互联网这种电子工具来进行产品、服务及信息的交易属于（　　）。
   A．B2B　　　　　B．B2C　　　　　C．C2C　　　　　D．C2B
5. 全国首批 5 个国家电子商务试点城市不包括（　　）。
   A．广州　　　　　B．杭州　　　　　C．北京　　　　　D．上海
6. 下列选项中不属于海关监管代码的是（　　）。
   A．"9610"　　　　B．"1210"　　　　C．"9810"　　　　D．"1310"
7. 监管代码"1210"项下出口商品，应自海关特殊监管区域或保税物流中心（B 型）出区离境之日起（　　）个月内退运至境内区外。
   A．3　　　　　B．6　　　　　C．8　　　　　D．9

三、主观题

1. 简述国际组织的电子商务立法概况。
2. WTO 有关电子商务的法律法规有哪些？
3. 简述我国为促进跨境电商发展而出台的主要政策法规。
4. 海关的"一个理念，两个平台，三单对比，四种模式，五大举措"分别指的是什么？
5. 简述跨境电商海关监管的基本内涵。
6. 跨境电商进口税与行邮税、一般贸易下的进口关税有什么区别？
7. 现行的跨境电商税收法律制度有哪些？

8. 为了支持和规范跨境电商支付机构跨境业务发展，跨境电商试点政策在一定程度上突破了现行外汇管理规定，具体体现在哪几个方面？

知识点拓展

知识点 2-1：
出口退运商品
税收政策

知识点 2-2：
跨境电商海关
监管模式

知识点 2-3：
山东海关政策
措施

知识点 2-4：
北京海关特色
监管

知识点 2-5：
跨境贸易
便利化行动

知识点 2-6：
AEO 互认

知识点 2-7：
菜鸟跨境无忧

知识点 2-8：
RCEP 满帆
远航

II

跨境电商运作篇

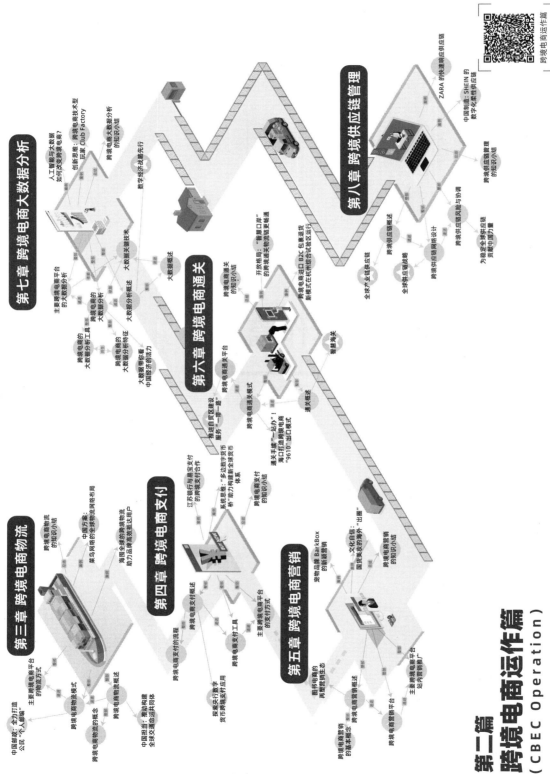

第二篇 跨境电商运作篇
（CBEC Operation）

第七章 跨境电商大数据分析

第六章 跨境电商通关

第八章 跨境供应链管理

第三章 跨境电商物流

第四章 跨境电商支付

第五章 跨境电商营销

跨境电商运作篇

第三章
跨境电商物流

知识结构图

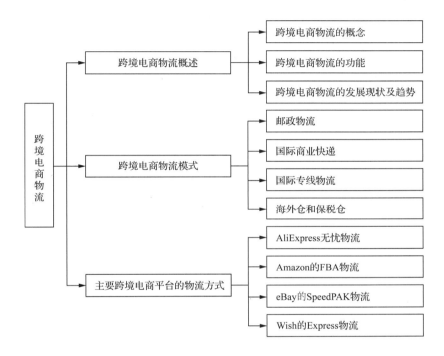

学习目标

知识目标

1. 掌握跨境电商物流的概念及功能。
2. 了解跨境电商的物流模式。
3. 了解各大跨境电商平台的物流方式。

价值目标

1. 了解中国物流新基建、中欧班列、海外仓等新业态、新模式，增强对物流行业的认同感和使命感。
2. 学习国家交通运输发展成就和"中国担当"案例，树立全球交通命运共同体意识。
3. 学习物流方案的全链路解析，提高解决复杂问题的能力。

海囤全球的跨境物流助力品牌高效抵达用户

作为京东旗下品牌主营跨境进口商品业务的平台——海囤全球，其对跨境物流的探索一直走在前列。海囤全球自诞生以来，沿袭了"自营+POP平台"双模式，依靠京东物流国际供应链、保税仓及海外仓建设，保证全球购商品更安全、更快速地到达消费者手中。从渠道来看，京东为消费者购买海外品牌提供了以下两种模式：跨境直邮模式和跨境保税模式。

跨境直邮模式，是指消费者在京东全球购下单，京东物流国际供应链将早已备货在海外仓或商家仓的货物直接发到消费者手中。这种由京东物流全程配送的模式，可以做到物流的全轨迹追踪，满足消费者随时查询商品订单的需求，让消费者买得放心。

跨境保税模式则是新兴产物，其最主要的基础建设就是保税仓。为此，京东跨境物流在国内10余个口岸设立了自营保税仓。这样不仅能为离港口较近的沿海地区提供更多的进口商品，也能使内陆及西部地区同步享受到更多、更好的进口商品。保税仓实现了提前备货，最大限度地优化了京东对进口商品的管理和配送效率。据了解，京东全球购保税清关时效已缩短至分钟级，处于行业领先水平，实现了进口商品国内一、二线城市当日达或次日达，最快履约约1.5小时。

京东成功搭建了涵盖海外仓储、国际运输、跨境保税仓、国内配送等一站式跨境物流解决方案，同时全面开放给优质合作伙伴，这对品牌商的吸引力更是无须赘言。

（资料来源：逯宇铎、陈璇、孙速超. 跨境电子商务案例[M]. 北京：机械工业出版社，2020：64-65.）

讨论题：海囤全球在跨境物流体系的搭建上有哪些闪光点？

第一节　跨境电商物流概述

一、跨境电商物流的概念

随着经济和信息技术的发展，跨境电商已然成为中国对外贸易的新业态、新渠道和新功能，日益扩大的跨境电商交易规模给跨境电商物流带来了巨大的潜在市场。

跨境电商物流是指以跨境电商平台为基础，在两个或两个以上的国家（或地区）之间进行的物流服务。由于跨境电商的交易双方分属不同的国家（或地区），商品需要从供应方所在国家（或地区）通过跨境电商物流方式实现空间位置的转移，再到需求方所在国家（或地区）实现最后的物流与配送。

跨境电商物流
概述

根据跨境商品的位置移动轨迹，跨境电商物流可以分为3段：发出国（或地区）境内段物流、国际段物流及目的地境内段物流。跨境电商商品种类繁多，应使用小批量、多频次的运输方式；商品体积重量差别很大，不同品类的商品所需运输和仓储解决方案各异。因此，跨境电商物流要实现一站式、门到门的服务，各段物流的有效衔接就显得尤为重要。

实现物品所有权转移的过程即商流。为了顺利实现商流，信息流是跨境电商供应链各环节信息畅通的重要保障。跨境电商物流活动的过程如图3-1所示。

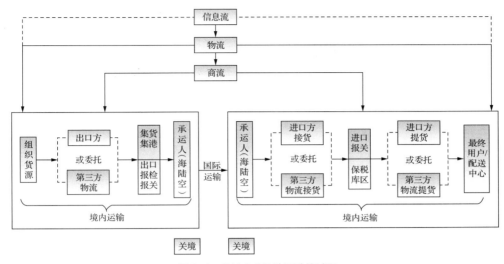

图 3-1　跨境电商物流活动的过程

二、跨境电商物流的功能

跨境电商正处于 2.0 时代，相关行业标准、准入标准、监管保障日益完善，全世界逐渐成为一个自由流通的 B2C 市场。随着跨境电商产业逐步成熟，跨境电商竞争的焦点已经转移到物流供应链的解决方案上。跨境电商物流的功能具体表现在仓储管理、运输配送、附加价值 3 个方面。

1. 仓储管理——规范化、智能化、定制化

跨境电商的物流仓储属于第三方外包仓储物流。以联邦转运为例，该公司在全世界各货源地建设货仓，搭建了一张覆盖全球的仓储网络，建立了标准化管理仓库和一套科学的仓储管理办法。因为仓库与使用者在地理上也许相隔万里，所以使用者必须通过现代通信技术对库存进行实时监控管理。这就要求跨境电商企业配套智能且易于操作的库存管理系统，以便各个非物流专业的使用者方便地管理库存，实现信息流、物流的无缝对接。总的来说，跨境电商物流企业的仓储建设投资比重很大，在整个物流解决方案中占重要地位。

2. 运输配送——强化风控能力，精简中转环节，严选合作伙伴

跨境电商整个配送流程最少经过"三转两关"，在货物经过层层转手转包，风险呈几何倍数增加的同时，层层转包产生的溢价必然会转嫁到用户身上。货物一旦丢失、损毁，常常会发生权责不清、互相推诿的事情。以联邦转运为代表的试点企业将独立面对终端用户，承担运输合同规定的相应责任和义务。这就要求跨境电商物流企业强化风控能力，提高选择合作伙伴的标准，剔除层层转包环节，独立运营整个流转过程。

3. 附加价值——开拓市场、大数据、采购与供应链管理

物流服务的本质是利用资源来满足用户的需求，因此物流服务的质量对用户价值的产生具有推动作用。优质、高效、用户体验好的物流伙伴会极大地提高品牌竞争力，名牌物流合作伙伴如今已经成为品牌商打开市场的重要砝码。同时电商物流拥有大数据属性，充分利用跨境电商平台和用户大数据，将对跨境电商的发展产生极大的推动作用。联邦转运建设了一个专业的货源地采购团队并配套供应链管理，将跨境电商物流的触角前伸，为跨境电商伙伴提供一站式物流服务，促进了跨境电商行业的快速发展。

三、跨境电商物流的发展现状及趋势

1. 我国跨境电商物流的发展现状

跨境电商的发展离不开物流业的支持。随着跨境电商物流的不断完善，跨境电商物流在整体上获得了较大发展。但是，跨境电商物流业产值的增长速度远低于跨境电商产值的增长速度，还存在一定的滞后性。

（1）物流体系不完善

传统的国内物流业基础设施相对完善，但跨境电商物流体系仍有待改善。跨境电商由于涉及报关等事务，所以物流运输周期长、物流运输方式复杂等问题突出。因此，建立更加完善的跨境电商物流体系，引入更加先进的物流设施成为解决此问题的主要办法。

（2）物流发展速度与需求吻合度较低

我国跨境电商虽起步晚，但发展速度和发展规模都已达到较高的水平。与从事传统国内物流服务的企业相比，从事跨境电商物流服务的企业数量较少，跨境电商物流的配送服务大多由国际快递公司完成。但是，如此巨大的国际物流市场仅依靠国际快递公司是远远不够的，还需不断加强和完善。

（3）物流专业化水平不高

跨境电商是跨境交易，其交易流程和运输方式都比境内电商更复杂，涉及国际快递运输、报关、报税、报检等程序。我国现有的物流企业基本是第三方物流企业，主要为国内电子商务服务，尚缺乏大型的、专业的具备高水平物流服务经验和动力的跨境物流企业。

（4）政府政策支持不足

我国现已出台了一些支持跨境电商发展的政策，使跨境电商的发展逐渐受到人们的重视。但是，由于还没有出台扶持相关企业的政策，因此在一定程度上阻碍了跨境电商企业及相关物流企业的快速发展。

2. 我国跨境电商物流的发展趋势

（1）构建跨境电商物流网络

跨境电商物流涉及境内物流、出境清关、国际物流、目的地清关与商检、目的地物流、目的地配送等多个环节。我国物流企业需要与国际物流企业建立稳定的合作关系，搭建多层次、多元化、高效率的物流服务平台，这样才能够逐渐向全球物流网络渗透，解决不同物流配送环节间的衔接、协同问题。

（2）重视物流风险监测

对物流企业来说，跨境电商物流配送的复杂性使众多物流风险难以避免。要想将各种物流风险的发生概率与影响降到最低，就必须重视对物流风险的监督与预测，利用信息化手段建立完善的物流风险监测体系，以有效应对各种物流风险。

（3）建立海外仓与边境仓

针对当前跨境电商物流模式的基础设施问题，物流企业可以从海外仓与边境仓的建设入手。物流企业需要对自身跨境电商物流配送区域内各地区的货物需求进行调查，并通过对配送距离、交通情况、物流水平、配送时间、货物需求量等因素的综合考虑，在各地区设置专门的海外仓，为当地需求量较大的商品提供阶段性的仓储服务，从而降低物流成本、缩短发货周期与配送时间。边境仓在功能上与海外仓类似，通常建在本国边境处，并根据目的地的商品需求存储货物，这同样能够缩短配送距离与时间、降低物流成本。

（4）推动物流模式多元化

跨境电商物流模式在流程与合作关系上都十分复杂，因此在合作方不同、目的地不同、配送货物不同的情况下，对物流配送的要求往往会存在较大的差异。为满足多样化的物流配送要求，物流企业必须引入多种物流模式，并结合各种物流模式的特点与优势进行灵活组合、搭配，从而设计出最为合理的综合物流模式。

（5）加大政策支持力度

政府需要对跨境电商物流模式的创新发展给予强有力的政策支持，从而解决当前跨境电商物流在政策规定与法律体系等方面存在的诸多问题。例如，在海关、商检环节，可以对监管数据标准进行全面创新，坚持以开放性的原则开展进出口报关、检验检疫等工作，对出口货物信息、货物检验建议情况等数据进行公布，充分发挥社会监管的作用，提高监管效率。

（6）强化信息技术应用

信息化管理对跨境电商物流模式的发展有着非常重要的意义。在大数据时代，国内物流企业必须将各种先进的大数据及信息技术应用到跨境电商物流体系中，以提高自身的跨境电商物流配送能力。首先，物流企业需要对整个跨境电商物流配送流程的业务操作进行全面规范，为信息化管理创造良好的基础。其次，通过自身业务系统与电商网站之间的无缝对接，实现信息资源共享，让物流企业、商家、消费者都可以精准地掌握物品的物流状态。这样既可以加强商家与物流企业间的协同合作，也能够提高消费者的满意度。最后，物流企业还可以利用大数据，通过综合运用精准定位、云计算和云存储等信息技术，对用户需求、消费者偏好等展开预测性分析，从而为企业发展决策提供参考。

第二节　跨境电商物流模式

在跨境电商交易中，跨境电商物流一直是制约整个跨境电商行业发展的关键性因素，配送速度和配送质量都会直接影响消费者的购物体验。随着跨境电商的迅速崛起，跨境电商物流模式逐步向正规化、合法化、多样化发展，从原先单一的传统物流模式演变成邮政物流、海外仓、国际专线物流等多元模式并存的新模式。

跨境电商物流
模式

一、邮政物流

在介绍邮政物流之前，先介绍一个组织，即万国邮政联盟（Universal Postal Union，UPU），简称"万国邮联"或"邮联"。它是商定国际邮政事务的国际组织，宗旨是组织和改善国际邮政业务，发展邮政方面的国际合作，以及在力所能及的范围内给予会员所要求的邮政技术援助。万国邮联规定了国际邮件转运自由的原则，统一了国际邮件处理手续和资费标准，简化了国际邮政账务结算办法，确立了各国（地区）邮政部门争讼的仲裁程序。在跨境电商邮政物流中，国际邮政包裹又以国际邮政小包居多。在万国邮政联盟中，跨境电商经营者使用较多的有中国邮政、新加坡邮政等。国际邮政小包的优势较明显，其价格便宜且方便个人操作以实现通关；但其劣势也较为显著，主要有递送时间久、包裹丢失率高、非挂号件难以查看进度等。国际邮政包裹适合轻、小型商品，对货物体积、重量、形状等方面的限制较高。

1. 中国邮政大包、小包

（1）中国邮政大包

中国邮政大包除了包括水陆运输大包，还包括中国邮政航空大包。下面主要介绍中国邮政航空大包。中国邮政航空大包（China Post Air Parcel），俗称"中邮大包"或"航空大包"。中邮大包可寄达全球 200 多个国家和地区，其价格低廉，清关能力强。对时效性要求不高且稍重的货物，可选择使用此方式发货。

① 中邮大包的资费标准

中邮大包运费根据包裹重量按 kg 计费，1kg 起重。中邮大包的相关资费及体积和重量限制因运输物品的重量及目的地的不同而有所不同，其详细资费标准可参见中国邮政网站。

② 中邮大包的重量和体积限制

a. 重量限制：0.1kg ≤ 重量 ≤ 30kg（部分国家不能超过 20kg，每票快件不能超过 1 件）。

b. 体积限制：

• 单边 ≤ 1.5m，长度 + 长度以外的最大横周 ≤ 3m；

• 单边 ≤ 1.05m，长度 + 长度以外的最大横周 ≤ 2m；

• 中邮大包最小尺寸限制为最小边长不小于 0.24m，宽不小于 0.16m。

③ 中邮大包的优点

中邮大包拥有中国邮政的大部分优点，主要优点如下。

• 成本低，价格比 EMS 低，且和 EMS 一样不计算体积重量，没有偏远附加费。

• 通达地多，可通达全球大部分国家和地区，且清关能力非常强。

• 运单简单，操作方便。

④ 中邮大包的缺点

• 部分国家限重 10kg，最重不能超过 30kg。

• 妥投速度慢。

• 查询信息更新慢。

（2）中国邮政小包

中国邮政小包（China Post Air Mail），俗称"中邮小包""空邮小包""航空小包"，包括其他以收寄地命名的小包（如"北京小包"），是指重量在 2kg 以内（阿富汗为 1kg 以内），外包装长、宽、高之和小于 90cm，且最长边小于 60cm。通过邮政空邮服务寄往境外的小邮包，也可以称为国际小包。国际小包可以分为中国邮政平常小包（China Post Ordinary Small Packet Plus）和中国邮政挂号小包（China Post Registered Air Mail）两种。二者的主要区别在于，对于中国邮政挂号小包，人们根据其提供的物流跟踪条码能实时跟踪邮包在大部分目的地的实时状态；而对于中国邮政平常小包，人们只能通过面单条码以电话查询的形式查询邮包在目的地的状态。

① 中邮小包的资费标准

中国邮政挂号小包运费根据包裹重量按 g 计费，1g 起重。每个单件包裹限制重量在 2kg 以内。挂号服务费每单（包裹）8 元。

中国邮政平常小包运费根据包裹重量按 g 计费，1g 起重。重量在 30g 及以下的包裹按照 30g 的标准计算运费，重量在 30g 以上的包裹按实际重量计算运费。每个单件包裹限制重量在 2kg 以内。挂号服务费每单（包裹）8 元。

② 中邮小包的参考时效

正常情况下：15 ～ 35 天到达目的地。

特殊情况下：36 ～ 60 天到达目的地（巴西为 90 天左右）。特殊情况包括节假日、政策调整、旺季运力不足、因暴风雪延误、目的地偏远等。

③ 中邮小包的重量和体积限制

中邮小包的重量和体积限制如表 3-1 所示。

表 3-1　　　　　　　　　　　　　中邮小包的重量和体积限制

包裹形状	重量限制	最大体积限制	最小体积限制
方形包裹	小于 2kg（不包含）	长 + 宽 + 高 ≤ 90cm	至少有一面的长度 ≥ 14cm
		单边长度 ≤ 60cm	宽度 ≥ 9cm
圆柱形包裹		2 倍直径及长度之和 ≤ 104cm	2 倍直径及长度之和 ≥ 17cm
		单边长度 ≤ 90cm	单边长度 ≥ 10cm

④ 中邮小包的优点

• 运费比较便宜是中邮小包最大的优点。此外，它送达部分国家和地区的时间并不长，属于性价比较高的物流方式。

• 邮政包裹在海关操作方面比快递简单很多，享有"绿色通道"，因此中邮小包的清关能力很强，且其派送网络的覆盖面非常广。

• 中邮小包本质上属于"民用包裹"，不属于商业快递，因此能邮寄的物品种类比较多。

⑤ 中邮小包的缺点

• 限重 2kg，阿富汗限重 1kg。如果包裹重量超出 2kg，部分卖家就要将其分成多个包裹寄递，甚至只能选择其他物流方式。

• 运送时间总体比较长，俄罗斯、巴西等国家超过 40 天才显示买家签收都是正常现象。

• 许多国家和地区不支持全程跟踪，而且邮政官方网站也只能跟踪境内部分，对境外部分不能实现全程跟踪，因此卖家需要借助社会公司的网站或登录寄达地的查询网站进行跟踪，信息查询很不方便。

2. 境外邮政国际小包

境外邮政国际小包是指其他国家或地区的邮政航空国际小包，主要提供平邮和挂号两种服务。境外邮政国际小包（邮政小包）一般以国家或地区名称作为名称开头，如比较常用的有荷兰邮政小包、新加坡邮政小包、瑞典邮政小包等。境内的跨境电商商户通常会去掉"邮政"二字，使其名称简单易读，如荷兰邮政小包简称"荷兰小包"。

境外邮政国际小包是使用较多的一种国际物流方式，依托万国邮政联盟网点覆盖全球，其在重量、体积、禁限寄物品要求等方面的特点在不同国家和地区存在很多共同点，同时也或多或少有一些区别，主要体现在不同区域会有不同的价格和时效标准，对承运物品的限制也不同。境外邮政的国际小包在带电产品、纯电池、液体及固体化妆品等寄送限制方面比中国邮政的国际小包更加宽松，从而成为我国跨境电商出口零售领域非常重要的跨境物流渠道。

下面对常用的境外邮政国际小包的特点做简要介绍。

（1）新加坡小包：价格适中，服务质量高于邮政小包一般水平，并且是目前常见的手机、平板等含锂电池产品的运输渠道。

（2）瑞士小包：时效较快，但价格较高，通关能力强，欧洲申根国家免报关。

（3）瑞典小包：时效较快，通关及投递速度较快，且价格较低。它是俄罗斯首选的物流方式，而且在某些时段安检对带电池的产品管制不太严格，可用于寄递带电产品。

3. 国际 e 邮宝

国际 e 邮宝又称 ePacket，是中国邮政为适应国际电子商务寄递市场的需要，为跨境电商卖家量身定制的全新经济型国际邮递服务。国际 e 邮宝主要提供针对轻小件物品的空邮服务，为我国跨境电商卖家提供发向美国、加拿大、英国、法国、澳大利亚等超过 30 个国家和地区的包裹寄递服务。

国际 e 邮宝隶属中国邮政速递物流股份有限公司，与中邮小包所属官方网站不同。

（1）国际 e 邮宝的资费标准

面向不同的国家和地区，国际 e 邮宝的资费标准不同，对包裹的重量限制也不同。其资费标准可参见中国邮政速递物流官网。

（2）国际 e 邮宝的参考时限

一般情况下，国际 e 邮宝可在 7 ～ 10 个工作日完成妥投，节假日、政策调整、旺季运力不足、因暴风雪延误、目的地偏远等特殊情况除外。

（3）国际 e 邮宝的重量和体积限制

国际 e 邮宝的重量和体积限制如表 3-2 所示。从表中可以看出，国际 e 邮宝的寄送限制与中邮小包有差异。

表 3-2　　　　　　　　　　　　　　国际 e 邮宝的重量和体积限制

包裹形状	重量限制	最大体积限制	最小体积限制
方形包裹	小于 2kg* （不包含）	长＋宽＋高≤ 90cm，单边长度≤ 60cm	长度≥ 14cm，宽度≥ 11cm
圆柱形包裹		2 倍直径及长度之和≤ 104cm，单边长度≤ 90cm	2 倍直径及长度之和≥ 17cm，单边长度≥ 11cm

* 英国、以色列限重 5kg，俄罗斯限重 3kg

4. 国际 EMS

国际 EMS 是指全球邮政特快专递，属于国际快递的一种，主要提供递送国际紧急信函、文件资料、金融票据、商品货样等各类文件资料和物品服务。国际 EMS 清关能力强，妥投时效快，无须加收燃油附加费。

国际 EMS 是不同的国家和地区的邮政合办的一项特殊邮政业务，因而在各个国家和地区的邮政、海关、航空等部门均享有优先处理权，这也是国际 EMS 与 UPS、FedEx、DHL、TNT 等国际商业快递的重要区别。

一般而言，EMS 包括国内 EMS（国内特快专递）和国际 EMS。二者的资费不同，面单不同，配送服务也不同，但通常统称为 EMS。本书主要介绍国际 EMS。

（1）国际 EMS 的资费标准

国际 EMS 的资费标准可参见中国邮政速递物流官网。

（2）国际 EMS 的参考时效

国际 EMS 的投递时间通常为 3 ～ 8 个工作日，不包括清关的时间。由于各个国家和地区的邮政、海关处理的时间长短不一，有些国家和地区的包裹投递时间可能会长一些，各个国家和地区承诺的妥投时间以 EMS 官方网站公布的为准。

（3）国际 EMS 的重量和体积限制

• 重量限制：单个包裹的计费重量不得超过 30kg，不同地区略有差异。

• 体积限制：单个包裹长、宽、高任何一边必须小于 1.5m，最短面周长＋最长单边必须小于 3m。

（4）国际 EMS 的优点

• 投递网络强大，覆盖面广，价格比较合理，不算抛重，而是以实重计费。

• 不用提供商业发票就可以清关，而且具有优先通关的权利，即使通关不过，货物也可以被免费运回境内，其他快递则一般都要收费。

• 适用于小件及对时效要求不高的货物。

• 寄往南美洲及俄罗斯等国家，在运费、清关等方面有绝对优势。

（5）国际 EMS 的缺点
- 相对于商业快递来说速度偏慢。
- 查询网站信息滞后，一旦出现问题只能做书面查询，且查询所用时间较长。
- 不能一票多件，且大件货物价格偏高。

二、国际商业快递

国际商业快递是跨境电商中使用率仅次于邮政小包的另一种物流模式。全球忹国际快递公司主要有 UPS、FedEx、DHL 和 TNT。这 4 家快递公司在全球已经形成较为完善的物流体系，几乎覆盖全球的各个重点区域。此外，我国的本土快递公司（如顺丰速运、申通快递、韵达速递等），也在逐步开展跨境电商物流业务，对跨境电商物流的发展起到了实际的促进作用。

国际商业快递对信息的提供、收集与管理有较高的要求，以全球自建网络及国际化信息系统为支撑，其显著优点在于货物运输时效性强，能够提供实时的物流信息，在运输过程中丢包率较低。国际商业快递全球网络较完善，能够实现报关、保险等辅助业务；支持货物包装与仓储等服务，可以实现门到门服务及货物跟踪服务。但是，国际商业快递成本较高，因为其在各国的计费依据、计费标准、服务时限、售后服务方面的标准均不一样，操作模式也不相同，这些因素在一定程度上提高了国际商业快递业务的成本。另外，国际商业快递也有一些限制，如在一些国家和地区，某些货物会成为禁运品或限运品。在美国，一些货物被列入国际（地区间）快递的禁运目录，如新鲜、罐装的肉类与肉制品，植物种子等。

1. UPS

UPS 的全称是 United Parcel Service，即美国联合包裹服务公司。1907 年，它作为一家信使公司成立于美国华盛顿州西雅图，总部位于美国佐治亚州亚特兰大，是一家全球性的公司。作为世界上最大的快递承运商与包裹递送公司之一，它也是运输、物流、资本与电子商务服务的提供者。UPS 每天都在世界上 200 多个国家和地区管理着货物流、资金流与信息流。通过结合货物流、资金流和信息流，UPS 不断开发供应链管理、物流和电子商务的新领域。如今，UPS 已发展为拥有 300 亿美元资产的大公司。

（1）UPS 的快递服务
大部分 UPS 的货代公司均可提供 UPS 旗下主打的以下 4 种快递服务。
- UPS Worldwide Express Plus——全球特快加急，资费最高。
- UPS Worldwide Express——全球特快。
- UPS Worldwide Saver——全球速快，也就是所谓的红单。
- UPS Worldwide Expedited——全球快捷，也就是所谓的蓝单。相比于前 3 种，它的速度最慢、资费最低。

在 UPS 的运单上，前 3 种快递服务都是用红色标记的，最后一种是用蓝色标记的。但是，人们通常所说的红单是指 UPS Worldwide Saver。

（2）UPS 的资费标准
UPS 的资费标准以 UPS 官方网站公布的信息或以 UPS 的服务热线信息为准。我国 UPS（除海南省、广东省、广西壮族自治区、云南省、福建省、江西省、湖南省和重庆市以外的地区）资费标准可参见 UPS 官网。

（3）UPS 的参考时效
- UPS 国际快递参考派送时间为 4 个工作日。

- 派送时间为快件上网到收件人收到此快件为止。
- 如遇海关查车等不可抗拒的因素，派送时间就要以海关放行时间为准。

（4）UPS 的重量和体积限制

UPS 国际快递小型包裹服务一般不递送超过重量和体积标准的包裹。若接收该类货件，则将对每个包裹收取超重超长附加费 378 元。其规定的重量和体积标准如下。

- 每个包裹最大重量为 70kg。
- 每个包裹最大长度为 270cm。
- 每个包裹最大尺寸为：长度 + 周长 =330cm，周长 =2×（高度 + 宽度）。

注意

每个包裹最多收取一次超重超长附加费。

（5）UPS 的优点

- 在美洲等线路具有优势，特别是美国、加拿大、英国、日本等，适合发快件。
- 一般 2 ～ 4 个工作日可送达。将货物发往美国时，差不多 48 小时可送达。
- 货物可送达全球 200 多个国家和地区，可以在线发货，在全国 109 个城市有上门取货服务。
- 查询网站信息更新央，遇到问题解决及时。

（6）UPS 的缺点

- 价格较贵，要计算产品包装后的体积重量，适合递送 6 ～ 21kg 或者 100kg 以上的货物。
- 对托运物品的品类限制比较严格。

2. FedEx

FedEx 的全称是 Federal Express，即联邦快递。它是全球最具规模的快递运输公司之一，隶属美国联邦快递集团，是集团快递运输业务的中坚力量。联邦快递为顾客和企业提供涵盖运输、电子商务和商业运作等一系列的全面服务。联邦快递通过相互竞争和协调管理的运营模式，提供了一套综合的商务应用解决方案。

（1）FedEx 的快递服务

FedEx 分为 FedEx IP（International Priority/IP，联邦快递优先型服务）和 FedEx IE（International Economy/IE，联邦快递经济型服务）。

① FedEx IP

- 时效快。
- 清关能力强。
- 可为全球 200 多个国家和地区提供服务。

② FedEx IE

- 价格优惠，相对于 FedEx IP 更有价格优势。
- 时效比较快，通常比 FedEx IP 慢 1 ～ 3 个工作日。
- 清关能力强，FedEx IE 和 FedEx IP 使用同样的团队进行清关处理。
- 为全球 90 多个国家和地区提供快捷、可靠的快递服务。FedEx IE 和 FedEx IP 使用同样的派送网络，只有少部分国家和地区的运输路线不同。

（2）FedEx 的资费标准

联邦快递的资费标准以 FedEx 官方网站公布的为准。我国 FedEx（适用于广东省及福建省以外的地区）资费标准可参见 FedEx 官网。

联邦快递的体积重量（kg）计算公式为：长（cm）× 宽（cm）× 高（cm）/5 000。如果货物体积重量大于实际重量，则按体积重量计费。

（3）FedEx 的参考时效

- FedEx IP 派送的正常时效为 2 ～ 5 个工作日（此时效是指从快件上网至收件人收到此快件的时间），具体需根据目的地海关通关速度决定。
- FedEx IE 派送的正常时效为 4 ～ 6 个工作日（此时效是指从快件上网至收件人收到此快件的时间），具体需根据目的地海关通关速度决定。

（4）FedEx 的重量和体积限制

联邦快递单件最长边不能超过 274cm，最长边 + 其他两边长度的两倍不能超过 330cm；一票多件（其中每件都不超过 68kg）的，单票的总重量不能超过 300kg，超过 300kg 的，需提前预约；单件或者一票多件中单件包裹有超过 68kg 的，需提前预约。

（5）FedEx 的优点

- 适宜递送 21kg 以上的大件，到南美洲的价格更有竞争力。
- 一般 2 ～ 4 个工作日可送达。
- 网站信息更新快，网络覆盖全，查询响应速度快。

（6）FedEx 的缺点

- 价格较贵，需要考虑物品的体积重量。
- 对托运物品的限制比较严格。

3. DHL

DHL 是全球知名的邮递和物流集团 Deutsche Post DHL 旗下公司。DHL 是全球快递行业的佼佼者，可寄达 220 个国家和地区，拥有涵盖超过 120 000 个目的地（主要邮递区码地区）的网络，可向企业及私人买家提供专递及速递服务。

（1）DHL 的资费标准

DHL 按起重 500g，续重 500g 计费，单件包裹的重量在 21kg 以下的资费标准可参见 DHL 官方网站。

DHL 的体积重量（kg）计算公式为：长（cm）× 宽（cm）× 高（cm）/5 000。将货物的实际重量和体积重量相比，按较大者计费。

（2）DHL 的参考时效

- 上网时效：上网时效从客户交货之后的第二天开始计算。1 ～ 2 个工作日后会有上网信息。
- 妥投时效：妥投时效通常为 3 ～ 7 个工作日（不包括清关时间），特殊情况除外。

（3）DHL 的重量和体积限制

DHL 对寄往大部分国家和地区的包裹的要求为：单件包裹的重量不超过 70kg，单件包裹的最长边不超过 1.2m。但是部分国家和地区的要求不同，具体以 DHL 官方网站公布的信息为准。

（4）DHL 的优点

- 在西欧、北美路线更有优势，适宜递送小件，可送达国家和地区网点比较多。
- 查询网站货物状态更新比较及时，遇到问题解决速度快。

（5）DHL 的缺点

- 递送小件价格较贵，适合递送重量在 21kg ～ 100kg 的货物。
- 对托运物品的限制比较严格，拒收许多特殊物品，且在部分国家和地区不提供 DHL 包裹寄送服务。

4. TNT

TNT 集团总部设于荷兰，是全球领先的快递服务供应商，为企业和个人客户提供全方位的快递服务。TNT 成立于 1946 年，其国际网络覆盖了世界 200 多个国家和地区，提供一系列独一无二的全球整合性物流解决方案。TNT 在亚洲、欧洲、南美洲和中东等地区拥有航空和公路运输网络。从 2020 年 8 月 1 日起，TNT 在中国的服务由 FedEx 提供。

（1）TNT 的资费标准

TNT 运费包括基本运费和燃油附加费两个部分。其中，燃油附加费每个月都会发生变动，具体以 TNT 官方网站公布的数据为准。

（2）TNT 的参考时效

全程时效为 3 ～ 5 个工作日，经济型时效为 5 ～ 7 个工作日。

（3）TNT 的重量和体积限制

TNT 快递对包裹的重量和体积限制为：单件包裹重量不能超过 70kg，长、宽、高分别不能超过 2.4m、1.5m、1.2m；体积重量超过实际重量时需按照体积重量计费，体积重量（kg）的算法为：长（cm）× 宽（cm）× 高（cm）/5 000。

（4）TNT 的优点

- 速度快，通关能力强，提供报关代理服务。
- 可免费、及时、准确地追踪查询货物。
- 在欧洲、西亚、中东及政治、军事不稳定的国家和地区有绝对优势。
- 网络覆盖范围广，查询网站信息更新快，遇到问题响应及时。
- 纺织品类大件送至澳大利亚、新西兰等国家和地区有优势。
- 可以送达沙特阿拉伯，但需提供正版发票。

（5）TNT 的缺点

- 需要计算体积重量，对所运货物的限制也比较多。
- 价格相对较高。

三、国际专线物流

国际专线物流是跨境电商的主要物流模式之一，过去通常指特定地区间专门负责国际段运输的代理和组织。现在，国际专线物流指针对特定国家或地区推出的跨境专用物流线路，具有"五固定"的特征，即物流起点、物流终点、运输工具、运输线路、运输时间基本固定。国际专线物流主要包括航空专线、港口专线、铁路专线、大陆桥专线、海运专线及固定多式联运专线，如郑欧班列、中俄专线、中欧班列（渝新欧）、中欧班列（武汉）、国际传统亚欧航线等。

1. 国际专线物流的优势

（1）时效快

国际专线物流公司拥有自主专线，可控性非常强，一般采取固定航班，所以不会出现淡旺季配送时效差别大的情况，时效比邮政小包快。

（2）成本低

国际专线物流能够集中大批量到某一特定国家和地区的货物,通过规模效应降低单位成本。国际专线物流目的地配送整体成本可有效控制，服务比邮政小包更稳定，物流成本也较国际商业快递低。

（3）安全性高

因为国际专线物流在目的地有合作物流商负责单件配送，且配送距离相对近，所以丢包率远远低于邮政小包。而且，国际专线物流一般有额外赔偿和保险。

（4）可追踪

目前，对于境内提供的专线物流服务，我们都可以在境内获得目的地配送物流商的单号，实现从境内到境外妥投的全过程追踪。

（5）易清关

国际专线物流运输批量货物至目的地，对货物进行统一清关并有专业人员跟进，从而减少了清关时可能出现的问题。由于不需要买家参与清关环节，因此大大提升了买家服务体验和清关效率。

2．国际专线物流的劣势

（1）通达地区有限，只有物流体量较大的国家和地区才有专线物流可以选择，可选择的物流方案也受到限制。同时，国际专线物流在境内的揽件范围相对有限，目前境内只有几个重点城市提供上门揽件服务，服务市场覆盖面有待扩大。

（2）相对于中邮小包来说，国际专线物流运费成本略高。

（3）可托运的商品有限。目前，我国可提供跨境专线物流服务的公司虽然逐渐增多，但是其可托运的商品种类较为有限，影响了国内外消费者的消费体验。我国已开通国际专线物流的公司，由于受航空运输方式的影响，仍然有大部分物品禁止托运，这就使得一些大宗商品的批发商只能采用邮政包裹或其他方式将物品运往境外。

3．常用的国际专线物流

常用的国际专线物流有如下几个。

（1）Special Line-YW

Special Line-YW 即航空专线—燕文，俗称燕文专线，是燕文物流股份有限公司旗下的一项国际物流业务。燕文专线目前已开通南美专线和俄罗斯专线。

燕文南美专线小包：通过调整航班资源一程直飞欧洲，再根据欧洲到南美洲航班货量少的特点，实现快速中转，既避免了旺季爆仓，又大大缩短了妥投时间。

燕文俄罗斯专线小包：与俄罗斯合作伙伴系统内部互联，实现全程无缝、可视化跟踪。包裹在境内快速预分拣，快速通关，并快速分拨派送。正常情况下，俄罗斯全境派送时间不超过25天，人口50万以上的城市派送时间通常低于17天。

① 燕文专线的资费标准

燕文专线的资费标准可参见燕文物流股份有限公司官网。

② 燕文专线的参考时效

正常情况：16～35个工作日到达目的地。

特殊情况：36～60个工作日到达目的地。特殊情况包括节假日、特殊天气、政策调整、目的地偏远等。

③ 燕文专线的重量和体积限制

燕文专线的重量和体积限制如表3-3所示。

表 3-3 燕文专线的重量和体积限制

包裹形状	重量限制	最大体积限制	最小体积限制
方形包裹	小于 2kg	长 + 宽 + 高 <90cm，单边长度 <60cm	至少有一面的长度 >14cm，宽度 >9cm
圆柱形包裹	（不包含）	2 倍直径及长度之和 <104cm，单边长度 <90cm	2 倍直径及长度之和 >17cm，单边长度 >10cm

（2）中欧班列

中欧班列（CHINA RAILWAY Express，CRExpress）是由中国铁路总公司组织，按照固定车次、线路等条件开行，往来于中国与欧洲及"一带一路"共建国家和地区的集装箱国际铁路联运班列。目前，中欧班列铺划有西、中、东 3 条通道：西部通道由我国中西部经阿拉山口（霍尔果斯）出境，中部通道由我国华北地区经二连浩特出境，东部通道由我国东南部沿海地区经满洲里（绥芬河）出境。

① 主要线路班列开行情况

• 中欧班列（重庆—杜伊斯堡）。从重庆团结村站始发，由新疆阿拉山口出境，途经哈萨克斯坦、俄罗斯、白俄罗斯、波兰至德国杜伊斯堡站，全程约 11 000km，运行时间约 15 天。

• 中欧班列（成都—罗兹）。从成都城厢站始发，由新疆阿拉山口出境，途经哈萨克斯坦、俄罗斯、白俄罗斯至波兰罗兹站，全程 9 965km，运行时间约 14 天。

• 中欧班列（郑州—汉堡）。从郑州圃田站始发，由新疆阿拉山口 / 内蒙古自治区二连浩特口岸出境，途经哈萨克斯坦 / 蒙古国、俄罗斯、白俄罗斯、波兰至德国汉堡站，全程 10 245km，运行时间约 15 天。

• 中欧班列（苏州—华沙）。从苏州始发，由满洲里出境，途经俄罗斯、白俄罗斯至波兰华沙站，全程 11 200km，运行时间约 15 天。

• 中欧班列（武汉—汉堡 / 帕尔杜比采）。从武汉吴家山站始发，由新疆阿拉山口出境，途经哈萨克斯坦、俄罗斯、白俄罗斯到达波兰、捷克、斯洛伐克等国家的相关城市，全程约 10 700km，运行时间约 15 天。

• 中欧班列（义乌—马德里）。从义乌铁路西站始发，是铁路中欧班列的重要组成部分、中欧班列（义乌—马德里）的首发线路，贯穿新丝绸之路经济带，从义乌铁路西站到西班牙马德里，通过新疆阿拉山口口岸出境，途经哈萨克斯坦、俄罗斯、白俄罗斯、波兰、德国、法国、西班牙，全程 13 052km，运行时间约 21 天，是目前我国历史上行程最长、途经城市和国家最多、境外铁路换轨次数最多的班列。

• 中欧班列（长沙—汉堡）。从长沙霞凝货场始发，由满洲里出境，途经俄罗斯、白俄罗斯、波兰至德国汉堡站，全程 12 521km，运行时间约 16 天。

• 中欧班列（广州—卡卢加）。从广州大朗站始发，由满洲里出境，至俄罗斯卡卢加州沃尔西诺站，全程 11 398km，运行时间约 12 天。

• 中欧班列（合肥—汉堡）。从合肥北站始发，由新疆阿拉山口出境，途经哈萨克斯坦、俄罗斯、白俄罗斯、波兰至德国汉堡，全程 10 647km，运行时间约 15 天。

② 中欧班列的资费标准

中欧班列详细的资费标准请参考中欧铁运物流有限公司官网。中欧班列运输到波兰及其他不同目的地的费用可参见中欧班列运输网。

③ 中欧班列的优点

• 直达班列，相对于国际联运省去了换装的时间，更加安全便捷。

• 全程使用标准海运集装箱，箱源优先保障。

• 运输时间短，经济便捷。

- 政府扶持力度大。

④ 中欧班列的缺点

- 地方无序竞争激烈。
- 班列回程货源不足。
- 班列运营成本偏高。
- 地方财政负担重。

（3）Russian Air

Russian Air 即中俄航空专线，是通过境内快速集货、航空干线直飞，在俄罗斯通过俄罗斯邮政或当地落地配进行快速配送的物流专线的合称。

Ruston 俗称俄速通，是由黑龙江俄速通国际物流有限公司提供的中俄航空小包专线服务，是针对跨境电商客户物流需求的小包航空专线，渠道时效快速稳定，并提供全程物流跟踪服务。

① Ruston 的资费标准、重量和体积限制

Ruston 的资费标准为 85 元每千克加 8 元挂号费，重量和体积限制参照中邮小包的重量和体积限制。

② Ruston 的参考时效

- 正常情况：15 ～ 25 个工作日到达俄罗斯目的地。
- 特殊情况：30 个工作日内到达俄罗斯目的地。

③ Ruston 的优点

- 经济实惠。Ruston 以 g 为单位精确计费，无起重费，替卖家将运费降到最低。
- 可邮寄范围广。Ruston 是联合俄罗斯邮政推出的服务产品，其境外递送环节全权由俄罗斯邮政承接，递送范围覆盖俄罗斯全境。
- 运送时效快。Ruston 开通了哈尔滨—叶卡捷琳堡中俄航空专线货运包机，大大提高了配送效率。
- 全程可追踪。48 小时内上网，货物全程可视化追踪。

四、海外仓和保税仓

1. 海外仓

海外仓是建立在境外的仓储设施，具体是指境内企业将商品通过大宗运输的形式运往目标市场国家或地区，在当地建立仓库、储存商品，然后根据当地的销售订单第一时间做出响应，直接从当地仓库进行分拣、包装和配送。

（1）海外仓的种类

① 自营海外仓

自营海外仓是指由出口跨境电商企业建设并运营的海外仓，仅为本企业销售的商品提供仓储、配送等物流服务，即整个跨境电商物流体系是由出口跨境电商企业自己控制的。

② 第三方公共服务海外仓

第三方公共服务海外仓是指由第三方物流企业建设并运营的海外仓，可以为众多的出口跨境电商企业提供清关、入库质检、接受订单、订单分拣、多渠道发货、后续运输等物流服务，即整个跨境电商物流体系是由第三方物流企业控制的。

（2）海外仓的优缺点

优点：用传统外贸方式走货到仓，可以降低物流成本；相当于销售发生在境内，可提供灵活

可靠的退换货方案，从而提高境外用户的购买信心；发货周期缩短，发货速度加快，可降低跨境电商物流缺陷交易率。此外，海外仓还可以帮助卖家拓展销售品类，突破"大而重"的发展瓶颈。

缺点：不是任何产品都适合使用海外仓。选择海外仓物流渠道的产品最好是库存周转快的热销单品，否则容易压货。同时，海外仓对卖家在供应链管理、库存管控、动销管理等方面提出了更高的要求。

（3）海外仓的运营

① 租用还是合作建设

跨境电商卖方与第三方公共服务海外仓的合作方式有两种：一种是租用，另一种是合作建设。租用方式存在操作费用、物流费用、仓储费用，而合作建设则只产生物流费用。

② 产品选择

海外仓在降低成本方面具有独特的优势。标准化、存货单位（SKU）不多、较重且方便卖家进行管理的产品，通过海运批量送到海外仓，可以大大降低物流成本。然而，有些产品需要进行研究和库存分析，只有把握好库存和销售周期，才能更好地使用海外仓。

③ 市场调研

借助第三方公共服务海外仓，卖家需要备好货后联系海外仓的运营方，运营方会帮助卖家把产品送到海外仓上架，这样卖家就可以进行销售了。当第一批产品到海外仓后，卖家可以先行销售，一段时间后分析某个产品的 SKU 情况、销售情况及走势，再根据分析预测进行补货。

④ 发货

海外仓的订单生成后，卖家可以通过 Excel 或应用程序接口（Application Program Interface，API）的方式通知第三方发货。建议有一定信息技术实力的卖家使用 API 的方式，这样可以保证数据的实时性。另外，卖家也可以考虑使用平台开发的系统。

⑤ 补货

第三方公共服务海外仓会把实时的库存信息共享给卖家。如果卖家发现货物卖得很好，就需要提前准备往海外仓发货。一般情况下需要设定一个库存预警值，如当库存低于 10 个之后，就需要通知卖家准备补货。

⑥ 滞销品处理

使用海外仓时，一定要集中销售资源，一旦销售资源分散，海外仓的产品就容易出现滞销。此外，如果产品长期存放在海外仓，会导致成本上升。卖家需要制定合适的销售策略，提升销售速度，抢占当地市场份额。同时，卖家也要注意产品的生命周期，把握好库存量。

⑦ 清关认证

卖家需要对海外仓的发货进行监控，中小卖家还要重视物流方式的选择。例如，借用海外仓批量发货时，走海运属于大宗货物清关方式，清关检查严格，会要求卖家提供相关证明，如欧盟 CE 认证等；借助第三方公共服务海外仓的物流输送会涉及多个合作方，在周转的过程中，卖家可委托第三方服务公司做好监管，以保证产品被安全送达。

2. 保税仓

保税仓是经由海关批准设立的专门存放保税货物的仓库，具体是指预先将商品送至保税仓库，通过跨境电商平台实现商品的销售后，将商品直接从保税区发出。一般而言，消费者能够在下单后 3 天之内收到货物，其物流速度在众多跨境电商物流模式中是首屈一指的。

（1）保税仓的种类

• 公用型保税仓：由主营仓储业务的中国境内独立企业法人经营，专门向社会提供保税仓储服务。

· 自用型保税仓：由出口跨境电商企业自建，仅供本企业自用，如聚美优品使用的保税仓就为自用型保税仓。

· 专用型保税仓：专门用来存储具有特定用途的商品或特殊种类商品的保税仓，包括液体危险品保税仓、备料保税仓、寄售维修保税仓和其他专用型保税仓。

（2）保税仓的特征及优缺点

保税仓最显著的特征是仓储前置，用位移换时间，然后通过选择更经济的运输方式降低干线运输成本。同时，这种物流模式可以有效利用保税区的各类政策、综合优势与优惠措施，尤其是在物流、通关、商检、收付汇、退税等方面的便利，从而简化跨境电商的业务操作，实现促进跨境电商交易的目的。通过这种新型的"保税备货模式"，消费者只需承担商品价格和境内物流费用，其他风险都由卖家承担，消费者的购物风险被较大程度地降低，有利于企业大订单集货，降低商品价格，提高消费者满意度，避免传统模式下的种种不利因素。当然，保税仓也具有缺点，如商品的品类单一，多品种的商品容易造成库存积压等。

（3）保税仓的运营

图 3-2 所示为保税仓储管理业务设计示意图，包括电商供应链管理系统、仓储管理系统、智能化物流系统集成、关税管理系统等模块。仓储管理系统的重点在与关税管理系统的对接上，包括备案系统、申报管理、报关管理和税单查询管理。

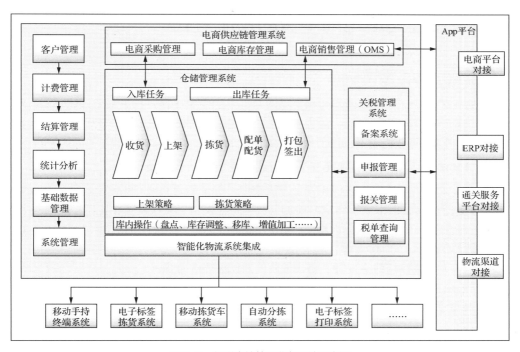

图 3-2　保税仓储管理业务设计示意图

① 整体业务流程

保税仓整体业务流程如图 3-3 所示。

② 基础管理

在保税仓内做基础实体（仓库、库房、库位等）管理的时候需要注意一点，即一定要有操作日志，以便管理人员了解整个仓库内实体数据的处理历史。

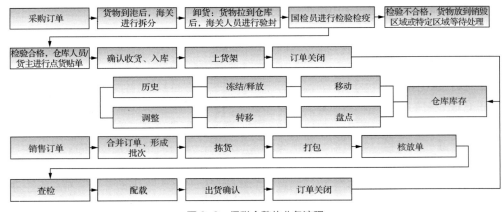

图 3-3　保税仓整体业务流程

③ 盘点流程

在保税仓中进行盘点，最主要的目的就是用于海关监管。同时也要查清实际库存数量，其他仓储盘点的目的还有了解企业资产的损益、发现商品管理中存在的问题。盘点的方法有永续盘点法、循环盘点法、重点盘点法、定期盘点法等。

第三节　主要跨境电商平台的物流方式

一、AliExpress 无忧物流

AliExpress 无忧物流是全球速卖通和菜鸟联合推出的速卖通官方物流服务，能够为速卖通卖家提供包括稳定的境内揽收、国际配送、物流详情追踪、物流纠纷处理、售后赔付等在内的一站式物流解决方案，降低物流不可控因素对卖家造成的影响，让卖家放心地在速卖通平台上经营。

1. AliExpress 无忧物流的物流方案及与线上发货、货代发货的区别

AliExpress 无忧物流的发货流程和线上发货类似，都是需要卖家在买家下单后先创建物流订单，再通过上门揽收或自寄交货到境内集货仓。与线上发货、货代发货相比，AliExpress 无忧物流具有渠道稳定、时效性强、运费优惠、操作简单、平台承担售后和商品赔付等优势，能够大大减少物流给卖家造成的困扰。

AliExpress 无忧物流与线上发货、货代发货的对比如表 3-4 所示。

表 3-4　　　　　　　AliExpress 无忧物流与线上发货、货代发货的对比

对比项	AliExpress 无忧物流	线上发货	货代发货
物流服务	稳定：官方物流，由菜鸟搭建，覆盖全球优质物流网络	稳定：第三方优质物流商合作平台作为第三方监管	不稳定：货代市场鱼龙混杂，提供的服务不可控
人力成本	节省：一旦产生物流纠纷，卖家无须付出人力成本，而是由平台介入进行全流程处理	耗费：卖家需要花费大量的时间、财力和人力来处理物流咨询、投诉	耗费：卖家需要花费大量的时间、财力和人力来处理物流咨询、投诉
资金成本	低：若因物流问题导致订单超出限时达时间还未妥投，由平台承担赔款	高：若因物流问题导致损失，可在线向物流商发起索赔	低：因物流问题导致的损失由卖家自己承担，向物流商申请索赔困难
卖家保护	有：因物流问题导致的 DSR（卖家评级）低分、仲裁提起率、卖家责任率均不计入考核	有：因物流问题导致的纠纷、DSR 低分不计入考核	无：因物流问题导致的纠纷将会影响卖家服务等级的考核

目前，AliExpress 无忧物流提供的物流方案类型包括简易服务、标准服务和优先服务，三类服务都是通过菜鸟与多家优质物流服务商合作搭建的全球物流网络进行配送，菜鸟智能分单系统会根据目的地、商品品类和重量选择最优的物流方案。

（1）AliExpress 无忧物流——简易服务

AliExpress 无忧物流——简易服务（AliExpress Saver Shipping），是专门针对速卖通卖家运送至俄罗斯、乌克兰的重量小于 2kg 的包裹，以及运送至西班牙的重量小于 0.5kg 的包裹，且订单成交金额不超过 5 美元的小包货物推出的简易挂号类物流服务。

（2）AliExpress 无忧物流——标准服务

AliExpress 无忧物流——标准服务（AliExpress Standard Shipping），是速卖通平台推出的标准类物流服务。

（3）AliExpress 无忧物流——优先服务

AliExpress 无忧物流——优先服务（AliExpress Premium Shipping），是速卖通平台推出的快速类物流服务。

2. AliExpress 无忧物流的发货流程

卖家使用 AliExpress 无忧物流进行发货的流程非常简单，如图 3-4 所示。

图 3-4　AliExpress 无忧物流的发货流程

二、Amazon 的 FBA 物流

亚马逊物流（Fulfillment By Amazon，FBA）是指亚马逊提供的仓储及代发货业务。2007 年，亚马逊引入 FBA，即亚马逊将自身平台开放给第三方卖家，将其库存纳入亚马逊全球的物流网络，为其提供拣货、包装及终端配送的服务，亚马逊则收取服务费用。自投入使用以来，FBA 一直被誉为亚马逊最有保障的物流服务体系。

1. FBA 的优缺点

（1）FBA 的优点

- 能够提高 Listing 排名和用户的信任度，帮助卖家成为特色卖家，进而提高销售额。
- 物流经验丰富，仓储遍布全球，管理职能化。
- 仓库大多靠近机场，配送速度快。
- 拥有亚马逊专业客服，能够帮助卖家减轻客服压力。
- 由 FBA 引起的中差评，如果符合亚马逊的相关政策就可以移除，这有助于改善卖家的账户表现。
- 单价超过 300 美元的商品可免运费。

（2）FBA 的缺点

- 费用通常偏高。
- 灵活性差，其他第三方海外仓可以由中文客服处理一些问题，而采用 FBA 的卖家只能用英文与用户沟通，且邮件回复通常不太及时。
- FBA 仓库不为卖家的头程发货提供清关服务。
- 如果因为前期工作没有做好，标签扫描出现问题，则货物入库会受到影响，甚至货物无法入库。

- 使用美国站点的 FBA，退货只支持美国地区。

2. 服务流程及存在的问题

FBA 是由亚马逊提供的包括仓储、拣货打包、派送、收款、客服与退货处理在内的一条龙物流服务，其服务流程如图 3-5 所示。

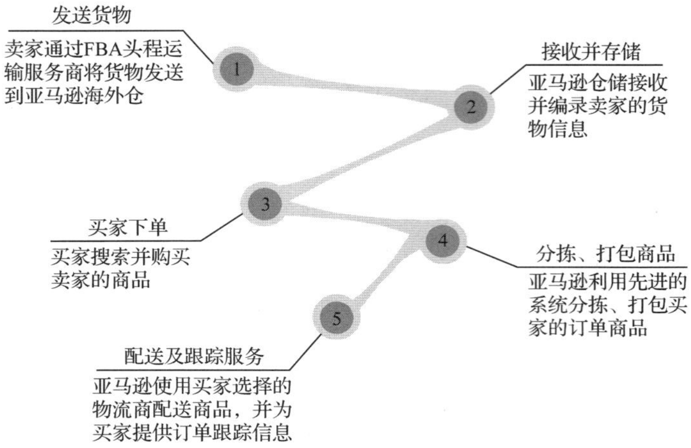

一般来说，卖家选择 FBA除节省人工费和运费之外，还能提高 Listing 排名，增加获得黄金购物车（Buy Box）的概率，从而提高销量；强大的物流系统使亚马逊在配送时效上具有优势，而优化物流系统也是提高用户体验的主要环节。

发送货物
卖家通过FBA头程运输服务商将货物发送到亚马逊海外仓

接收并存储
亚马逊仓储仓接收并编录卖家的货物信息

买家下单
买家搜索并购买卖家的商品

分拣、打包商品
亚马逊利用先进的系统分拣、打包买家的订单商品

配送及跟踪服务
亚马逊使用买家选择的物流商配送商品，并为买家提供订单跟踪信息

图 3-5　FBA 服务流程

FBA 也存在一些问题。

（1）清关问题

FBA 不提供任何清关协助，因此如果选择了 FBA，目的地的清关问题容易令卖家头疼。亚马逊并不是"进口商"（Importer of Record），而只是"最终收货人"（Ultimate Consignee），所以它不会负责卖家的货物清关。但是，清关是 FBA 头程中相当重要的一环，如果处理不好，货物将面临被目的地海关强制退回到发货地的尴尬局面，且退运费用昂贵，从而大大增加了额外成本。

因此，卖家可以挑选专业的清关公司或在 FBA 头程中将清关工作交由有经验的货代公司负责。运营多站点的卖家在选择与货代公司合作时，最好是从覆盖的线路范围和清关能力等方面考量货代公司。若货代公司支持多个站点的 FBA 头程，且清关能力强，卖家就可以省去许多麻烦，也能规避风险。

（2）头程物流渠道选择

亚马逊头程运输方式目前主要有 3 种，分别是海运、空运和快递。当然，不同的方式适合有不同特点的卖家。因此，卖家要根据成本及自身经营的情况来选择合适的物流渠道。

3. FBA 的费用

FBA 涉及的相关费用如下。

（1）订单配送费

FBA 订单配送费取决于商品包装后的重量和尺寸。

（2）库存仓储费

FBA 库存仓储费分为月度库存仓储费和长期库存仓储费。库存仓储费因商品尺寸和仓储时间而异。

（3）移除订单费

移除订单费按移除的每件商品收取。

（4）退货处理费

退货处理费是指某个指定的商品的总配送费用。该费用适用于在亚马逊上出售的，属于亚马逊为其提供免费退货配送的选定分类（服装、钟表、珠宝首饰、鞋靴、太阳镜和箱包类商品），并且实际被退回至亚马逊某个运营中心的商品。当单个订单中向买家配送了多件商品时，单件

商品要支付的退货处理费可能要高于总配送费用。

（5）计划外预处理服务费

如果运送到亚马逊的商品没有经过妥善预处理或贴标，就需要亚马逊运营中心提供计划外预处理服务，如进行贴标或塑料袋包装，这些服务都需要收取一定的费用。

三、eBay 的 SpeedPAK 物流

SpeedPAK 是 eBay 联合其物流战略合作伙伴青岛橙联科技股份有限公司共同打造的，以 eBay 平台物流政策为基础，为我国 eBay 跨境出口电商卖家量身定制的跨境直邮物流解决方案。SpeedPAK 整合了目前市场上各项优质的境内揽收、国际空运及境外"最后一公里"派送资源，提供了高效的门到门国际派送服务。

1. SpeedPAK 的物流方案类型

（1）SpeedPAK 标准型服务

SpeedPAK 标准型服务（Standard Shipping）已实现北美、欧洲、大洋洲的多方位覆盖，可到达的目的地包括美国、英国、德国、法国、意大利、西班牙、奥地利、比利时、瑞士、捷克、丹麦、匈牙利、爱尔兰、荷兰、波兰、葡萄牙、俄罗斯、瑞典、澳大利亚和加拿大。SpeedPAK 标准型服务提供门到门全程追踪服务，平均物流时效为 8 ～ 12 个工作日。

（2）SpeedPAK 经济型服务

SpeedPAK 经济型服务（Economy Shipping）可到达英国、德国、法国、意大利、西班牙、葡萄牙、摩洛哥、爱尔兰、荷兰等 49 个国家。SpeedPAK 经济型服务提供门到目的地入境半程追踪的服务，平均物流时效为 10 ～ 15 个工作日。

（3）SpeedPAK 经济轻小件

目前，SpeedPAK 已推出英国路向的经济轻小件（SpeedPAK Lite）服务。英国路向的经济轻小件只接受重量小于 750g，厚度小于 2.5cm，且体积限制在 35.3cm×12cm×2.5cm 之内的包裹。在无压缩、无按压的状态下，英国路向经济产品包裹的价格会调整为轻小件价格。SpeedPAK 经济轻小件的平均物流时效为 10 ～ 15 个工作日。

2. SpeedPAK 的特点

（1）平台保护

SpeedPAK 与 eBay 平台对接，推出的物流服务高度契合 eBay 的平台政策，因此享受相应的平台保护。

（2）合规

SpeedPAK 采取完全合法、合规的物流渠道进行货物运输，因而在境内分拣中心就需要对包裹进行安全扫描，并且拦截和退回违反进出口国海关规定或不符合航空运输安全规定的商品。这个合规操作流程虽然会导致小部分包裹被退回，但是确保了 SpeedPAK 在海关等各个渠道获得良好的信用记录，保障了绝大多数合规包裹可以获得稳定的通关效率及较低的查验率。

（3）稳定

SpeedPAK 使用大数据系统对物流服务质量进行实时监控，建立了有效的预警机制，可以保障全年服务时效稳定。

四、Wish 的 Express 物流

Wish Express（简称 WE）是 Wish 为了更好地满足平台用户对配送时效的要求而发起的极速

达项目，需要卖家提前将商品运到目的地的海外仓，当卖家收到订单时，商品从海外仓直接被配送至目的地的用户手中，从而实现快速配送。Wish Express 项目俗称"海外仓商品项目"。对于 Wish Express 项目中的商品，卖家要承诺在规定的时效之内交付给用户。

1. Wish 海外仓介绍

Wish Express 是单个商品配送到单个国家（或地区）的解决方案，是 Wish 平台推出的旨在支持平台商户开展海外仓业务的一种配送模式，是以用户体验为中心的标准化物流服务产品，承诺 5 个工作日妥投，可实现全程物流追踪。

FBW（Fulfillment By Wish）是 Wish 平台提供的升级版海外仓仓储及物流服务，由 Wish 来履行订单。目前 FBW 在美国有 2 个认证仓，在欧洲有 1 个认证仓。FBW 也是 Wish Express 海外仓项目中的一部分，因此所有的 FBW 产品均享受 Wish Express 海外仓政策。

FBW 和 Wish Express 作为 Wish 的重点项目，获得了 Wish 平台越来越多的政策和流量倾斜。两者的不同之处在于，Wish Express 侧重于用户端，可供卖家选择来妥投用户所选购的商品；FBW 是侧重于卖家端的海外仓服务工具。

FBW 的运作流程如图 3-6 所示（本图以 FBW-US 为例）。

图 3-6　FBW 的运作流程

2. 加入 Wish Express 项目的优点

（1）加入 Wish Express 项目，商品平均会获得 3 倍多的流量，同时会有一些差异化的流量入口，如 App WE Tab、Search WE Tab、详情页商品推荐栏等。

（2）商品会带有 Wish Express 徽章标识，此标识将告知用户能快速地收到商品，从而极大地提高转化率。

（3）加入 Wish Express 项目的卖家将获得 Wish 退货项目的资格，其商品可以退至设定的海外仓（目前只针对美国，其他市场正在开发该功能），从而降低退款率。

（4）加入 Wish Express 项目，商品将会快速到达用户手中，从而提升用户对商品的整体评分并能很快获得评价，从而缩短商品成长周期和回款周期。

（5）平台会针对 Wish Express 项目提供更多的商品支持，如营销、客服权限等。

案例分析

中国方案：菜鸟网络的全球物流网络布局

菜鸟网络科技有限公司（以下简称"菜鸟"）成立于 2013 年。2017 年，菜鸟正式开始海外布局。菜鸟业务分为国际物流、国内物流和科技及其他服务三大板块，其中国际物流包含跨境快递、国际供应链、海外本地物流服务功能等。菜鸟的国际物流业务不仅与阿里巴巴旗下各个电商平台深度绑定，其服务对象也覆盖了阿里巴巴生态体系以外的电商平台及在线渠道。为支撑国际物流业务发展，菜鸟在全球大力建设基础设施，形成了电商物流枢纽（eHub）、仓库、分拣中心、末端配送构成的物流网络，确保全球电商包裹的顺畅履约。

截至 2023 年 6 月 30 日，菜鸟全球网络遍布 200 多个国家及地区，包括总建筑面积超过 150 000 平方米的两个 eHub（比利时列日、马来西亚吉隆坡），其中，列日 eHub 拥有超过 20 万吨的年空运能力，每天处理约 50 万个快递；1100 多个总建筑面积约 16 500 万平方米的仓库及 380 多个分拣中心，其中 27 个为国际物流专用。通过全球网络，菜鸟还与海外主要目的地包机、包板及运输线路密切相连。截至 2023 年 6 月，菜鸟平均每周实现包机、包板约 170 班，串通起的运输线路超过 2700 条。该网络也与截至 2023 年 6 月 30 日的包含逾 4 400 个网点及逾 170 000 个驿站的大型末端网络相连接。

基于此，菜鸟搭建了一张遍布全球、横跨海陆空的物流网络。而有了海外基础建设和履约能力的支撑，菜鸟在履约时效上屡屡刷新纪录，例如，把中国与主要国际目的地之间的快递时间从 30～60 天缩短至 10 天甚至更短，这在跨境电商物流领域是颠覆性的。2023 年 9 月，菜鸟再次宣布联合速卖通上线"全球 5 日达"国际快递快线产品，首批落地英国、西班牙、荷兰、比利时和韩国 5 个国家，这将跨境物流的速度再度提升到一个新高度。

目前，菜鸟日均处理跨境包裹量超 450 万件，仅次于 DHL、UPS 和 FedEx 三大国际巨头，增速惊人。另外，2023 财年，菜鸟向海外逾 1.33 亿名消费者派送了 15.19 亿个跨境包裹，服务了超过 10 万个跨境商家和品牌。

开垦海外市场的优秀成果，也直接反映在了收入上。2021—2023 财年，菜鸟国际物流业务收入分别为 290 亿元、349 亿元、368 亿元，包裹量分别为 13.8 亿件、16.8 亿件及 15.2 亿件，国际物流业务收入占总收入的比重持续高于国内业务，三年来分别为 55.1%、52.3% 和 47.4%。

（资料来源：跨境电商物流百晓生公众号）

讨论题：菜鸟全球物流网络如何布局？

本章小结

通过对本章的学习，我们掌握了跨境电商物流的基本概念、功能和发展现状；了解了邮政物流、国际专线物流、国际商业快递、海外仓和保税仓等物流模式；熟悉了四大电商平台的物流方式。

习题

一、名词解释

跨境电商物流　万国邮政联盟　国际专线物流　海外仓　保税仓

二、选择题

1. 跨境电商物流的功能有（　　）。
    A. 运输配送　　　　B. 仓储管理　　　　C. 生产控制　　　　D. 附加价值
2. 我国跨境电商物流的发展现状有（　　）。
    A. 物流专业化水平不高
    B. 跨境电商物流发展速度与跨境电商需求吻合度较低
    C. 物流基础设施不完善
    D. 政府政策支持不足
3. 跨境电商物流模式有（　　）。
    A. 邮政物流　　　　B. 海外仓　　　　C. 国际专线物流　　　D. 国际商业快递

4. 以下不是国际商业快递的是（　　　）。

    A. UPS　　　　　　B. FedEx　　　　　C. DHL　　　　　D. Wish

5. 国际专线物流是针对特定国家或地区推出的跨境专用物流线路，（　　　）都基本固定。

    A. 物流起点　　　　B. 运输工具　　　　C. 运输线路　　　　D. 运输时间

6. 海外仓是建立在境外的（　　　）。

    A. 物流公司　　　　B. 仓储设施　　　　C. 配送中心　　　　D. 物流中心

7. 海外仓的优点有（　　　）。

    A. 降低物流成本　　　　　　　　　　B. 加快物流时效

    C. 灵活可靠的退换货方案　　　　　　D. 帮助卖家拓展销售品类

8. 保税区最显著的特征是（　　　）。

    A. 有效利用保税区的各类政策、综合优势与优惠措施

    B. 消费者只需承担商品价格和境内物流费用，其他风险都由卖家承担

    C. 仓储前置，用位移换时间，然后通过选择更经济的运输方式降低干线运输成本

    D. 用传统外贸方式走货到仓，可以降低物流成本

9. Wish Express 的优点有（　　　）。

    A. 差异化流量入口　　　　　　　　　B. 提高转化率

    C. 快速送达产品　　　　　　　　　　D. 更多的产品支持

10. Amazon 的 FBA 物流提供（　　　）服务。

    A. 仓储　　　　　　B. 拣货打包　　　　C. 派送　　　　D. 客服与退货处理

三、主观题

1. 描述跨境电商物流流程。
2. 简述跨境电商物流模式，并分析比较不同模式的优缺点。
3. 简要阐述四大国际快递公司快递业务的优缺点。
4. 境外建仓会有哪些机遇和挑战？如何运营海外仓？
5. 简述 AliExpress 无忧物流的相关内容。
6. 简述 Amazon 的 FBA 物流的相关内容。

知识点拓展

知识点 3-1：
跨境物流
"货通全球"

知识点 3-2：
国际快递费用
结算

知识点 3-3：
跨境物流
"加速跑"

知识点 3-4：
FBA 合仓 &
分仓方法

知识点 3-5：
国际物流与
海外仓

知识点 3-6：
空港物流
大动脉

知识点 3-7：
跨境物流
"全生命周期"

知识点 3-8：
"空空中转"
打开新通道

第四章
跨境电商支付

知识结构图

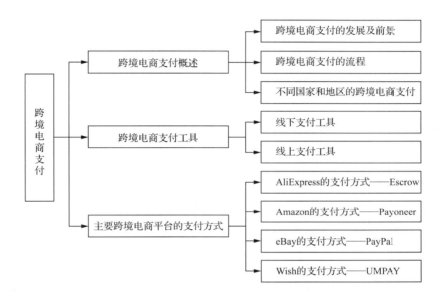

学习目标

知识目标

1. 掌握跨境电商支付的流程。
2. 了解不同国家和地区的跨境电商支付方式。
3. 了解跨境电商的支付工具。
4. 了解主要跨境电商平台的支付方式。

价值目标

1. 了解跨境电商支付流程和支付工具，树立跨境支付的法律监管、规范和诚信意识。
2. 了解数字时代的支付信用体系和运作模式，树立服务意识和遵守合规准则意识。
3. 学习蚂蚁金服等案例，树立底线意识和履行监管职责的意识。

导入案例

江苏银行与易宝支付的跨境支付合作

江苏银行与易宝支付在南京签署全面战略合作协议，此次协议签约标志着双方深化合作，携手迈入发展新阶段。

江苏银行与易宝支付自 2020 年开始跨境支付合作。作为全国系统重要性银行，江苏银行一直专注于为企业和合作伙伴提供安全合规、高效便捷的跨境支付服务。针对跨境电商金融需求小额、高频、线上化的特点，江苏银行重视科技创新投入，不断完善系统化建设，提高交易处理效率和风控、反洗钱能力，有力支撑了易宝支付快速增长的业务发展需要，带动交易规模保持连续翻倍增长。

易宝支付是最早涉足跨境支付的持牌企业之一，2013 年获得首批国家外汇管理局外汇支付试点资格，并率先完成全国第一笔由第三方支付机构处理的跨境电子化支付交易；它也是最早开展跨境人民币业务的支付机构之一，在货物贸易、服装贸易领域开展大量调研和新场景报备，并打通了多项跨境支付业务，用实际行动助力提高贸易便利化水平。

此次战略签约，标志着双方跨境支付业务升级，向跨境金融生态进行更加深入和全面的延展。江苏银行为易宝支付量身定做的跨境支付结算系统，能够更加高效地处理海量交易数据，并承载更大的交易规模。

（资料来源：跨境电商头条公众号）

讨论题：易宝支付相比于其他的跨境支付平台有哪些优势？

第一节　跨境电商支付概述

一、跨境电商支付的发展及前景

跨境电商支付是指国际经济活动中的当事人以一定的支付工具和方式，清偿因各种经济活动而产生的国际债权债务，并产生资金转移兑换的行为。它通常是在国际贸易中发生的、当事人履行金钱给付义务的一和行为。

1. 跨境电商支付的发展现状

（1）传统跨境贸易更多选用直接支付方式。

传统跨境贸易更多选月直接支付方式，如汇付、托收、信用证、国际保理等。汇付方式一般用于金额较小的场景，而信用证方式由于对买卖双方而言都有可靠的保证，所以在大额支付场景中使用较多。

直接支付方式之一的汇付主要由银行完成。银行收到汇款人申请后，以环球银行金融电信协会（Society for Worldwide Interbank Financial Telecommunications，SWIFT）等多种形式将钱由境外汇入行解付给收款人。

在国际贸易活动中，买卖双方可能互相不信任：买方担心预付款后，卖方不按合同要求发货；卖方则担心发货或提交货运单据后，买方不付款。因此，需要两家银行作为买卖双方的保证人。由于信用证方式对买卖双方都有保护，因此成为传统跨境贸易中常用的支付方式。

（2）第三方支付机构众多。

由于综合型跨境 B2C 贸易参与者众多、单价较低，所以不宜采用直接支付方式。目前，国内持有跨境支付牌照的第三方支付机构、跨境收款企业及境外持牌支付机构，均已建立起稳定且有效的渠道并形成稳定的模式。对于关键的换汇环节，国内持牌第三方支付机构可根据跨境电商平台数据对单换汇。

（3）自营跨境电商 B2C 平台的支付方式主要为借助国内持牌第三方支付机构为平台换汇。

自营跨境电商 B2C 平台一般拥有境外账户，以便境外第三方支付机构等金融机构为其办理收单业务。国内持牌第三方支付机构主要为此类电商平台办理换汇转账等业务，将电商平台的资金从境外账户转入电商平台境内银行账户。跨境收款企业也可以通过连接各方通道完成此过程，最后电商平台再通过国内第三方支付机构将账款分发给制造企业。

（4）小额跨境电商 B2B 贸易直面众多境外小商家，大大降低了跨境电商的支付与结算成本。

近年来，小额跨境电商 B2B 贸易发展迅速，境外小商家众多。相对于传统大商家，小商家客单价较低，多直接通过分销商采购商品。此种模式可大大降低人力和贸易成本。

（5）第三方支付机构普遍持有外汇和人民币支付牌照。

境内企业要想开展跨境电商支付业务，一方面必须是支付机构，并持有中国人民银行颁发的支付业务许可证，另一方面需要具有国家外汇管理局准许其开展跨境电商外汇支付业务试点的批复文件。如果不涉及换汇，第三方支付机构只需持有各地中国人民银行分支机构颁发的人民币跨境支付牌照即可，而不再需要国家外汇管理局的批复。

（6）第三方支付机构更加适应新兴跨境电商贸易小额、高频的需求。

传统跨境贸易以大额、低频为主，对支付的安全性要求较高，对时效性要求不高。因此，传统 B（企业）端大额跨境贸易更愿意选择汇付和信用证等方式作为支付手段。但跨境贸易的发展，特别是跨境电商平台的兴起，对支付的便捷性和及时性都提出了更高的要求。与此同时，监管部门也放宽了第三方支付机构的准入限制。

（7）手续费和支付解决方案是第三方跨境电商支付的主要收入来源。

目前，第三方支付机构的主要收入来自支付的手续费、增值服务和汇兑差异。手续费收费方式一般为按照交易规模流水收费或按支付笔数收费。增值服务主要体现在为 B 端提供支付解决方案，是支付机构为不同行业不同需求所提供的一体化产品支持，支付机构主要通过收取项目开发费用获取收入。汇兑差异主要是支付机构换汇时锁定费率和实时汇率的价差以及离岸在岸的汇率价差。

2. 跨境电商支付与结算的前景

（1）第三方跨境电商支付结算服务将逐渐摆脱单一通道模式。

第三方跨境电商支付经过近几年的发展，特别是国家外汇管理局和中国人民银行发牌以后，已逐步打通市场渠道，从单一的基础通道服务发展到逐渐满足跨境电商贸易平台中更多的需求。部分卖家开始和跨境电商产业链中的服务机构合作，实现从出口退税到报关的"三单"合一，再到跨境电商仓储物流解决方案，争取解决跨境电商贸易中存在的普遍性难题。

（2）小额 B2B 跨境电商支付结算或将成为下一个行业"蓝海"。

传统跨境贸易由于积压资金多、风控压力大，正在被以在线交易为核心，便捷、及时的跨境电商小额批发及零售业务取代。第三方支付基于大数据云计算，更能满足小额 B2B 跨境电商贸易的小额、快捷、灵活的支付要求和风控需求。

（3）行业规范化进程加快，第三方跨境电商支付结算行业发展潜力巨大。

平台层：经过多年的发展，跨境电商平台逐渐规范化，交易规模不断扩大，在培养稳定用户群体的同时，平台运营日趋成熟。

政策层：监管部门不间断地对国内跨境电商贸易进行调研。其中，与最关键的支付和物流有关的、更加细致合理的支持政策或将密集出台，从而使行业规范化进程继续加速。

用户层：在消费升级的带动下，国内用户对跨境电商商品的需求日渐增加，海淘规模、跨境旅游／购物规模、出国留学人数连创新高。

机构层：第三方支付机构经过前期的市场培育阶段，正在逐渐摆脱仅作为支付通道的行业价格战，并开始打造专属的行业解决方案，在掌握更多用户的基础上逐渐进行差异化运营。

（4）传统跨境支付与结算方式和跨境电商支付与结算方式互补共存。

传统跨境贸易 B2B 的市场主导地位暂时不会改变，同样，传统跨境支付与结算方式仍会在市场中占据重要地位。但新的跨境电商模式和平台的出现，会促使传统跨境电商支付与结算方式发生改革。传统跨境支付与结算方式和跨境电商支付与结算方式将互补共存。

（5）金融科技推动跨境支付行业发展，云计算、区块链等金融科技可有效解决传统跨境支付速度慢、成本高、信息不透明等问题，在反洗钱、反欺诈、信息安全等多个领域更好地赋能跨境支付行业的发展。

二、跨境电商支付的流程

跨境电商的出现，促使以信用证、托收和汇付为代表的传统跨境支付方式发生了改变。跨境电商支付除了沿用传统的商业银行汇款模式，还可选择第三方支付机构参与下的互联网支付模式。

一般而言，跨境电商支付包括境外收单和外卡收单。从进口角度看，跨境电商支付表现为境外收单业务。境内买家通过跨境电商平台从境外卖家处购买商品，支付机构为境内买家购置外币并支付给境外卖家。跨境电商进口支付过程如图4-1所示。

图4-1　跨境电商进口支付过程

从出口角度看，跨境电商支付表现为外卡收单业务。境内卖家通过跨境电商平台将商品销售给境外买家，支付机构为境内卖家收取外币并代理结汇。跨境电商出口支付过程如图4-2所示。

图4-2　跨境电商出口支付过程

由此可见，支付机构是跨境贸易的资金通道。从跨境电商支付过程来看，支付机构主要有第三方支付机构和商业银行两种。

1. 第三方支付机构

第三方支付机构是指具备一定实力和信誉保障的独立机构，其通过与银联或网联对接而促成交易双方进行交易。通过第三方支付机构交易时，买家选购商品后，不直接将款项打给卖家，而是付给第三方支付机构，第三方支付机构通知卖家发货；买家收到商品后，通知中介付款，第三方支付机构将款项转至卖家账户。第三方支付机构是买家和卖家之间的一个安全的、值得信赖的"中间平台"，可以对双方进行监督和约束，可以满足双方对信誉和安全的需求。第三方支付机构的运作实质是在收付款人之间设立中间过渡账户，使汇转款项实现可控性停顿。第三方支付机构具有中介保管及监督的职能，但并不承担相应的风险，而是通过支付托管实现支付保证。

在我国，第三方支付机构针对跨境电商提供的跨境支付主要包括购付汇和收结汇两类业务。其中，购付汇是指境内买家通过跨境电商平台购买商品时，第三方支付机构为买家提供的购汇及跨境付汇业务。购付汇主要针对进口跨境电商平台，具体业务流程如图4-3所示。

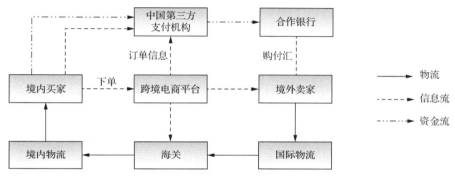

图4-3　进口跨境电商平台第三方支付机构购付汇业务流程

当境内买家在跨境电商平台下单后，选择中国第三方支付机构进行支付，如支付宝、财付通等。订单信息在被发到境外卖家的同时，也会被发到中国第三方支付机构，中国第三方支付机构会通过境内买家所使用的与其合作的银行，将商品款项以购付汇模式支付给境外卖家。境外卖家收到中国第三方支付机构的支付信息后，通过跨境电商物流将商品运送至境内买家手中。

收结汇是指第三方支付机构帮助境内卖家收取外币并兑换成人民币进行结算的业务。其主要针对出口跨境电商平台，具体业务流程如图4-4所示。

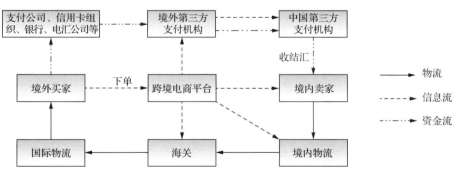

图4-4　出口跨境电商平台第三方支付机构收结汇业务流程

境外买家通过跨境电商平台下单后，订单信息会同时被发至境内卖家及境外第三方支付机构。境外买家通过支付公司、信用卡组织、银行、电汇公司等将商品款项支付给境外第三方支付机构，如 PayPal 等。境外第三方支付机构通过与其合作的中国第三方支付机构，以收结汇模式将商品款项支付给境内卖家，境内卖家通过跨境电商物流将商品运送至境外买家手中，从而完成跨境电商交易活动。

2. 商业银行

很多跨境电商网站都支持维萨（VISA）、万事达（Master）、美国运通（American Express）、JCB、银联等银行卡，买家只需在网上输入银行卡号、姓名等信息即可进行支付。例如，海淘者可以直接使用双币卡进行支付，境外买家也可以通过 VISA 信用卡来购买兰亭集势上的商品。此外，买家也可以通过去银行的线下网点转账汇款进行支付。外卡收单业务中的信用卡收款的具体流程如图 4-5 所示。

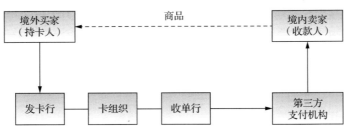

图 4-5　外卡收单业务中的信用卡收款的具体流程

图 4-5 中的发卡行是指发行信用卡的金融机构，一般为商业银行；收单行是指帮助卖家接收来自买家的不同信用卡付款款项的机构，可以是银行，也可以是非金融机构；卡组织是为发卡行和收单行提供结算服务的机构，如 VISA、万事达等。一般而言，卖家可直接与收单行合作，以满足买家用信用卡支付的需求。然而，在跨境电商中，收单行在境外，卖家在境内，绝大多数境内卖家都不具备足够的、与收单行对接的能力。这便催生了提供跨境电商支付服务的第三方支付机构，如北京的首信易支付等。第三方支付机构作为一种支付通道，可与境外银行合作，帮助境内卖家收取外汇。在境外买家下单并支付后，货款从发卡行通过卡组织流向收单行，再通过第三方支付机构流向境内卖家。第三方支付机构拥有较为成熟的网络支付技术，且非常熟悉电商行业，但其并非金融机构；而商业银行作为金融机构，虽然拥有买家和卖家的账户资源，但其网络支付技术不够成熟，对电商行业不够了解。

因此，第三方支付机构与商业银行之间通常是合作关系。此外，跨境电商支付还涉及不同的币种、不同的语言和不同的金融法规政策，这些都进一步促使第三方支付机构与商业银行加强合作。从另一个角度看，两者之间也存在一定的竞争关系：没有第三方支付机构时，买家一般只能通过银行进行跨境电商支付；第三方支付机构出现后，买家就可以绕开银行完成跨境电商支付。因此，第三方支付机构和商业银行之间实际上是一种"竞争与合作"关系。这种"竞争与合作"关系，一方面使跨境电商支付变得更加安全便捷，从而提升买家的跨境购物体验；另一方面两者的激烈竞争必然带来支付成本的降低，广大的跨境企业也将因此受惠。可以说，第三方支付机构和商业银行是跨境电商支付产业链的核心。

三、不同国家和地区的跨境电商支付

1. 中国

国内外知名的跨境收付款工具和平台包括 PayPal、Wise、PingPong、MoneyGram、Stripe 和 Western Union 等。这些支付机构一般采用充值模式进行支付，实际上拥有大部分银行的网上银行功能。所以，无论是信用卡还是借记卡，只要开通了网上银行功能，就可以实现跨境电商支付。信用卡在我国的普及率还有待提高，大部分用户仍习惯使用借记卡进行支付。不过，信用卡目前在我国发展得非常快，其普及率也在剧增，城市年轻白领群体使用信用卡进行跨境电商支付的方式尤其普遍。在一些经济发达的城市，VISA 与万事达信用卡支付已非常普遍，PayPal 的使用率也比较高。此外，QQ 钱包、微信支付等基于社交网络的支付方式也逐渐普及。

2. 北美地区

在信息技术、网络技术发展日益成熟的背景下，北美地区的用户熟悉并习惯了各种新兴的电子支付方式，如网上支付、电话支付、邮件支付、手机支付等。信用卡也是他们常用的跨境电商支付方式之一。美国的第三方支付机构能够处理支持 158 种货币的 VISA 与万事达信用卡、支持 79 种货币的美国运通卡、支持 16 种货币的大来卡（Diners Club）进行的支付。同时，PayPal 也是美国人异常熟悉的电子支付工具。此外，还有社交网络支付工具，以及亚马逊钱包等跨境电商企业自有的支付工具。

3. 欧洲地区

欧洲地区跨境电商用户习惯使用的电子支付方式除了 VISA 与万事达信用卡外，还有一些当地的信用卡。在英国等跨境电商市场比较发达的国家，包括 PayPal 在内的第三方支付工具使用率也较高。德国的 Elektronisches Lastschriftverfahren（ELV）是流通性非常强的一种电子支付方式，也是绝大多数德国银行支持的支付方式，其利用网络，根据用户提供的商业银行账户号码和授权信息即可处理付款。GiroPay 是一种在线支付方式，获得了超过 1 500 家德国银行的支持，可帮助用户实现网上支付。Sofortüberweisung 是一种简便的在线支付方式，用户无须在线注册，通过银行提供的凭证与交易验证码即可进行操作。Prepaid Voucher 是以货币价值储存的付款卡。

4. 东亚地区

日本用户以信用卡支付与手机支付为主。日本的本土信用卡为 JCB 卡，支持 20 种货币，是日本常用的跨境电商支付方式。日本用户还普遍有一张 VISA 或万事达信用卡，可以用于跨境电商支付。目前，日本手机网购消费群体的规模已超过个人计算机网购消费群体的规模。所以，日本用户习惯使用手机进行网购与支付。索尼、移动通信运营商 NTT DOCOMO 和交通运营商 JR-EAST 组成的联盟推动着日本手机支付系统的发展。另外，中国的支付宝在日本的使用率也较高。在韩国，跨境电商市场非常发达，其主流购物平台多是 C2C 平台，如 Auction、Gmarket、11ST 等，也有众多的 B2C 平台。但是，韩国的在线支付方式比较封闭，一般只支持韩国国内银行的银行卡进行跨境支付，VISA 与万事达信用卡的使用率较低。虽然也有不少韩国消费者在使用 PayPal，但它仍不是主流的支付方式。

5. 拉美地区

以巴西、墨西哥、阿根廷为代表的拉美地区跨境电商市场的支付方式及其使用率的差异非常显著。巴西的信用卡普及率较高，全国拥有约 8 260 万张使用活跃的信用卡，其中 VISA 与万事达主导着巴西的信用卡市场。巴西网民常用的支付方式比较多，包括 Boleto Bancário、DineroMail、Mercado Pago、Moip、Oi Paggo、PagSeguro、PayPal、SafetyPay、Ski 等。其中，Boleto Bancário 是第二受欢迎的支付方式，也是那些没有信用卡的消费者经常使用的支付方式。此外，电子钱包（如 PayPal、Mercado Pago 等）、充值卡、礼品卡、预付卡、虚拟卡等的使用率也较高。墨西哥的跨境电商消费者偏好现金支付。而在阿根廷，货到付款的支付方式较为普遍；同时，还有 Pago Fácil、Rapipago、Mercado Pago、PayPal、DineroMail 等支付方式。

第二节 跨境电商支付工具

一、线下支付工具

1. 西联汇款

西联汇款（Western Union）是西联国际汇款公司的简称，是有名的特快汇款公司，迄今已有150年的历史。Western Union 拥有目前全球最大的电子汇兑金融网络，代理网点遍布全球近200个国家和地区。Western Union 是美国财富500强之一的第一数据公司（First Data Corporation，FDC）的子公司。中国光大银行、中国邮政储蓄银行、中国建设银行、浙江稠州商业银行、吉林银行、哈尔滨银行、福建海峡银行、烟台银行、龙江银行、温州银行、徽商银行、浦发银行等多家商业银行都是 Western Union 的中国合作伙伴。目前，Western Union 在中国的合作网点逾 280 001 个，服务覆盖31个省（自治区、直辖市）。

跨境电商支付工具

（1）优点

- 汇出金额等于汇入金额，无中间行扣费。
- 西联全球安全电子系统确保每笔汇款的安全，并有操作密码和自选密码可供核实，使汇款安全地交付到指定的收款人账户。
- 手续简单，利用先进的电子技术和独特的全球电子金融网络，使收款人可在几分钟内如数收到汇款。
- 手续费由买家承担，卖家无须支付任何手续费。
- 公司的代理网点遍布全球各地，包括银行、邮局、外币兑换点、火车站和机场等，以便交易双方进行汇款和收款。

（2）缺点

- 汇款手续费按笔收取，小额收款手续费高。
- 买家难以在第一次交易时信任卖家，若需在发货前打款，则容易放弃交易。
- 买家和卖家需要进行线下柜台操作。
- 汇款属于传统型交易模式，不能很好地适应跨境电商支付的发展趋势。

（3）适用范围

Western Union 适用于1万美元以下的中等额度支付。

2. 速汇金国际汇款

速汇金国际汇款是速汇金国际有限公司推出的国际汇款方式，是通过其全球网络办理的一种境外快速汇款业务，为个人用户提供快捷简单、安全可靠的国际汇款服务。速汇金国际有限公司在全球194个国家和地区拥有超过275 000个代理网点，是一家与 Western Union 相似的汇款机构。目前，中国银行、中国工商银行、中国交通银行、中信银行等代理了速汇金收付款服务。

（1）费用

速汇金汇入汇款业务不收费，卖家无须支付手续费。速汇金汇出汇款业务费用包括佣金和手续费两个部分：佣金按办理汇款业务时，速汇金国际有限公司速汇金系统自动生成的金额扣收；手续费根据速汇金国际有限公司提供的费率执行。

（2）优点

- 汇款速度快，在速汇金代理网点（包括汇出网点和解付网点）正常营业的情况下，速汇金汇款汇出后十几分钟内即可到达收款人账户。
- 速汇金的收费采用的是超额收费标准，汇款金额不高时，费用相对较低。
- 无其他附加费用和不可知费用，无中间行费用，无电报费用。
- 手续简单，无须填写复杂的汇款路径，收款人无须预先开立银行账户即可实现资金划转。

（3）缺点

- 速汇金国际有限公司仅在工作日提供相应服务，而且办理速度较慢。
- 汇款人及收款人均必须为个人。
- 速汇金国际有限公司不提供境内汇款业务，必须为境外汇款。
- 用户如持现钞账户汇款，还需缴纳一定的现钞变汇手续费；速汇金的合作伙伴银行对速汇金业务部不提供 VIP 服务。
- 买家和卖家需要进行线下柜台操作，不能很好地适应跨境电商支付的发展趋势。

（4）适用范围

速汇金国际汇款适用于境外留学、旅游、考察、工作，亦适用于年汇款金额不超过 5 万美元的中等额度支付。

3. 香港离岸账户

离岸账户也叫 OSA 账户，在金融学上指存款人在其居住国家（地区）以外开设的银行账户。相反，位于存款人所居住国家（地区）的银行则称为在岸银行或境内银行。境外机构按规定在依法取得离岸银行业务经营资格的境内银行离岸业务部开立的账户，属于境外账户。如中国内地的公司在中国香港开立的账户，即香港离岸账户。境内卖家通过在香港开设离岸账户，接收境外买家的汇款，再将汇款从香港离岸账户汇到内地账户。离岸账户只支持公司开户，不支持个人开户。相较于境内外汇账户（NRA 账户），离岸账户受外汇管制更少，安全性也更高。

（1）费用

香港离岸账户开设的费用主要包括开户费用和后续维护费用。不同的银行开户费用略有不同，亲临中国香港办理时费用约为 1 150 港元，中国内地视频开户费用为 1 750～3 150 港元，如不方便还可以选择委托代理。后续维护费用包括年审费用（不包括雇员申报等费用）、香港公司满 18 个月的报税费用、汇款的费用以及资金量不到会员每月最低标准时的账户管理费用。

（2）优点

- 资金调拨自由，香港离岸账户等同于在境外开设的银行账户，用户可以从香港离岸账户中自由调拨资金，不受内地外汇管制。
- 存款利率、品种不受内地监管限制，特别是大额存款，可根据用户需要在利率、期限等方面为用户量身定做，灵活方便。
- 我国对香港离岸账户免征存款利息税。
- 加快了境内外资金周转速度，降低了资金的综合成本，提高了资金的使用效率。
- 利用香港离岸账户收款，企业可以在税务方面进行合理安排，这对企业以后的发展有极大的好处。
- 接收电汇（通过电报办理汇兑）无额度限制，可直接自由兑换不同货币。

（3）缺点

- 开设香港离岸账户的起点储蓄金额一般较高，至少需要 1 万港元作为激活资金。

- 若低于规定的资金量，每月需要缴纳一定的账户管理费。
- 将香港离岸账户内资金转到中国内地账户的手续较为麻烦。

（4）适用范围

香港离岸账户对传统外贸及跨境电商支付都适用，且更适用于已有一定交易规模的卖家。

二、线上支付工具

1. 国际信用卡

国际信用卡收款，即通过第三方信用卡支付公司提供的支付通道完成收款。目前，国际信用卡收款是支付网关对支付网关模式（类似于网银支付）。信用卡消费是当今国际流行的一种消费方式，尤其是在欧美地区，由于信用体系非常完善，人们早已习惯使用信用卡进行提前消费，基本实现了人手一张信用卡。购物时使用信用卡进行在线支付，早已在欧美地区成为主流。

（1）支付流程

信用卡支付是"先用钱，后还款"，其支付流程如下。

- 买家从自己的信用卡上发出支付指令给发卡银行。
- 发卡银行先行垫钱支付给卖家银行。
- 发卡银行通知买家免息期满的还款日期和金额。

虽然卖家已经完成交易，但只有当买家做出如下行动时，货款才能到达卖家账户：买家在还款日期前还款，交易顺利完成后，卖家收货款成功；买家先还部分（一般大于银行规定的最低还款额），其余部分向银行贷款，并确认同意支付利息，以后再逐步偿还本息，最终买家得到融资便利，银行得到利息收入，卖家及时得到货款。

（2）优点

- 用户群巨大，VISA与万事达信用卡拥有超过20亿用户。特别是在欧美地区，信用卡因符合用户的提前消费习惯且支付方便，所以使用率很高。
- 增加潜在用户。由于只要买家持有信用卡就能完成付款，所以信用卡持有人数相较于在支付公司注册的人数更多。信用卡支付是大多数人都接受，也乐意使用的一种支付方式。
- 减少拒付。所谓拒付，是指信用卡持卡人主动将已付货款要回的行为。信用卡拒付属于银行对银行模式的拒付，买家需要到发卡行进行操作。同时发卡行也会对该笔拒付进行核查，看是否属于恶意拒付（如果是恶意拒付，银行就会在买家的信用记录上进行记录，这会给买家以后的生活、学习和工作带来很大的不便，所以买家一般不会随意拒付）。账号对账号模式的拒付对买家的信用记录没有任何影响，所以信用卡支付的拒付率相对于账号对账号模式的拒付率更低。根据国际卡组织的统计，使用信用卡消费的拒付率通常不超过5‰。
- 不会冻结账号。以信用卡支付时，如果某笔交易存在争议，该笔交易就会被冻结，但又不会影响整个账户。信用卡通道注重买家和卖家双方的利益，会根据货品的发货情况及买家的态度来进行处理，不会因关闭通道造成卖家资金冻结，因此其对拒付的处理无疑更加公平。
- 买家付款过程简单方便。买家在页面选定相应的物品后可直接进入信用卡验证页面，这就简化了付款步骤，方便了买家付款。付款过程仅需3～5秒。

（3）缺点

- 需要开户费和年服务费，使用门槛较高。
- 仍可能存在拒付。国际信用卡本身有180天的拒付期，个别信用卡甚至180天后还可以拒付。

拒付的原因可能是买家没有收到货、卖家发错货或货物存在质量问题等。

（4）适用范围

国际信用卡支付一般适用于外贸中的 1 000 美元以下的小额收款，比较适合网店零售，主要交易商品有服装、鞋饰、生活用品、电子产品、保健品、虚拟游戏等。

2. WebMoney

WebMoney（以下简称"WM"）是由网络支付科技有限公司（WebMoney Transfer Technology）开发的在线电子商务支付系统，是俄罗斯主流的电子支付方式。WM 在俄罗斯各大银行均可自主充值取款，其支付系统在包括中国在内的全球 70 个国家和地区均可以使用。

我们在使用 WM 前需要先开通一个 WMID，利用此 ID 可以即时与别人聊天，就像 ICQ（即时通信软件）、MSN 一样。此 ID 中设有多种货币的钱包，如以美元来计的 Z 钱包里的货币就是 WMZ。它有多个版本，应用得比较多的是 Mini 版本，用户只需要注册和设置账户就可以转账，但 Mini 版本的转账有日限额和月限额；其次就是 Keeper Classic 版本，用户需要下载并安装软件，注册最新版本的 Keeper Classic 需要用 Mini 账号转换并进行二次注册。

国际上越来越多的企业和网络商店开始接受 WM 支付方式，它已经成为人们进行电子商务交易强有力的工具。用户只需花 3 分钟就可以免费申请一个 WM 账户，账户之间互相转账只需 10 秒，且可以把账户里的资金转到全球任何一个人的账户里。目前，许多国际性网站都在使用 WM 向用户收款或付款，如一些外汇交易网站和投资类站点都接受利用 WM 存取款。

目前，国内用户充值和提现一般都通过第三方网站来进行，可找信誉度高的兑换站卖出自己的 WMZ、WME，并买入需要的电子货币。

（1）优点

· 安全，具有转账需要手机短信验证、异地登录 IP（网络之间互连的协议）保护等多种保护功能。

· 迅速，到账即时。

· 稳定，作为俄罗斯主流的电子支付方式，在俄罗斯各大银行均可自主充值取款。

· 国际性，用户可在网上匿名免费开户，并可以零资金运行。

· 方便，用户只需要知道对方的钱包号即可进行转账汇款，不需要去银行办理烦琐的手续。

· 匿名申请，保护双方隐私。

· 通用，全球许多外汇交易网站、投资类站点、购物网站都接受 WM 收付款。

（2）缺点

WM 虽支持中国银联卡取款，但手续费高、流程复杂。

3. 连连支付

连连银通电子支付有限公司（以下简称"连连支付"）是专业的第三方支付机构，是我国领先的行业支付解决方案提供商。该公司于 2003 年在杭州高新区成立，注册资金为 3.25 亿元人民币，是连连集团旗下的全资子公司。连连支付是杭州综合试验区首批战略合作伙伴。

连连支付于 2011 年 8 月 29 日获得了中国人民银行颁发的支付业务许可证，业务类型为互联网支付、移动电话支付，覆盖范围为全国。同时，连连支付于 2015 年 1 月 12 日获得了中国人民银行杭州中心支行许可，准许开展跨境电商人民币结算业务；于 2015 年 2 月 13 日获得了国家外汇管理局浙江省分局许可，准许开展跨境外汇支付业务。连连支付于 2016 年 8 月 29 日完成支付业务许可证续展。

基于跨境电商贸易及移动支付高速发展的现状，为满足企业在交易环节不断提高的收付款需求，连连支付打造了以跨境支付、移动支付、O2O 支付、大数据风控为业务核心的全球化支付解决方案，极大地缩短了跨境电商贸易企业的资金汇兑周期，提高了全球跨境电商贸易企业的货币处理效率，助推了互联网交易产业的进一步完善。

（1）连连支付的跨境电商支付与结算模式

连连支付的跨境电商支付与结算模式目前主要包括帮助卖家在亚马逊店铺的跨境收款、提现及 PayPal 账户提现。

① 帮助卖家在亚马逊店铺的跨境收款、提现

近年来，在我国外贸市场总体趋于平稳的大环境下，跨境出口电子商务一枝独秀。不少卖家纷纷进入跨境电商这片蓝海，选平台、选品类、选产品、选物流，好不容易大卖了，却又碰到跨境收款这只拦路虎——开户难、开户贵、收款慢、费率高、管理麻烦。连连支付的跨境收款就是连连支付专门为我国的跨境电商卖家打造的一款产品，其支持亚马逊北美站、日本站、欧洲站等五大站点，一次性打通美元、日元、欧元、英镑四大主流币种，真正为跨境电商卖家提供国际化服务。无论在亚马逊哪个站点销售产品，连连支付的跨境收款都能提供高效安全的收款服务，真正助力卖家们"卖全球"。

在亚马逊上开店，境外买家不可能将货款直接打到境内卖家的境内银行账户，因此境内卖家要用境外银行账户去收款。这样就有两种方式。第一种是境内卖家自己去境外开立银行账户，用这个账户收款。采用这种方式的，主要是华东一带转型做跨境业务的一些制造业企业和房地产贸易公司。一般的正规做法是先在境内成立公司（类似于母公司），然后在境外成立一家子公司，如境内公司叫 A 公司，境外公司叫 B 公司，B 公司在亚马逊上开店，所得货款会直接打到 B 公司的账户中，然后 B 公司再以传统贸易的方式将资金转给 A 公司，这样就形成了一个闭环，属于 B2B、B2C 的模式。第二种是设立离岸账户，这也是很多传统贸易公司的做法。它们在境外有一些离岸账户，而这些离岸账户也可以直接从亚马逊收款，但亚马逊会收取 3.5% 的货币损耗费。如用美国的账户去收欧洲的货款，亚马逊就会收取 3.5% 的货币损耗费，这个比例是相当高的。现在，90% 以上的卖家都是通过第三方支付来开设境外银行账户的。这样做有以下优点：一是操作简便，二是成本较低，三是不需要办理太多手续，四是收款速度非常快，一两天就可能到账。

在亚马逊的所有站点，连连支付涉及美元、欧元、英镑、日元等多个币种，而且提现到账速度很快，提现手续费低，真正做到了为跨境电商卖家提供专业、灵活、高效、便捷的国际跨境收款服务。

② PayPal 账户提现

连连支付和 PayPal 合作，推出了可选择性人民币提款服务，使卖家能将账户中的余额以人民币的形式提取出来，从而大大减轻了卖家的现金流压力，提升了交易的便捷性。它的特点如下。

- 没有外汇人均每年 5 万美元的限制。
- 该业务只面向中国公民和中国企业注册的 PayPal 账户。
- 兑换汇率依照中国银行当天美元现汇牌价。
- 该项人民币提款业务手续费率仅为 1.2%，到账时间为 3～4 天，且无其他任何费用。
- 最低提现额为 150 美元，单笔最高提现额为 1 万美元；每日提现不超过 5 笔；每日提现限额为 3 万美元。

（2）连连支付的跨境电商支付特点

① 方便快捷

国内亚马逊卖家通过连连支付提现，最短的到账时间是 6 秒，一般 2 个小时之内就能提现到账。PayPal 账户提现的到账时间为 3 ～ 4 天，但仍比提现到银行卡快。

② 成本低

连连支付的亚马逊提现手续费率是 0.7%，在与亚马逊官方合作的企业里费用是最低的。通过连连支付，用户将 PayPal 中的外币提现为人民币，手续费率仅为 1.2%，且无其他费用。

③ 安全可靠

连连支付在跨境电商支付业务上的规模仅次于支付宝支付和微信支付，并获得了中国人民银行和国家外汇管理局支付业务许可、跨境电商人民币结算业务许可和跨境外汇支付业务许可。有中国人民银行和国家外汇管理局双重许可和权威认证，用户的资金会更加安全。

4. PingPong

杭州乒乓智能技术有限公司（以下简称"PingPong"）是一家总部位于杭州的国内知名全球收款公司，主要为我国跨境电商卖家提供低成本的跨境收款服务。

成立之初，PingPong 就郑重承诺，其跨境收款的所有服务费率绝对不超过 1%，且没有隐性费用和汇损。除颠覆性的低费率外，PingPong 还以"双边监管、100% 阳光透明"的安全和合规标准引领跨境电商支付行业。

PingPong 与境内跨境出口企业建立了紧密的合作关系，并成为杭州综合试验区管委会的官方合作伙伴，以及中国（上海）自由贸易试验区跨境电商服务平台的战略合作伙伴。

在中国，PingPong 按照中国人民银行和国家外汇管理局的监管要求开展业务，符合中国清算业务的监管要求。在美国，PingPong 拥有注册于全球金融中心纽约的全资子公司 PingPong Global Solutions Inc.，接受美国财政部金融犯罪执法局（FinCEN）的监管，遵循相关法律法规及美国监管机构对货币服务企业的要求。

PingPong 按照国际支付行业的高标准建立了反洗钱及反恐融资合规体系，对用户及最终受益人进行严格的身份认证和尽职调查，认证用户的银行信息并收集详细的交易信息，用以监控和防范洗钱或其他金融犯罪行为。Ping Pong 及其依法设立的 PingPong US、PingPong EU 和 PingPong JP 等子公司在对应监管区域接受金融监管部门的监督，合法开展业务。PingPong 的境内资金由中国人民银行授予资质的境内第三方支付及跨境支付机构处理。

2017 年 9 月，PingPong 获得卢森堡政府颁发的欧洲支付牌照，成为首家获得该牌照的中国金融科技企业；2017 年 9 月 18 日，PingPong "创变者集会"在深圳召开，会上发布了具有颠覆性的跨境收款产品"光年"。

（1）PingPong 的跨境电商支付与结算模式

PingPong 的跨境电商支付与结算模式目前主要包括帮助亚马逊、Wish、新蛋（Newegg）等卖家提供跨境收款、提现业务，后续 PingPong 还会与更多的平台合作。

（2）PingPong 注册操作流程

· 申请注册。在注册使用的电子邮箱里打开激活邮件，并单击链接激活。

· 按照"免费创建收款账号—企业实名安全认证—激活全球多平台收款"的操作步骤，填写注册表格中的各个栏目，完成信息登记后上传相关证件的复印件，等待审核并完成实名安全认证。

· 激活多账号平台收款，单击"下一步"按钮，直至出现"信息已提交等待审核"。

· 等待 1 ～ 3 个工作日，如果申请通过，你会收到 PingPong 发来的欢迎邮件及美国银行收款账号；如果申请存在问题，PingPong 客服会主动与你联系。

第三节　主要跨境电商平台的支付方式

一、AliExpress 的支付方式——Escrow

Escrow 服务是阿里巴巴国际站针对国际贸易提供的交易资金安全保障服务。它联合第三方支付机构支付宝提供在线交易资金支付的安全保障，同时保护买卖双方从事在线交易，并解决交易中的资金纠纷问题。

1. Escrow 服务的业务流程

Escrow 服务即国际支付宝服务，主要为在线交易提供资金安全保障，为交易双方的快递订单 / 在线批发订单提供资金安全的担保服务。其业务流程如图 4-6 所示。

图 4-6　Escrow 服务的业务流程

（1）买家通过阿里巴巴国际站下单。

（2）买家通过阿里巴巴 Escrow 账户付款。

（3）买家付款后，平台会通知卖家发货，卖家看到买家的付款信息后，通过 EMS、DHL、UPS、FedEx、TNT、顺丰速运、邮政航空包裹 7 种运输方式发货。

（4）买家在阿里巴巴国际站确认收货。

（5）买家收到货物或者买家收货超时时，平台会自动放款给卖家。

2. 费用

仅开通阿里巴巴国际站平台的 Escrow 服务不需要支付额外费用，但在使用该服务的过程中会产生交易手续费和提现手续费。

（1）交易手续费：为产品价格的 5%，须包含在产品价格中，可根据交易手续费平衡交易产品价格。

（2）提现手续费：美元提现每次需支付 15 美元的手续费，由银行收取；人民币提现无手续费。

3. 优点

（1）支持信用卡、银行汇款、第三方钱包等多种支付方式。目前，Escrow 支持的支付方式有信用卡、借记卡、QIW、Yandex. Money、WebMoney、Boleto、TEF、Mercado Pago、DOKU、Western Union 和 T/T 银行汇款，更多符合各地买家支付习惯的支付方式还在不断加入。

（2）安全保障：全面保障卖家的交易安全。Escrow 服务是一种第三方支付服务，而不只是一种支付工具。对于卖家而言，Escrow 的风控体系可以保护卖家在交易中免受信用卡被盗的风险，同时也可以帮助卖家避免在交易中使用其他支付方式导致的交易欺诈。

（3）方便快捷：线上支付，直接到账，用户足不出户即可完成交易。使用 Escrow 收款无须预存任何款项，速卖通会员只需绑定国内支付宝账户和美国银行账户就可以分别进行人民币和美元的收款。

（4）品牌优势：背靠阿里巴巴和支付宝两大品牌，境外潜力巨大。

4. Escrow 支持哪些产品的交易

产品只需满足以下条件，即可通过 Escrow 进行交易。

（1）产品可以通过速卖通平台支持的物流方式进行发货。

（2）每笔订单金额（产品总价加上运费的总额）小于 1 万美元。

5. Escrow 单笔订单的最大额度

为降低 Escrow 用户在交易过程中产生的交易风险，目前 Escrow 支持单笔订单金额在（产品总价加上运费的总额）10 000 美元以下的交易。

二、Amazon 的支付方式——Payoneer

1. 亚马逊收款方式选择分析

目前市面上重要的 5 种亚马逊收款方式分别是 Payoneer、WorldFirst、PingPong 卡、美国银行账户、中国香港银行账户。亚马逊收款方式的对比如表 4-1 所示。

表 4-1　　　　　　　　　　　　　　　　亚马逊收款方式的对比

项目	Payoneer	WorldFirst	PingPong 卡	美国银行账户	中国香港银行账户
提现人民币	√	√	√	×	×
注册费	免费	免费	免费	1 万～3 万元（注册美国公司）	500～5 000 元（注册中国香港公司）
入账费	无	无	无	无	3%～5%× 兑换成港元的费用（亚马逊资金需要强制换成港元）
提现费率	费率最高 2%，根据累积入账金额可调低至 1%	1%～2.5%	费率最高 1%，提现越多，费用越低	45 美元 / 笔	与具体银行有关
年费	有	无	无	有	有
直接收取	是	是	是	否	否
美元、欧元、英镑、加元、日元支持情况	支持美元、欧元、英镑、日元	支持美元、欧元、英镑、日元	仅支持美元	仅支持美元	需要先兑换成港元
提现速度	1～3 个工作日	1～3 个工作日	1 个工作日，最快可当天到账	7 个工作日内	7 个工作日内
备注	最低费率 1%	最高费率仅 2.5%	最高费率 1%，无任何汇损	需要注册美国公司	强制兑换成港元，即使有美元账户也需先兑换成港元

2. Payoneer 概述

Payoneer（派安盈）成立于 2005 年，总部设在美国纽约，是万事达卡组织授权的具有发卡资格的机构。其主要业务是帮助其合作伙伴将资金下发到全球，同时也为全球用户提供美国银行或欧洲银行收款账户，用于接收欧美电商平台和企业的贸易款项，为支付人群提供简单、安全、快捷的转款服务。

Payoneer 的合作伙伴所涉及的领域众多，同时其服务也已遍布全球。需要支付的对象不管是偏远区域的雇员、自由职业者、联盟成员还是其他人群，都可以通过收款人申请获得 Payoneer 预付万事达卡并获得安全、便利、灵活的收款方式。Payoneer 预付万事达卡可在全球任何接受万事达卡的刷卡机（POS 机）上刷卡、在线购物或者从自动柜员机取出当地货币。

（1）收费标准

- 转账到全球各个国家和地区的当地银行账户，收取 2% 的手续费。
- 使用 Payoneer 万事达卡内的资金，自动柜员机取款每笔取现手续费为 315 美元；在我国使用自动柜员机直接取出人民币时，有不高于 3% 的汇率损失，每日取款限额为 2 500 美元；对于 POS 机消费不收取费用。
- 对于超市、商场消费（每日限额为 2 500 美元），Payoneer 不收取手续费。

- 合作联盟不同，以上费用会有所不同。
- Payoneer 预付万事达卡的年费为 2 995 美元，每年收取一次。
- 美国银行账户转账收取转账金额的 1% 作为手续费，且每笔进账都要收取。

（2）优点
- 便捷。凭中华人民共和国居民身份证即可完成 Payoneer 账户的在线注册，并可自动绑定美国银行账户和欧洲银行账户。
- 合规。可接收欧美地区公司的付款，并通过 Payoneer 和中国支付公司的合作完成线上的外汇申报和结汇，从而避开每年 5 万美元的个人结汇额度限制。
- 安全。对于欧美地区用户的入账，可在卖家提供一定文件的基础上帮其进行审核并提供全额担保服务。

（3）缺点
- Payoneer 账户之间不能互转资金，无法通过银行卡或信用卡充值，无法通过 Payoneer 收款。
- 手续费较高。

（4）适用人群
适合单笔资金额度小但是用户群分布广的跨境电商网站或卖家。

三、eBay 的支付方式——PayPal

PayPal（贝宝）是美国 eBay 公司的全资子公司，于 1998 年 12 月由彼得·蒂尔（Peter Thiel）及马克斯·莱文（Max Levchin）建立，其总部位于美国加利福尼亚州圣何塞。PayPal 致力于提供普惠金融服务，帮助个人和企业参与全球经济并获得成功。PayPal 电子支付平台让 2.27 亿 PayPal 活跃用户通过强大的新方式，完成线上移动端 App 及面对面的连接与交易。通过技术创新与战略合作，PayPal 为资金的管理和移动提供了更好的方法，为人们转账、付款和收款提供了更多灵活的选择。目前，PayPal 电子支付平台遍及全球 200 多个国家和地区，支持用户使用 100 多种货币付款、56 种货币提现，并可在 PayPal 账户中拥有 25 种不同货币的余额。

PayPal 在使用电子邮件来标识身份的用户之间转移资金，避免了传统的邮寄支票或汇款的方法的弊端。PayPal 也和一些电子商务网站合作，成为它们的货款支付方式之一。但是电子商务网站使用这种支付方式转账时，PayPal 会收取一定数额的手续费。

2017 年 4 月，Android Pay 与 PayPal 合作，使 PayPal 成为 Android Pay 用户可以使用的移动支付平台。

2018 年 2 月 1 日，eBay 正式宣布，于 2020 年停止使用 PayPal 作为其后端支付服务平台，同时还公布了新的合作伙伴——成立于 2006 年的阿姆斯特丹支付公司 Adyen。从 2018 年下半年开始，eBay 将一部分支付业务交给 Adyen。这对已经与 eBay 合作了 15 年的 PayPal 来说是一个痛点。

1. PayPal 账户详解

PayPal 账户分为 3 种类型：个人账户、高级账户和企业账户。用户可以根据实际情况进行注册，个人账户可以升级为高级账户，进而升级为企业账户；反之，企业账户也可以降级为高级账户或者个人账户。

（1）个人账户
个人账户适用于进行在线购物的买家，主要用于付款和收款。比起高级账户和企业账户，个人账户少了一些商家必备的功能和特点，如查看历史交易记录的多种筛选功能，享受商家费率，使用网站集成、快速结账等集成工具。因此，不建议商家选择个人账户。

（2）高级账户

高级账户适用于进行在线购物或在线销售的个人商家，既可以付款、收款，又可以享受商家费率，使用网站付款标准、快速结账等集成工具及集中付款功能，从而帮助商家拓展境外销售渠道，提高销售额。建议进行跨境交易的个人商家使用高级账户。

（3）企业账户

企业账户适用于以企业或团体名义经营的商家，特别是使用公司银行账户提现的商家。企业账户拥有高级账户的所有商家功能，可以设立多个子账户，适合大型商家使用，并可为每个部门设立子账户进行收款。为此，企业账户需要添加以企业名称开办的电汇银行账户进行转账，而添加以个人名字开办的电汇银行账户可能会导致转账失败。

2. PayPal 的支付与结算流程

付款人可通过如下步骤使用 PayPal 向商家或者收款人支付一笔金额。

（1）只要有一个电子邮箱地址，付款人就可以开设 PayPal 账户，通过验证成为其用户，并提供信用卡或相关银行资料，添加账户金额后将一定数额的款项从其开户时登记的账户（如信用卡）转移至 PayPal 账户。

（2）付款人启动向第三人付款的程序后，必须先进入 PayPal 账户，指定汇出的金额，并向 PayPal 提供商家或收款人的电子邮箱账号。

（3）PayPal 向商家或收款人发出电子邮件，通知其有等待领取或转账的款项。

（4）如果商家或收款人也是 PayPal 用户，其决定接收后，付款人所指定的款项即转移给商家或收款人。如果商家或收款人没有 PayPal 账户，则商家或收款人要按照 PayPal 电子邮件内容的指示，进入网页注册，取得一个 PayPal 账户。商家或收款人可以选择将取得的款项转换成支票。

从以上流程可以看出，如果商家或收款人已经是 PayPal 用户，那么该笔款项就汇入其拥有的 PayPal 账户；如果商家或收款人没有 PayPal 账户，网站就会发出一封通知邮件，引导商家或收款人至 PayPal 网站注册一个新的账户。所以，PayPal 的这种销售模式也被称为一种"邮件病毒式"的商业拓展方式，可提高 PayPal 的市场占有率。

3. PayPal 的优缺点

（1）优点

① 全球用户

PayPal 在全球 200 多个国家和地区拥有超过 22 亿用户，已实现在 24 种货币间进行交易。

② 品牌效应强

PayPal 在欧美地区的普及率极高，是全球在线支付的代名词，其强大的品牌优势能帮助网站轻松吸引众多的境外用户。

③ 资金周转快

PayPal 独有的即时支付、即时到账的特点，让用户能够实时收到境外客户发送的款项，同时最短仅需 3 个工作日即可将账户内的款项转账至境内的银行账户，及时、高效地帮助商家开拓境外市场。

④ 安全保障程度高

完善的安全保障体系、丰富的防欺诈经验、业界具有竞争力的风险损失率（仅为 0.27%，不到传统支付方式的 1/6），确保了用户交易的顺利进行。

⑤ 小额业务成本低

PayPal 在小额收付款业务上的成本优势明显，无注册费用和年费，手续费也仅为传统支付方式的 1/2。

（2）缺点

① 大额业务成本高

进行大额收付款业务时（如 1 万美元以上），通过 PayPal 付款的手续费较高。

② 欺诈风险高

如果用户收到的东西不理想，就可以要求退款。少部分人会利用这个规则进行欺诈，因此商家面临的欺诈风险较高。

③ 资金易冻结

PayPal 支付容易产生资金冻结问题，从而给商家带来不便，这和 PayPal 相对偏袒买家利益是分不开的。

④ 不易登录

我国用户登录 PayPal 有时不太容易，这和 PayPal 的服务器在美国有一定的关系。

四、Wish 的支付方式——UMPAY

UMPAY（联动支付）是国内较早提供第三方支付的服务商，它提供移动、互联网、收单、基金、话费、跨境等综合支付服务。

1. Wish 的收款方式

Wish 支持商家使用以下方式收款：UMPAY（直达中国账户）、payeco（易联支付）、Alipay、Payoneer、PayPal 及 PingPong（直达中国账户）。

Wish 的收款方式如表 4-2 所示。

表 4-2   Wish 的收款方式

序号	第三方支付提供商	类别	入账时间	提现速度	收取费用
1	联动支付（UMPAY）		5～7 个工作日		1%，不收取货币兑换手续费
2	payeco（易联支付）		5～7 个工作日	1～3 个工作日	0.1%
3	Alipay	直达中国个人银行账户（借记卡）	5～7 个工作日		付款金额的 0.8%，收款转换汇率
4	Payoneer	中国账户	数个工作日	1～2 个工作日	向 Wish 大卖家开放极具吸引力的分级提现手续费政策（起始手续费率为 1% 或更低）
5		国际账户	数个工作日	1～2 个工作日	根据所在国家和地区，收取至多 1% 的提款手续费
6	PayPal		5～7 个工作日	2～7 个工作日	0.1%
7	PingPong（直达中国账户）		6 个工作日	1 个工作日	1% 或更低（没有隐性费用）

2. 联动支付的优势

（1）实时汇率

联动支付提供实时结汇服务，对每一笔资金兑换，都将通过合作银行以实时现汇买入价进行结汇，且无额外货币兑换费用。

（2）安全合规

联动支付受中国人民银行、国家外汇管理局、香港海关多重监管，有利于保证资金安全。联动支付提供 7×24 小时客服服务，保障实时风控，即时拦截风险交易。

（3）便捷

联动支付不需要商家注册UMPAY账户，支持15个外币币种，并不受国家外汇管理局年度结算总额度5万美元的限制。

（4）资金到账速度快

联动支付不需要中间账户，结算资金可直达商家收款账户；采用T+0/T+1日结算，UMPAY每日安排两个批次的操作。

案例分析

系统思维："多边数字货币桥"助力构建新全球货币体系

中国人民银行数字货币研究所与香港金融管理局、泰国中央银行、阿拉伯联合酋长国中央银行联合发起多边央行数字货币桥研究项目，探索央行数字货币在跨境支付中的应用。"多边数字货币桥"是基于分布式账本技术建立的多边跨境支付平台，所有参与者使用一个同步、实时更新的账本。该平台采用单一系统架构，参与国家的中央银行与商业银行可直接接入该平台。

目前，跨境支付面临着成本高、效率低、不透明的三大难题。国际清算银行报告显示，使用货币桥完成跨境支付交易可以节约近一半成本，与传统代理行模式相比实现了跨越式的改进。

多边央行数字货币桥研究项目秉持"无损、合规、互通"原则和灵活的模块化设计理念，致力于在国际组织和货币当局合作框架下解决跨境支付的业务痛点，探索分布式账本技术和央行数字货币在跨境支付中的应用，并通过创新的治理架构、业务安排、共识算法和技术升级实现不同司法辖区的本地化运行，增强多边互信、便利跨境监管，未来还将形成央行数字货币跨境应用的范例，推动多边央行数字货币桥成为新型国际跨境支付基础设施。

多边央行数字货币桥研究项目的成功试点展示了货币桥实时结算的潜力，验证了货币桥在国际贸易结算场景下进行跨境支付交易的可行性，证明了货币桥可有效提升跨境支付效率、降低支付成本并提升交易透明度。

（资料来源：百度）

讨论题：通过货币桥进行支付的方式相比于传统的支付方式有哪些优点？

本章小结

通过对本章的学习，我们对跨境电商支付有了较为全面的认识，掌握了跨境电商支付的发展现状、流程；了解了不同国家和地区跨境电商的支付方式、跨境电商的支付工具和主要跨境电商平台的支付方式。

习题

一、名词解释

跨境支付　购付汇　收结汇　第三方支付　离岸账户

二、选择题

1. 从跨境支付的过程来看，支付机构主要有（　　）。

    A. 第三方支付机构　　　B. 开证行　　　C. 商业银行　　　D. 通知行

2. 以下属于跨境电商平台支付方式的是（   ）。
    A. Escrow   B. Payoneer   C. PayPal   D. UMPAY

3. 国际信用卡的优点有（   ）。
    A. 用户群巨大   B. 增加潜在用户   C. 减少拒付   D. 买家付款过程简单方便

4. 以下属于 Western Union 特征的有（   ）。
    A. 属于传统型的交易模式   B. 拥有全球最大的电子汇兑金融网络
    C. 安全电子系统保障汇款的安全性   D. 手续费由买家承担，卖家无须支付任何手续费

5. 下面属于线下支付工具的有（   ）。
    A. WebMoney   B. MoneyGram   C. Western Union   D. 香港离岸账户

6. 连连支付的特点有（   ）。
    A. 成本低   B. 安全可靠   C. 收费低   D. 方便快捷

7. AliExpress 的 Escrow 服务的优点有（   ）。
    A. 支持多种支付方式   B. 方便快捷
    C. 品牌优势   D. 安全保障

8. Payoneer 的特点有（   ）。
    A. 手续费低   B. 便捷   C. 合规   D. 安全

9. 以下不属于 PayPal 特点的是（   ）。
    A. 安全保障高   B. 小额业务成本高   C. 存在欺诈风险   D. 资金周转快

10. Wish 的支付方式有（   ）。
    A. Payoneer   B. UMPAY   C. payeco   D. PingPong

三、主观题

1. 描述跨境电商支付的流程。
2. 分析我国跨境电商支付的发展现状和趋势。
3. 简要阐述第三方支付的优缺点。
4. 分别列举两个线上和线下支付工具，并分析其优缺点。
5. 简述 AliExpress 的 Escrow 服务。
6. 简述 PayPal。

知识点拓展

知识点 4-1：跨境支付系统升级

知识点 4-2：跨境支付政策

知识点 4-3：跨境支付方式

知识点 4-4：跨境独立站支付

知识点 4-5：跨境支付结算中心

知识点 4-6：跨境电商支付报告

知识点 4-7：多边数字货币桥

知识点 4-8：PingPong跨境支付

第五章
跨境电商营销

知识结构图

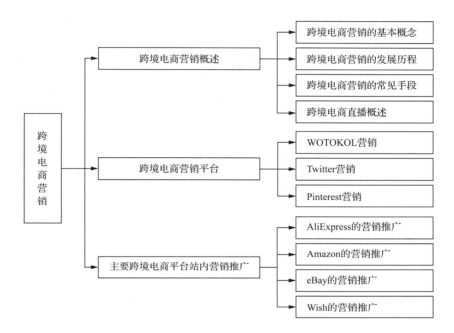

学习目标

知识目标

1. 掌握跨境电商营销的定义、特点和功能。

2. 了解跨境电商营销的发展历程及跨境电商营销的常见手段。

3. 了解 WOTOKOL、Twitter、Pinterest 3 种不同社交平台的营销特色及营销方式。

4. 熟悉 4 种主要跨境电商平台——AliExpress、Amazon、eBay、Wish的营销推广方式。

价值目标

1. 学习跨境电商营销战略，思考营销战略与企业发展战略、产品战略的适配性问题，树立品牌意识，拥有全局观。

2. 学习跨境电商品牌出海策略，树立文化自信、民族自信观念。

3. 学习跨境电商扶贫新模式，树立创新思维和意识，培养社会责任感和乡村振兴理念。

宠物品牌 BarkBox 的新颖营销

在盲盒市场激烈的竞争下，宠物类盲盒品牌 BarkBox 却凭借订阅模式在宠物市场中逐鹿群雄。很难想象，一家仅通过订阅服务方式销售狗狗玩具、零食的企业，其上市估值竟超过 10 亿美元，甚至实现单季暴赚超 1 亿美元。同样是盲盒经营模式，为什么 BarkBox 能在盲盒潮退去的时候保持增长势头？

一方面，BarkBox 的盲盒给消费者提供了"全包式"的懒人服务。用户进入 BarkBox 官网，填写好自己的宠物狗的名字、体型、重量、饮食偏好等信息登记表后，BarkBox 会为用户个性化定制狗粮、宠物玩具和磨牙棒。此外，与其他订阅服务不同，BarkBox 每个月都会为订阅用户提供独特的主题盒子，如返校季、太空之旅、恐龙时代等主题深受订购者的喜爱。这种营销模式很快为 BarkBox 带来了第一批客户。不久，BarkBox 就拥有了超过 180 万活跃的用户。

另一方面，BarkBox 充分利用了各大社交媒体。从最早的 Instagram、Facebook、Twitter、YouTube，到短视频平台 TikTok，BarkBox 都有布局。BarkBox 鼓励购物者在 ins 上发布带有 #BarkBoxDay 标签的话题挑战。同时，BarkBox 还会和 Instagram 的宠物类 KOL 合作，准确把握网络热点，通过这种方式迅速将品牌名字在宠物圈传播开来。此外，Twitter 会每天更新关于狗的玩具、box 里有什么零食等内容，向用户展示别的宠物喜欢 BarkBox 的产品。在 YouTube 上，BarkBox 有 7 个专项栏目，针对产品搭建开箱栏目，为提高娱乐性开辟狗语说唱栏目，还有宠物的趣味小视频栏目和对宠物实时新闻的关注专栏。

由此可见，品牌要想真正玩转盲盒营销，就要将着力点放在它的底层逻辑上。总结来看，盲盒营销仅起着锦上添花的作用，产品力和品牌力才是企业的基本底盘。

（资料来源：COZMOX 品牌出海公众号）

讨论题：BarkBox 盲盒品牌的营销模式为何能够脱颖而出？

第一节　跨境电商营销概述

一、跨境电商营销的基本概念

1. 跨境电商营销的定义

跨境电商营销即企业在国际市场环境中，通过巧妙结合社会化媒体营销、搜索引擎营销、电子邮件营销等各种营销手段，利用数字化的信息和网络媒体的交互性来实现跨境电商营销目标的一种新型市场营销方式。

2. 跨境电商营销的特点

（1）方式多样性

跨境电商营销手段众多，包括社会化媒体营销、搜索引擎营销、电子邮件营销、社群营销、内容营销、视频营销等方式。企业进行营销推广时，需结合具体情境，采用一种或结合多种营销方式进行营销，如此才能取得较好的成果。

（2）全球性

全球性体现在两个方面：一是跨境电商营销的对象是全球用户，并不局限于某个国家或地区；二是跨境电商营销主要通过网络平台、App 等线上媒体进行，并不受限于空间和时间，企业可以随时随地向全球潜在用户进行营销推广。

（3）互动性

企业可以在自身网站平台上动态更新和展示商品的目录及其详细资料，用户如果对某个商品感兴趣便会留下痕迹，如浏览次数、点击量、收藏量等信息的呈现。同时，部分企业也会通过 YouTube 等社交媒体来宣传推广自己的产品，进而可以根据用户对产品、服务及企业的反馈，结合收集的信息进行产品、服务的更新与完善。

（4）虚拟性

跨境电商涉及范围广，在全球范围内都存在潜在用户，企业采用实地发传单、投放广告的方式必定不可行。所以，跨境电商营销手段逐渐趋于网络化、平台化，具有虚拟性的特征。

（5）高效性

跨境电商营销方式相比于传统的通过印刷广告、邮寄、发传单等方式，速度更快。跨境电商企业可在众多平台上投放广告，以便用户第一时间看到推广信息并做出决定。同时，用户的信息也可以被高效地反馈给企业。企业可以对收集到的信息，如用户个人信息、消费习惯、消费行为等进行存储，通过大数据整理分析后得到精确的用户画像，从而更为合理地调整企业产品的营销对象、定价、营销方式等。

3. 跨境电商营销的功能

跨境电商营销的功能概括了跨境电商营销的核心内容，指明了企业开展跨境电商营销工作的基本任务。通过对实践应用进行总结，跨境电商营销的功能包括企业品牌推广、信息发布、网上调研、促进销售、维护用户关系 5 个。

（1）企业品牌推广

跨境电商营销为企业在网络平台建立并推广企业品牌形象提供了有利的条件。传统的网络品牌建设与推广局限于在企业自身建设的网站或在第三方信息平台上向用户发布信息。移动互联网的快速发展为跨境电商企业拓宽了推广渠道，包括各种社交媒体中的企业账户、企业自己的 App 等。企业的品牌建设与推广做得好，会为企业带来一大批忠实的用户，而忠实用户的宣传，又会使企业源源不断地吸引新用户的加入。

（2）信息发布

跨境电商营销的基本方法就是将跨境电商企业的营销信息通过互联网发送给目标用户。企业利用内外部资源发布信息时，内部可采用企业网站、企业 App、注册用户电子邮箱等渠道，外部可采用搜索引擎、合作伙伴的营销资源、网络广告等渠道进行营销信息的发布。信息发布后，企业还可以主动追踪，从而得到及时的信息反馈，提高信息的发布效率。

（3）网上调研

通过设计在线调查表或者发送电子邮件等方式，企业可以完成网上市场调研，了解用户喜好、希望获得的产品或服务等信息，据以改善自己的产品及服务。相比于传统的市场调研，网上市场调研具有高效率、低成本的特点。

（4）促进销售

营销的根本目的是提高销售量。跨境电商营销也不例外，大部分企业都是为了提高销售量而进行营销的。例如，各大跨境电商企业习惯采用优惠券、满减活动等网上促销手段来提高销售量。

（5）维护用户关系

良好的用户关系是跨境电商营销取得较好成效的必要条件，企业通过网站的交互性、用户参与产品及服务设计等方式可增进用户与自己的友好关系。良好的用户关系对开发用户的长期价值具有重要作用，以用户关系为核心的营销方式是企业创造和保持竞争优势的重要策略。

二、跨境电商营销的发展历程

跨境电商营销的发展历程可分为以下 7 个阶段。

1. 电子邮件营销

电子邮件营销（E-mail Direct Marketing，EDM）是较早的外贸营销方法，诞生于 20 世纪 70 年代。但由于当时使用网络的人少且网络速度慢，所以电子邮件营销并未得到快速传播。电子邮件营销真正兴起于 20 世纪 80 年代中期，随着个人计算机的兴起，电子邮件开始在计算机爱好者以及一些大学生中快速传播开来。到了 20 世纪 90 年代中期，互联网浏览器的诞生推进了电子邮件营销的快速发展。

2. 展会

20 世纪 90 年代初期，我国的外贸企业主要通过展会（Exhibition）方式来获取用户。外贸企业在展会上通过发放名片、产品宣传册认识用户，在展会结束后积极跟进，以获得订单。当时，中国进出口商品交易会（广交会）是境外客商了解中国工厂和产品的唯一窗口。在中国加入 WTO 以后，越来越多的境外客商来到中国，使广交会一票难求，由于效果明显，其规模一再扩大，并带动了广州宾馆、餐饮和旅游服务业的发展。后来，又相继出现了华交会、宁波国际电子产品展、义博会等展会。直到 1997 年，中国展会经济基本成熟。如今，展会依然是非常重要的外贸营销方式。企业通过展会可实现与多个专业用户同时见面，在现场进行高效互动，让用户在短时间内就能深入了解产品、工厂等。

3. 搜索引擎营销

1998 年，中国制造网上线。1999 年，阿里巴巴上线。由此，我国的外贸营销方式开始从线下转向线上，且线上营销方式的重要性日益增强。搜索引擎营销（Search Engine Marketing，SEM），是一种全面而有效地利用搜索引擎来进行网络营销和推广的策略。SEM 追求高性价比，以最少的投入获取最大的访问量，并产生商业价值。SEM 包含了从搜索引擎引入流量到最后达成销售的所有工作。电商的核心是引流，而引流的核心就是 SEM。

4. 社交媒体营销

2008 年，社交媒体（Social Media）和社交媒体营销兴起。社交媒体是一种人们通过撰写、分享、评价、讨论以实现相互沟通的网站和技术，如新浪微博、微信等。社交媒体营销则是指利用社交媒体来进行营销推广。

外贸社交媒体平台包括 Pinterest 等。不同的社交媒体在引流效果、停驻时间、转化率、性价比、平均客单价上都存在差别。企业要学会巧妙结合多个社交媒体，以达到在提高品牌知名度的同时，获取最多的销售额和利润的目标。

5. 需求方平台

需求方平台（Demand-Side Platform，DSP）与传统广告方式不同，提供了一种全新的精准推送机制，为广告主实现多屏整合、全流量、大数据的数字营销投放。DSP 于 2010 年在我国兴起，并于 2013 年爆发。其间国内产生了一大批优秀的第三方 DSP 公司，如悠易互通、品友互动、聚胜万合、易传媒等。

6. 重定位和再营销技术

所谓重定位和再营销（Retargeting and Remarketing）技术，是指 Google AdWords 推出的针对浏览过企业网站的人进行再次营销的广告方式。我们应该都遇到过这种情况：我们在淘宝网上购买过或只是浏览了某种产品，下一次上网时就会看到这些产品又出现在了我们的屏幕上。一般而言，网站转换率都低于 5%，这就意味着 95% 的人并没有被转换成用户。其原因是多方面的：可能是用户还没准备好购买，可能是用户还需要了解其他类似的产品，也可能是用户根本不喜欢你的产品。对于前两种情况，企业可以再次向用户进行产品展示，以提高产品的销售量。

7. 整合营销

随着营销方式的不断出现与创新，一种新的营销方式产生了。企业要根据实际情况整合多种营销方式，并根据环境进行即时性的动态修正——整合营销（Integrated Marketing）。

三、跨境电商营销的常见手段

1. 搜索引擎营销

互联网就像一个随时随地都在动态更新信息的巨型存储器，人们想要通过手动筛选找到目标信息可谓大海捞针。搜索引擎的出现为我们解决了这一问题，我们通过搜索引擎能够快速、方便地检索目标信息。

搜索引擎营销是一种新型的网络营销方式。当用户利用搜索引擎检索信息时，搜索引擎就会将信息传递给用户。用户通过单击进入网页，即可进一步了解所需要的信息。

2. 网络广告营销

网络广告的付费方式包括按效果付费、按点击付费、按购买成本付费、按业绩付费等。网络广告营销投入大、见效快，主要有搜索引擎关键词广告和门户对口网站直接投放广告两种。网络广告营销覆盖面广，可通过网络发送给所有使用计算机或手机的用户。其特点如下：形式多样，可以采用文字介绍、音频、视频、图片等各种形式吸引用户；信息量大，网络广告营销的对象可以是汽车、房屋等产品，也可以是糖果、零食等小物品。此外，网络广告传播范围广，它不像报纸那样受版面大小的限制，也不像电视那样受频道播出时间的限制，只要用户在使用计算机或手机，网络广告就会存在。

3. 电子邮件营销

电子邮件营销是在用户事先许可的前提下，通过电子邮件向目标用户传递有价值的信息的一种网络营销手段。电子邮件营销包含 3 个基本的、必不可少的因素：用户许可，以电子邮件传递信息，信息对用户有价值。电子邮件营销是网络营销手段中较早出现的一种，其优势体现在传播速度快、不受时间及空间限制、针对性强、成本低、内容多元等方面。

4. 内容营销

内容营销是指企业通过设计有价值、能够引起用户共鸣、持续性的内容来吸引用户，让用户对企业产品或品牌产生认同感，并产生信任与依赖，进而自发地传播内容。内容营销贯穿整个营销过程，其载体各式各样，如企业网站、广告、宣传册、T 恤、纸杯等；传播渠道也多种多样，包括企业官网、企业 App、社交媒体、忠实用户推荐等。

5. 病毒性营销

病毒性营销是一种长期有效的综合型网络营销手段，是内容营销、社交关系营销等相结合的多渠道传播方式。病毒性营销利用公众的积极性和人际网络，让营销信息像病毒一样扩散和蔓延，通过快速复制被传向数以万计、百万计的用户。它的传播成本低、传播速度快，是一种"让内容带来用户，让用户带来更多用户"的营销模式。病毒性营销的传播渠道包括电子邮箱、软件、IM 工具、电子书等。

四、跨境电商直播概述

1. 跨境电商直播的发展历程

2020 年，直播电商模式全面爆发。"直播＋电商"的新零售业态加速兴起，不仅影响了人们的消费方式，也助推了企业拓展境内外市场。无论是国内还是国外，直播都已成为当下炙手可热的流量新风口。

跨境电商直播从 2017 年就已开始，来自俄罗斯、西班牙、法国等 8 国的主播在速卖通上进行直播；2018 年 5 月，美国电商平台 Gravy.Live 推出互动直播；2018 年 11 月，千家商家在 Lazada 开始直播，覆盖泰国、越南、菲律宾、马来西亚、印度尼西亚等地；2018 年 12 月，印度直播电商 BulBul 诞生；2019 年 2 月，亚马逊推出 Amazon Live Creator；2019 年 6 月，Shopee 开通直播"带货"带动商家和品牌销售，覆盖马来西亚、菲律宾和泰国。2020—2021 年，国内外知名社交、电商、短视频平台纷纷加入跨境电商直播行业，将跨境电商直播推到了一个历史高度。2020 年 3 月，亚马逊开始向中国卖家开放直播，带领全球卖家走上直播"带货"之路。2020 年 5 月，阿里巴巴国际站开启了 B2B 直播；Meta 正式上线 Facebook Shops 和 Instagram Shops 功能，在应用内增加线上购物入口的方式布局电商。2021 年 12 月，TikTok Shop 官方正式宣布，向中国卖家全面开放入驻，TikTok Shop 正式入局跨境电商。

目前，几乎所有海外主流社交媒体平台都增加了直播功能，包括 Facebook、Instagram、YouTube 等。

2. 跨境电商直播的产业链

跨境电商直播的产业链包含供货平台、流量平台以及交易服务平台三大关键环节。

（1）供货平台

供货平台是指货物来源的渠道，包含批发商、品牌方、经销商、工厂等，为电商平台持续供应货源。

（2）流量平台

流量平台是指进行跨境电商直播，实现流量变现的平台，主要包含直播平台、主播、直播内容以及用户评价 4 个部分。目前，跨境电商直播平台包括 Lazada、Shopee、WOTOKOL 等。主播可以通过 MCN 机构进行培养、孵化，通过收取佣金提供直播服务。企业可根据自身需求选择不同国家、类型的主播。直播内容则结合商品特性和主播特性进行个性化定制。此外，企业可通过对用户相关数据（如用户活跃度、复看率、直播间停留时间、下单转化率、售后满意度等）进行分析来优化直播营销效果，从而促进流量变现效率的持续提高。

（3）交易服务平台

交易服务平台的任务是服务于供货平台和流量平台，通过提供第三方交易／数据支持（如微博易、直播眼）、运营支持（粤淘电商、红杉传媒）、系统支持（有赞、Weimob）、第三方支付（微信支付、支付宝支付）等服务，促使跨境电商直播各流程的正常运行。

第二节 跨境电商营销平台

一、WOTOKOL 营销

1. WOTOKOL 简介

WOTOKOL 是杭州卧兔网络科技有限公司旗下打造的境外红人营销平台，聚集海量境外"网红"资源，链接全球关键意见领袖（Key Opinion Leader，KOL），助力中国品牌出境。WOTOKOL 是跨境社交营销的先驱者，在全球范围内设有 5 个服务团队，包括杭州集团总部、深圳分公司、香港分公司、美国分公司和越南分公司；服务团队具备 5 年跨境营销经验，服务品牌数量为 1 200 多家，运营经验涵盖智能家电、家居家纺、科技智能、健身器材、时尚生活、美妆美发、母婴健康等众多品类。目前 WOTOKOL 已签约"10 万 +"境外 KOL，覆盖 183 个国家，总计约 251 亿境外粉丝，为上百家中国知名品牌定制出境营销推广方案。2019 年度，WOTOKOL 助力客户实现全球 27 亿用户的品牌覆盖，同年，WOTOKOL 开启了亚马逊直播业务，凭借专业的服务团队和服务态度获得了广泛的好评。

WOTOKOL 是一个红人数据决策分析平台，实时分析博主维度（如博主所在国家、粉丝数量、平均播放量、粉丝互动率等）、受众维度（如受众所在国家、年龄层、性别、设备等）、商业维度（如品牌属性、"带货"属性等）的数据，同时每日监测红人粉丝数量的增长，保证粉丝的真实性，帮助卖家更好地进行境外红人的选择。其优质博主搜索页面如图 5-1 所示。目前，WOTOKOL 向卖

图 5-1 优质博主搜索页面

家提供 3 种不同类型的服务模式，分别为面向拥有境外推广经验的卖家的自助模式、面向缺乏境外推广经验的卖家的委托模式以及模拟 WOTOKOL 境外推广流程的模拟模式。

2. WOTOKOL 营销方式

下面介绍 WOTOKOL 所提供的境外"网红"营销和跨境电商直播两种营销方式。

（1）境外"网红"营销

①营销推广流程

进行境外"网红"营销推广的流程如下。

第一步，下发需求单，并提供产品介绍、产品特点等相关资料。

第二步，双方签订合作协议，卖家完成付款后，WOTOKOL 会建立单独的合作项目组，分配优质运营人员完成营销推广活动。

第三步，运营人员在资源库中筛选合适的"网红"资源。

第四步，确定好匹配的"网红"资源后，结合产品的活动，策划系统的营销推广方案。

第五步，根据产品特点、"网红"特征等，设计具备创意的营销内容。

第六步，与"网红"一起制作营销视频，确保视频质量，并以链接形式发送给卖家，由卖家审核。

第七步，卖家提出修改意见，确认无误后进行内容发布。

第八步，平台提供内容效果报告，以便进行效果追踪（如视频观看人数、时长、活跃时段、内容效果分析等）。

② 营销模式对比

目前，境外营销方式主要包括商家自己营销、境外 MCN 机构代理营销以及委托 WOTOKOL 进行境外"网红"营销 3 种。商家自己营销存在高风险、低回报的弊端，境外 MCN 机构代理营销则存在低风险、高投入的劣势，而 WOTOKOL 则可提供低风险、低投入和高收益的服务。3 种营销模式的对比如表 5-1 所示。

表 5-1 3 种营销模式的对比

项目	优点	缺点
商家自己营销	1. 可以与红人直接沟通，输出产品特点 2. 积累境外红人资源	1. 时间成本和团队人员成本高昂 2. 境外红人难管控，风险大 3. 境外红人资源难寻找 4. 缺乏案例经验沉淀
境外 MCN 机构代理营销	1. 降低企业开展境外营销的时间、人力成本 2. 具有一定的境外红人资源	1. 境外溢价空间大，博主价格较高 2. 存在文化差异，难沟通 3. 非国内公司，无法及时跟踪进度 4. 具有一定风险，无法确保合作安排
委托 WOTOKOL	1. 自主研发数据平台，境外红人标签化 2. 117 个国家，32 个语种，超 1 000 万红人资源，轻松触达各行业细分受众 3. "10 000+"成功案例沉淀，助推品牌出境 4. 专业服务团队，分国家、分语种的精细服务 5. 建立境外红人黑名单，规避不必要的风险 6. 国内公司，效率高，易沟通 7. 全包托管式服务，大大降低企业成本 8. 提供最终结案报告，分析品牌出境走向	1. 商家需额外支付服务成本 2. 无法保证数据的真实性 3. 产品与境外红人可能不匹配 4. 境外红人质量参差不齐

（2）跨境电商直播

跨境电商直播是一种跨境营销的新方式，WOTOKOL 提供了 3 种不同的跨境电商直播方式。第一种是借助跨境平台（如速卖通、亚马逊、Lazada、eBay 等）、社交平台（如 YouTube）、自营、App 等平台进行专场内容直播，帮助卖家实现品牌宣传以及高效的流量转化。第二种是通过跨境直播节，借助 IP 品牌打造、品牌跨界合作、品牌传播推广、品牌流量引导等形式，大大缩短卖家和买家之间的距离。第三种是内容营销，通过设计多样化、场景化、娱乐化、交互式的直播内容，如直播、短视频、图文种草等吸引更多的买家加入。3 种不同的营销方式动态结合，为品牌持续赋能，大幅提高了营销的成功率。

① 营销推广流程

进行跨境电商直播营销推广的流程如下。

第一步，下发需求单，提供产品介绍、产品特点等相关资料。

第二步，双方签订合作协议，卖家完成付款后，WOTOKOL 会建立单独的合作项目组，分配优质运营人员完成营销推广活动。

第三步，运营人员筛选匹配的"网红"资源。

第四步，双方商讨确定产品直播话术，内容主要包括产品的属性、作用和优势等。

第五步，匹配产品与主播的特点，确定直播内容、直播排期等。

第六步，进行直播营销。

第七步，进行直播复盘，总结经验，以便在后续的直播过程中加以改进与优化。

第八步，提供直播的效果报告，进行效果追踪。

② 营销模式对比

表 5-2 所示为商家自己营销、其他企业代理营销以及委托 WOTOKOL 进行跨境电商直播 3 种营销模式的对比。

表 5-2　　　　　　　　　　　　　　3 种营销模式的对比

项目	优点	缺点
商家自己营销	更了解自己产品的优势与特点	1. 场地、设备成本高昂 2. 团队磨合期长，时间成本高 3. 不了解平台流量政策，易错失节点 4. 缺乏本地化主播资源，难留存 5. 试错周期长，成本高
其他企业代理营销	1. 降低试错成本，快速进行营销推广 2. 代理服务企业比商家更了解平台规则与玩法，易开展营销活动	1. 懂本地语言的主播匮乏 2. 直播间单一，缺乏多样化场景 3. 服务经验不足，案例沉淀少 4. 非官方认可服务商 5. 网络环境不可控，有风险
委托 WOTOKOL	1. "200+"主播，涵盖欧美、俄罗斯、东南亚、中东等大部分中国出海地区 2. 了解平台规则与玩法 3. 1 200 平方米的直播场地，24 个场景直播间 4. 官方认可的直播服务商 5. 阿里云专线，稳定的网络环境 6. 超低成本 7. "10 000+"案例经验沉淀，服务更专业 8. 人、货、场三端场景	1. 营销团队一对多，缺乏专业性 2. 额外支付营销服务费用 3. 长期外包难以持续性发展 4. 模式化营销，缺乏创新性

二、Twitter 营销

1. Twitter 简介

Twitter 成立于 2006 年，是一家专注于美国社交网络及微博客服务的网站，也是全球互联网访问量靠前的十大网站之一。Twitter 的理念是 "Twitter connects everyone to what's happening in the world right now"，即让每个人都能随时随地向他人分享自己的想法。Twitter 支持用户将自己的最新动态和想法以短信息形式发布，可发布的 "推文" 不超过 140 个字符。

图 5-2　推文页面

如图 5-2 所示，Marques Brownlee 是一位境外的数码评测工作者，他转发了华为技术的一条推文，并评论 "That was fast"，为华为产品做了一次免费且极为有效的推广。

2. Twitter 的特点

Twitter 是一个具有简洁性、公开性并且支持用户进行高效交互的平台。其特点具体如表 5-3 所示。

表 5-3　　　　　　　　　　　　　　　Twitter 的特点

特点	解释
简洁性	Twitter 中的推文限制在 140 个字符以内，所以用户所发布的推文内容通常简洁、精练
公开性	在 Twitter 中，知道你 ID 的注册用户和非注册用户都可以读取你发布的消息，而且注册用户还可以订阅你的主页，从而第一时间看到你在 Twitter 中更新的动态。这在保证信息公开性的同时，也加快了信息的传播速度
高效交互	Twitter 采用的是一对一或一对多的交互方式。用户在刷动态的时候，无论是否为你的好友，都可以看到你的消息，并进行转发、关注、点赞或直接 "路过"，实现高效交互

3．Twitter 营销的步骤

（1）发布推文

发布推文是指按时发布一些具有广告宣传意义的推文。

（2）创建广告

创建广告时，应在平台中选择合适的付费广告类型。如果卖家刚创立 Twitter 账户，建议尝试"Followers"关注广告项目；如果卖家打算吸引用户访问自己的网站，可选择"Website"进行单击或转化。除此之外，平台还包括其他更高级的选项，如视频宣传和应用宣传等。

广告类型选择完毕后，你会看到各类广告的预算信息。Twitter 的预算相对偏高，目前每天约为 127.5 美元。如果你是刚开始尝试 Twitter 营销的卖家，建议不要把预算定得太高。确定预算后，要选择广告投放时长。广告投放时长可自定义，通常为 1 个月。选择"Creatives"，即之前发布的推文，可吸引用户查看卖家的内容或网站。

（3）定位目标受众

定位目标受众时，所提供的用户信息越具体越好，应涉及年龄、性别、文化程度、地域、喜好等，以尽量精准定位那些对卖家产品感兴趣的用户。

（4）广告组报价

广告组报价包含目标竞价和自动出价两种方式。目标竞价是指卖家可以设定自己的目标成本，自动出价则是指系统按照判断自动出价。Twitter 广告平台会在用户给定的目标成本内优化广告活动。

（5）跟踪效果

广告投放结束后，卖家可以查看投放的效果。点击次数越多，说明投放效果越好，但同时需要支付的费用也就越多。

三、Pinterest 营销

1．Pinterest 简介

Pinterest 是全球最大的图片社交分享网站之一，堪称图片版的 Twitter。它采用瀑布流的形式展现图片，无须用户翻页，新的图片会自动加载在页面底端。在该网站中，用户可以保存自己感兴趣的图片，也可以关注好友或转发。与文字型社交网站相比，Pinterest 可以更加直观地投放产品的宣传广告。同时 Pinterest 具有精确的用户数据分析功能，使广告信息能够被精确地推送给喜欢它们的用户，从而提高营销的成功率。

2．Pinterest 的特点

（1）"图钉"服务特色：以"图钉"为桥梁打通社交关系

Pinterest 实际上是"pin"和"interest"的创意合成词，"pin"的原意是钉子，在这里指让用户将自己感兴趣（interest）的图片钉到图片墙上。同时，Pinterest 还提供主题分类服务，允许用户对每张钉好的图片进行注解。用户还可以点赞、转发或评论他人的图片，从而建立起以"图片兴趣"为基础的虚拟社区。

（2）"瀑布流"布局特色：提供别样的视觉体验

Pinterest 变革了传统的网页展示方式，设计了一种全新的瀑布流阅读模式。传统的图片页面以"矩阵式"为主，这种展示方式缺乏特色，比较乏味；而瀑布流阅读模式可以对主页图片的大小进行设置，即在基础面积单元统一的前提下"限宽不限高"，再利用 jQuery Masonry 插件来展示这些"参差不齐"的缩略图。这些错落有致的图片排列打破了过去网页图片相对古板的排列束缚，营造了良好的视觉效果，给用户带来了不一样的视觉体验，如图 5-3 所示。

（3）用户特色：以具有"收藏爱好"的女性用户为核心

Pinterest 的主页布满了美食、美景、美妆、美衣、萌宠、鲜花等各种精美的图片，网站的标志也是粉色的花体字。RJMetrics 公司 2014 年的调研数据表明，该网站仅有 20% 左右的男性用户，女性用户是 Pinterest 的绝对主力军。这些女性用户具有学历高、收入可观等特点，年龄大多在 25 ～ 54 岁。Pinterest 所展现的橱窗式视觉博览平台，可以满足这些女性用户独特的品位需求。此外，该网站还开发了一系列图片编辑功能，如采集、剪贴、分类等细致化功能，以吸引更多女性用户的加入。

图 5-3　Pinterest 的图片排列

3. Pinterest 营销的步骤

Pinterest 营销主要包括 4 个步骤：第一步是填写注册信息，第二步是上传图片，第三步是进行图片描述，第四步是设置功能。其具体的营销步骤如表 5-4 所示。

表 5-4　　　　　　　　　　　　　　Pinterest 营销的步骤

步骤	解释
填写注册信息	在 Pinterest 中创建商务账号，并完善卖家名称、种类、网址、国家、兴趣领域等信息
上传图片	上传具备足够吸引力的、与店铺产品相关的高质量图片
进行图片描述	图片上传完之后，卖家还需进行图片描述，即添加一些有行动性的词语，如"你不得不看的……""许多人都不知道的……"等
设置功能	通过设置画板、寻找朋友或关注其他画板等方式增加图片的浏览量

第三节　主要跨境电商平台站内营销推广

主要跨境电商平台营销推广

本节选取了 AliExpress、Amazon、eBay、Wish 四大主流跨境电商平台，对跨境电商平台站内营销推广方式进行介绍。

一、AliExpress 的营销推广

AliExpress 即全球速卖通，创建于 2009 年，并于 2010 年 4 月正式对外开放。其主页如图 5-4 所示。AliExpress 是阿里巴巴打造的、面向全球市场的在线交易平台，被称为"国际版淘宝"，具有进入门槛低、操作方便、品类众多等特点。AliExpress 是我国供应商面向境外买家，并通过支付宝国际账户进行担保交易，融订单、支付、物流于一体的跨境电商交易平台。AliExpress 的站内营销推广方式包括直通车、店铺自主营销活动、其他营销方式（联盟营销、平台活动营销）等。

图 5-4　AliExpress 的主页

1. 直通车

（1）直通车的操作流程

直通车的操作流程可概括为：平台会员在直通车后台设置关键词，并对展示位置进行竞价，通过大量曝光产品吸引潜在用户；当买家单击直通车中显示的产品时，直通车会向对应的卖家收费，即按点击量计费。

（2）直通车的规则

直通车包含 3 个规则：前台展示规则、排序规则、扣费规则。下面将分别对这 3 个规则进行介绍。

① 前台展示规则

直通车的前台展示区包括右侧推广区和底部推广区：右侧推广区包含 5 个推广位，用于展示推广评分为"优"和出价具有竞争力的产品；底部推广区包含 4 个推广位，用于展示推广评分为"良"和出价具有竞争力的产品。

② 排序规则

直通车的排序影响因素如图 5-5 所示，推广评分的优先级高于出价。推广评分主要考虑 4 个因素：产品信息质量、产品与关键词的相关性、买家认可度和账户质量。推广评分包括优、良两个等级，如果想在右侧推广区进行展示，则产品评分必须是"优"，否则不管出价多高，都无法在右侧推广区进行展示。

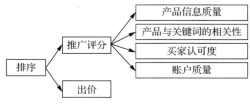

图 5-5　直通车的排序影响因素

③ 扣费规则

直通车的扣费规则如下。

- 按点击量计费，免费展示。

- 全球速卖通主要面向境外市场，对中国及尼日利亚等地区的用户点击不计费，对重复的无效点击也不计费。

- 具体扣费额度与卖家的推广评分和出价有关，但扣费会小于或等于出价。

（3）直通车的推广流程及策略

① 选品

正确选择推广的产品至关重要，热销产品能够持续为店铺引流，达到事半功倍的效果；如果推广产品选得不好，则会事倍功半。流行趋势选品策略和数据化选品策略都是比较常用的选品策略，如表 5-5 所示。

表 5-5　　　　　　　　　　　　　　　**常用的选品策略**

策略	解释
流行趋势选品策略	了解平台上销量大或者收藏量大的产品及其属性，并与自己的产品进行对比，挑选那些与自己的产品具有类似属性的产品进行推广
数据化选品策略	电商或跨境电商行业都具备一个明显的特点，即易于运用数据化手段进行实时监控和持续改进，数据的反馈更加真实。我们可以在重点推广某种产品前对其进行预推广，在推出该产品后对所收集的数据进行分析，判断其是否值得重点推广

② 选取关键词

关键词是直通车推广的关键，其数量和质量在很大程度上都影响着直通车的推广效果。数量指用尽可能多的关键词描述产品，质量指关键词和产品的匹配程度。关键词一般采用"属性词＋类目词"或单独的属性词表示。类目词指产品具体所属的类目，如生鲜类目、女装类目、数码类目等；属性词指用户具体描述产品属性的词语，如裙子有碎花裙、A字裙、吊带裙、背带裙等。关键词如果只包含类目词，就会导致用户体验极差。在速卖通中使用关键词工具有两种方法，一种是"自上而下法"，另一种是"自下而上法"。在实际的运营推广过程中，卖家应结合使用自上而下法和自下而上法。

a. 自上而下法。自上而下法即确定好行业和具体类目后，运用速卖通所提供的关键词工具从上至下排列过去30天的搜索热度，选取关键词并注意排除与产品匹配度较低或为0的关键词。

自上而下法具备两个优点：一是所选用的关键词都是行业内搜索热度靠前的词语，在推广评分中具备优势；二是关键词与产品匹配度高，可在很大程度上避免"非意向买家"的无效点击，从而在减少不必要的支出的同时提高转化率。

自上而下法也存在一定的缺陷：一是一个关键词一般仅限于推广一款产品，若一个关键词被多个推广计划使用，将会造成推广计划统计数据与实际情况不符；二是关键词热度越高，价格自然就越高，竞争也就越大，而恶性竞争不利于卖家的发展。

b. 自下而上法。在日常运营中，卖家会趋向于选择搜索热度比较高的关键词，但这些词语的竞争度以及出价也会比较高。这时，可以采用自下而上法挑选一些处于"搜索热度适中、竞争度极低"状态的关键词。合理利用这些关键词有助于避开激烈的竞价竞争，大幅降低直通车推广成本。

③出价

完成选取关键词这一步骤后，下一步就是卖家根据设置的关键词词性、产品不同推广阶段、点击效果进行出价，主要的出价管理方法包括根据关键词的匹配度出价和根据不同推广阶段出价。

a. 根据关键词的匹配度出价。在实际营销过程中，关键词与对应产品的匹配度越高，用户转化为买家的可能性也就越高。高转化率的关键词可以提高出价，低转化率的关键词则可以降低出价。提高高转化率关键词的曝光度，可以增加这些匹配度高、转化率高的关键词的点击量占产品所有关键词的点击量的比例，进而提高产品的整体点击转化率。

b. 根据不同推广阶段出价。一般来说，卖家最初使用直通车对新品进行推广时，因销量少、缺乏用户好评记录而转化率较低，所以在推广前期直通车的出价较低；随着销量以及用户好评的增加，用户会比较放心地购买产品。待转化率逐步上升后，卖家则可提高出价。

2. 店铺自主营销活动

（1）限时限量折扣

店铺每个月的限时限量折扣活动数为40个，时长共计1 920小时。当卖家使用限时限量折扣工具时，如果买家的购物车或收藏夹中有相关的产品，那么买家会立马收到系统提示，卖家可以此来提高买家的购买率。系统规定，产品促销价必须低于90天均价（即促销前90天产品展示在网站上价格的平均值）。

（2）全店铺打折

全店铺打折开始时间采用的是太平洋标准时间，活动创建后24小时生效，以月为单位，每月可参与活动的店铺总数是20个，时长共计720小时。全店铺打折活动对于新店铺来说效果更为明显，可快速提高店铺的曝光度和销量。与限时限量折扣不同的是，全店铺打折的对象是店铺中的所有产品。

卖家在开展全店铺打折活动前，必须计算清楚所有产品的折扣，掌控好利润；同时还必须注意时间的设置，因为全店铺打折活动一旦处于等待展示阶段，便不可修改。

（3）店铺满立减

与全店铺打折类似，店铺满立减也是针对全店铺产品进行的促销活动。店铺满立减以月为单位，每月可参与活动的店铺总数为 10 个，时长共计 720 小时。如果一个买家购买的该店铺产品总额（X元）大于卖家设置的满立减金额（Y元），在买家支付时系统会自动减去优惠金额，即最终支付（$X-Y$）元。这一活动一方面可使买家得到优惠，另一方面也可促使买家为得到更多的优惠而购买更多的产品。

（4）店铺优惠券

店铺优惠券是一种由卖家自主设置优惠金额和使用条件，买家领取后可在有效期内使用的电子现金优惠券。店铺优惠券具有促进本次消费、增加老用户黏度、为店铺引流等好处。店铺优惠券主要从订单金额满多少可用、优惠券有效期等角度进行设置，也可以设置为无条件使用。

3. 其他营销方式

（1）联盟营销

速卖通中的联盟营销是指通过各种渠道投放相关的推广广告，如通过搜索引擎、论坛、邮件等渠道和其他平台联盟实现引流。在联盟营销中，只有成交时，卖家才需要付费。联盟营销是一种按效果付费的推广方式。

（2）平台活动营销

平台活动是全球速卖通面向平台卖家推出的一种免费推广活动。每一期的平台活动都会显示在 My AliExpress 的营销中心选项中，卖家可选取自己店铺内符合要求的产品报名，一旦入选，该产品就会显示在活动推广页面，这有利于大量引入客流量。平台活动包括常规性活动（如 Super Deals、团购活动等），行业、主题活动（如家具行业的行业活动、Transform your room、情人节大促活动等）和平台整体大促活动（如"双十一"大促活动等）。

二、Amazon 的营销推广

亚马逊（Amazon）成立于 1994 年，于 2012 年正式上线了跨境交易平台"全球开店"。虽然起步相对较晚，但亚马逊的发展极快，仅一年时间它的产品规模就增长了 64%，卖家规模更是同比增长了 196%。相比于全球速卖通，亚马逊的平台门槛比较高，对品牌、品质的要求也比较高，所面向的企业多为注册企业。

1. 黄金购物车

卖家在亚马逊平台中搜索到的第一个相关项目就是黄金购物车（Buy Box），可以直接进行购买。亚马逊平台中有 82% 的交易都是使用黄金购物车实现的，可以说拥有黄金购物车的卖家的成交量是其他卖家的 4 倍。在亚马逊平台中，买家如果想要购买非黄金购物车的产品，需要单击按钮"See All Buying Options"，如图 5-6 所示；而购买黄金购物车的产品则无须二次单击，直接单击按钮"Add to Basket"即可，如图 5-7 所示。

图 5-6　购买非黄金购物车产品

图 5-7　购买黄金购物车产品

（1）获得黄金购物车的条件

亚马逊平台的门槛高，对入驻的卖家要求也较高。黄金购物车是亚马逊从这些优质卖家中选择分配出来的，获得黄金购物车的卖家在优秀卖家的基础上，还需具备以下条件。

- 必须是专业卖家。
- 必须在亚马逊平台中有 2 ～ 6 个月的销售记录，而且必须是拥有较高的卖家等级、送货评级，同时缺陷率低于 1% 的特色卖家。
- 产品状态必须是新的。
- 产品必须有库存。

在符合这些条件的优质卖家中，亚马逊会将 70% 的黄金购物车分配给高评分卖家，将 25% 的黄金购物车分配给中等评分卖家，将剩余 5% 的黄金购物车分配给低评分卖家。

（2）亚马逊分配黄金购物车时优先考虑的内容

- 优先考虑使用 FBA 的卖家。在亚马逊平台中，同等情况下按以下顺序获得黄金购物车：自有卖家 >FBA> 本地发货 > 中国发货。
- 优先考虑售价较低的卖家。
- 优先考虑送货时间在 1 ～ 3 个工作日的卖家。
- 优先考虑卖家指数高的卖家。卖家每完成一个订单，平台会奖励 100 分，但配送超出预期时间将不得分；若卖家取消订单，则扣 500 分。卖家的总分是对这些分数进行加权计算的结果，距离目前越近的订单所设置的权重就越大。
- 优先考虑订单缺陷率低于 1% 的卖家，出货延迟率低于 4% 的卖家，出货前取消率低于 2.5% 的卖家。
- 优先考虑用户满意度高的卖家。

2. 广告活动

（1）付费商品广告

付费商品广告（Sponsored Product Ads）是常见的广告类型，会在移动端和 PC 端同步显示，只有拥有黄金购物车的卖家才可创建付费商品广告。付费商品广告包括自动广告和手动广告：自动广告是指亚马逊根据卖家的商品信息来投放卖家广告，这种广告曝光度高但不够精准；手动广告需要卖家自己设置关键词，只有当用户搜索对应的关键词时卖家的广告才会展示。二者的区别如表 5-6 所示。

表 5-6　　　　　　　　　　　　自动广告和手动广告的区别

项目	自动广告	手动广告
投放方式	卖家只需选择需要做广告的商品，无须为广告设置关键词，系统会根据卖家的商品与竞争对手商品的相似度来提供广告定位的关键词	卖家选择需要做广告的商品，并为广告设置关键词
展示原理	当买家输入一个关键词后，亚马逊会根据卖家广告组里商品的信息，如标题、类别、Bullet Point（要点）、Search（搜索）、Term（术语）和描述等来决定是否展示卖家的商品	买家通过关键词搜索商品，系统根据买家输入的关键词展示符合搜索条件的商品

（2）标题搜索广告

① 标题搜索广告简介

亚马逊搜索结果页面的顶部是每个卖家都想获得的"黄金展示位置"。针对这个区域，亚马逊推出了标题搜索广告（Headline Search Ads，HSA）。这是一种基于亚马逊搜索，优先于其他搜索结果显示的、图文结合的高曝光展示方式。之前，该广告功能只向亚马逊代销（Vendor）

账户开放。从 2017 年 8 月起，该广告功能开始向第三方卖家（Seller）账户开放。通过该广告，卖家可以将自己的商品展示在亚马逊搜索结果页面的顶部位置，以提高销售额和品牌知名度。

标题搜索广告主要包括 5 部分：品牌商标（商品）、品牌名称、购买提示按钮、自定义标题及 3 种特色商品。单击头条搜索广告中的品牌商标、标题或者购买提示按钮，买家就可进入卖家设置的商品集合页面或者卖家的品牌旗舰店页面。广告的右侧窗口中可以设置 3 个特色商品，单击单个商品就可进入相应商品的详情页。如果要创建商品集合页面，卖家需要选择 3 ～ 100 个商品，并且这些商品可以共用关键词。

② 标题搜索广告的优化

我们可以采用表 5-7 所示技巧进行标题搜索广告的优化。

表 5-7   **标题搜索广告的优化技巧**

技巧	解释
选择正确的关键词	卖家应注意选择正确的关键词。系统会推荐一些关键词，并会显示每个关键词的流量，卖家要对关键词的流量进行分析，并选择适合自己商品的关键词
根据预算选择关键词	标题搜索广告的关键词是通过拍卖来定价的。一般来说，流量低的关键词的竞标也比较少，因此更容易赢得竞价。如果想要获得流量高的关键词，卖家就需要提供具有竞争力的出价。卖家应选择与自己的商品高度匹配的关键词
广告标题的书写要正确	广告标题的书写要正确，不要出现重音、大小写、缩写、同义词等方面的常见的错误，且标题要与商品关键词高度吻合。标题中可使用 "Buy Now" 或 "Save Now" 等号召性的词语，但不能使用诸如 "#1" 或 "Best Seller" 等未经证实或基于某个时间的销量排行等不具代表性的词语
对广告进行测试	标题搜索广告的一大优势就是卖家可以自己设定广告创意，这就为卖家对不同的广告进行测试创造了条件。在对广告进行测试的时候，卖家可以建立多个广告系列并同时运行，根据广告效果对其中的变量进行调整。但每次只能更改其中一个变量，最短测试时间为两周，最后根据自己的业务目标和测试结果设定适合自己的广告创意
充分利用系统提供的报表工具	亚马逊系统提供的报表工具中，统计了广告点击次数、广告费用、广告产生的销售额等数据，实现了对卖家广告效果的跟踪。卖家需密切关注这些数据，以便及时调整营销推广策略

（3）商品展示广告

与付费商品广告和标题搜索广告相比，商品展示广告（Product Display Ads）拥有更多的展示位置。它可以展示在商品详情页的侧面和底部，以及买家评论页、亚马逊以外的网站和优惠信息页面顶部，有时还可以展示在竞争对手的商品详情页上。

与其他两种广告不同，商品展示广告是基于商品和买家兴趣而不是关键词所投放的广告。因此，卖家可以根据买家的兴趣或其关注的特定商品来对广告的目标受众进行定位。对于这类广告，品牌卖家经常会采取两种策略：一是"征服"策略，二是"防御"策略。

① "征服"策略

"征服"策略指购买广告位并将广告展示在竞争对手的商品详情页上，将浏览该商品的买家吸引到自己的商品页面中。卖家使用这一策略时，除了要做好广告本身的设计与优化，还需要对自己商品页面的图片、评论和商品定价进行优化，以便更好地发挥广告的作用，提升页面转化率。

② "防御"策略

"防御"策略指卖家可以通过购买该广告位，守住自己商品详情页的广告位，不让其被竞争对手占领。使用这一策略的诀窍在于，卖家可以尝试为买家提供升级版的商品或其他能够提升商品效果的附加品、高端版本，也可以创建捆绑销售的商品，鼓励买家组合消费。假设卖家销售的是手机壳，则可以捆绑销售手机膜、耳机等。

3. 促销活动

亚马逊平台内的促销活动主要包括秒杀活动、满减活动和季节性促销。

（1）秒杀活动

秒杀活动是指将商品在一个较短的时间内展示在促销页面上。亚马逊规定，参与秒杀活动的商品必须是新商品，且采取的是 FBA 配送或自有配送方式，并应达到一定的要求。秒杀活动受到众多卖家的青睐，它既可以增加商品的曝光率，又可以迅速建立起品牌形象，大幅度提高销售量，甚至会带动店铺内其他商品的销售。

（2）满减活动

满减活动在很多电商平台中都可以看到，即订单金额满足卖家设定的金额要求后，买家便会享受给定的折扣比例。

（3）季节性促销

在境内，每年都会有新春特惠、"双十一"促销、国庆大促等促销活动；在境外，也存在感恩节、情人节等节日的促销活动。亚马逊内部也有很多季节性的促销活动，卖家参加季节性促销的技巧如表 5-8 所示。

表 5-8　　　　　　　　　　　　卖家参加季节性促销的技巧

技巧	解释
促销商品与季节高度相关	进行季节性促销的商品必须与季节高度相关，且应根据不同的季节特性进行商品的合理规划
库存保证	具备足够的库存
加入品牌内容	在活动中加入品牌内容，能提高品牌的知名度
及时调整预算	实时把控促销情况，以便及时调整预算，保证促销活动的正常进行

三、eBay 的营销推广

eBay 1995 年成立于美国硅谷，是一家全球民众都可以上网买卖物品的线上拍卖及购物网站。eBay 平台中每天都有数百万件商品更新，有数百亿元资金通过 PayPal 快捷支付方式进行流通。eBay 具备门槛低、利润高、支付方便、销售方式灵活等优势。

1. 促销管理

eBay 跨境电商平台中的优惠活动包括以下 5 种。

（1）订单折扣

当买家本次订单的总金额达到卖家所设置的金额要求时，其即可享受给定的折扣比例。订单折扣这种促销方式既可运用于全店铺商品的促销，也可具体运用于一种商品或一组商品的促销。

（2）运费折扣

除了订单折扣，eBay 也会为运费设置折扣，甚至可以免运费。许多店铺设置的是用户购买两件以上商品时可免运费。

（3）优惠券

向用户发送优惠券的方式主要包括 3 种：一是卖家将优惠券通过电子邮件链接的方式发送给用户；二是发布在网店内，使用户可进入店铺领取优惠券；三是发布在社交媒体网站平台上，刺激用户领取优惠券后进入店铺浏览并购买商品。

（4）降价活动

卖家可将目前参加降价活动的商品显示在打折页面，使用户单击降价商品对应的链接访问商品详情页。同时，卖家也可以组合一些经常被一起购买的商品，进行分组促销。

（5）捆绑销售

捆绑销售的前提是先确定一件主商品，然后围绕主商品捆绑一些与其相关的商品。例如，买家在网上购买项链时，可能并没有想要购买耳环或手镯，而卖家通过捆绑项链、耳环和手镯，同时给予一定折扣，就很容易吸引买家购买，从而大幅提高店铺销售量。

2. 付费广告

付费广告是 eBay 的一种站内推广方式，其支持站点包括美国站点、英国站点、德国站点和澳大利亚站点，可帮助平台卖家提高商品曝光度。eBay 根据买家的搜索内容，将相关商品呈现在搜索结果页面的醒目位置，以提高商品的可见性。在商品成交后，平台会根据具体商品价格的百分比进行收费，费率在 1% ～ 20%。

3. 邮件营销

eBay 有一套邮件营销功能，卖家可以借助电子邮件营销提高品牌知名度，与用户建立长期有效的联系。卖家可以通过向买家发送电子邮件，告知买家目前店铺在进行哪些促销活动，并可以通过文字表述、图片、视频、链接方式等来展示广告或品牌故事，而邮件标题决定了买家是否会查看邮件以进一步了解内容。卖家在设计邮件营销的内容时，必须站在买家的角度提供有价值的邮件，而不是发送低质量邮件，给买家带来困扰，进而造成负面的营销效果。

卖家可从以下 4 个方面进行邮件内容的优化。

（1）内容具有针对性

对于不同的目标用户，卖家应发送不同的邮件。例如，对于管理人员，可以发送一些精练的管理策略；对于一般的白领女性，可以发送一些实用的穿搭方案；而对于普通消费者，可以发送一些购物小技巧、优惠券等信息。向特定的人群发送合适的邮件，如果刚好满足了他们的需求，便可增强其对企业的信任与黏性，这样不仅可大幅降低企业的营销成本，也可使企业获得较好的营销效果。

（2）突出重点，简洁明了

邮件应该简洁明了，直接点明主题。同时卖家也可结合邮件编辑工具对主题进行突出，如通过设置不同颜色的字体、加粗字体、加入有创意的图片等方式让用户立刻得知卖家发送邮件的目的。若用户因为找不到重点而关闭邮件，就只会白白浪费双方的时间。

（3）激发用户的好奇心，引起共鸣

卖家应尽量激发用户的兴趣与好奇心，具体可通过设置某些优惠或折扣来吸引用户打开网站链接，以进一步了解商品信息。

（4）添加自定义变量

把单一的统称"先生／女士"改为用户的名字，这样会给用户带来亲切和被重视的感觉，从而增进买卖双方的关系。

四、Wish 的营销推广

Wish 成立于 2010 年，是一个基于 App 的 B2C 跨境电商平台。平台内销售的商品种类繁多，涵盖了服装、珠宝、手机、礼品等品类，且大部分都从中国发货。Wish 淡化了品类浏览与搜索，去掉了促销环节，通过智能分析技术专注于关联推荐、精准营销，只向用户推送他们可能感兴趣的商品，在实现营销目标的同时，提升了用户体验。

1. Product Boost 概述

Product Boost 是 Wish 平台推出的结合了卖家端数据与 Wish 后台算法，为给定商品增加流量的工具。Product Boost 能够直接有效地为卖家打造热销品，使商品获得较好的展示排名，为店铺快速引流。Product Boost 不会推广所有商品，只会推广那些系统检测到的有用户市场的商品。参加 Product Boost 活动所产生的费用，每 15 天结算一次，从卖家账户当期余额中扣除。Product Boost 推广周期最短为 1 天，最长为 4 周。使用 Product Boost 前需要了解以下内容。

- Product Boost 的关键词是搜索关键词。
- Product Boost 的推广规则只与我们设定的关键词有关。
- Product Boost 的关键词搜索是精准搜索。
- Product Boost 的关键词可以尝试使用小语种词，但是在推广前期建议减少使用。
- Product Boost 的付费方式与其他电商平台的按效果付费方式不同，是按照千次展现量进行付费。

2. Product Boost 推广商品的流程

Product Boost 可为店铺快速引流，卖家应好好利用 Product Boost 来提高商品的转化率。卖家在日常使用 Product Boost 进行商品推广的过程中，主要遵循选品、关键词设置、商品竞价和推广活动优化 4 个流程。

（1）选品

适合参加 Product Boost 活动的商品如下。

- 已经在其他跨境电商平台获得成功的商品。
- 符合流行趋势且需求量非常大的季节性商品。
- 市场中还未出现或未大范围出现的商品，或对用户来说非常新奇的商品。
- 质量和价格均具备竞争优势的商品。
- 流量大的商品。

（2）关键词设置

关键词需准确地描述商品，如"fashion""bag"等词语的热度和搜索量较高，但是并不能让用户准确地搜索到你的商品。所以卖家在避免出现关键词拼写错误的基础上，应使关键词尽可能准确地描述商品。设置关键词的方法主要有以下 4 种。

- 借助工具选择相应的关键词。例如，使用 Google Adwords 工具，搜索自己打算推广的商品，然后选取 10 ～ 15 个关联性强的关键词，并到 Wish 用户端搜索这些关键词，查看哪些关键词在平台内的反响比较好。
- 可以参考其他各大跨境电商平台的热门搜索词。
- 查看商品行业分类情况，通过工具选择相应的关键词。
- 通过一些比较专业的小语种电商平台，选择一些小语种关键词。

（3）商品竞价

要设置 Product Boost 商品竞价，卖家需进行多次重复测试，以获得最优竞价。

- 第一周进行低价测试，根据商品的竞争情况确定价格。
- 第二周搜索分析商品关键词的排名情况及上一周的流量转换情况，适当提高竞价。
- 第三周继续分析商品的流量增长情况及商品点击转化率，考虑是提高竞价还是降低竞价。

（4）推广活动优化

卖家应每周统计所获得的流量，了解店铺活动关键词排名情况，并及时调整关键词设置；时刻关注商品在行业内销量的排名情况，考虑是否加大对 Product Boost 的投入力度，以获取更多的自然流量。

案例分析

文化自信：国货美妆的海外"出圈"

从"法国每出口3支口红，就有1支被中国消费者购买"，到中国化妆品亮相韩国线下彩妆店、获日本美妆博主倾力推荐，中国美妆品牌正凭借创意十足的商品和独特的品牌定位在海外"出圈"。近年来，国内化妆品零售额稳步上升。目前，我国已成为世界第二大化妆品消费市场。

国货美妆凭啥能在海外接连"出圈"，与国际大牌同台竞争？

商品质量是"出圈"的根基。拥有国潮彩妆品牌Colorkey（珂拉琪）的美尚（广州）化妆品股份有限公司负责人表示，公司不仅专注于技术研发和商品开发，而且拥有丰富的供应链资源；除了自有工厂，还与全球顶尖供应商共同合作打造高品质商品。商品质量高，才能获得消费者认可，进而带领品牌在激烈的市场竞争中"出圈"。

国货美妆海外"出圈"，离不开深入细致的市场调研，以及对商品进行的本土化设计与推广。中国美妆企业在日本推出的"同心锁"口红没有选择国内热度最高的大红色，而是根据日本市场偏好选择了桃红色和玫红色，结果大受欢迎。完美日记在越南选择了当地流行歌手作为唇妆品牌大使，在商品端挂出了更适合东南亚肤色的豆沙色和玫瑰色口红，散粉也更注重控油功效。

海外独立站方便了国货美妆"出海"。2020年上半年，完美日记将东南亚作为出海第一站，建立品牌独立站并入驻东南亚头部跨境电商平台。凭借便捷的渠道，完美日记在东南亚市场取得了不俗成绩。

国内化妆品企业依靠长期积累和积极创新已经崭露头角，完全有能力与诸多国际品牌同场竞技，并逐渐赢得国内消费者的青睐，市场份额不断扩大。

（资料来源：学习强国——人民日报海外版）

讨论题：国货美妆凭借什么样的营销模式在海外"出圈"？

本章小结

通过对本章的学习，我们对跨境电商营销有了比较全面的认识，掌握了跨境电商营销理论、内涵。跨境电商营销分为站外营销和站内营销。关于站外营销，本章选取了3个不同的营销平台——WOTOKOL、Twitter和Pinterest进行了详细介绍；关于站内营销，本章选取了四大主流跨境电商平台——AliExpress、Amazon、eBay、Wish进行介绍。

习题

一、名词解释

跨境电商营销　搜索引擎营销　病毒式营销　直通车推广　季节性促销　联盟营销"防御"策略

二、选择题

1. 跨境电商营销的特点不包括（　　）。

A. 全球性　　　B. 互动性　　　C. 虚拟性　　　D. 营销方式少

2. 以下更为古老的营销方式是（　　　）。

    A. 搜索引擎营销　　B. 社交媒体营销　　C. 电子邮件营销　　D. 网络广告营销

3. 以下属于速卖通的店铺自主营销活动的有（　　　）。

    A. 店铺满立减　　B. 限时限量折扣　　C. 全店铺打折　　D. 联盟营销

4. Pinterest 的特点包括（　　　）。

    A. 图钉服务

    B. "瀑布流"布局

    C. 以具有"收藏爱好"的优质女性为核心用户

    D. 更新速度慢

5. Twitter 的特点不包括（　　　）。

    A. 简洁性　　　　　　　　　　　B. 公开性

    C. 高效交互　　　　　　　　　　D. 推文字数不受限制

6. 跨境电商营销的功能包括（　　　）。

    A. 企业品牌推广　　B. 网上调研　　C. 促进销售　　D. 维护用户关系

7. 企业在利用 AliExpress 的直通车进行营销推广时，需要关注（　　　）。

    A. 黄金购物车规则　　B. 前台展示规则　　C. 排序规则　　D. 扣费规则

三、主观题

1. 请简述 3 种跨境电商营销的功能。

2. 跨境电商营销具备哪些特点？

3. 你认为在跨境电商直播营销过程中需关注哪些方面？

4. 请简述 Twitter 营销的步骤。

5. 请简述直通车的推广流程及策略。

6. 获得亚马逊的黄金购物车有哪些条件？

知识点拓展

知识点 5-1：
"一带一路"
数字经济

知识点 5-2：
Shopee 流量
整合

知识点 5-3：
本地火箭仓 +
直播带货

知识点 5-4：
旺季备战策略

知识点 5-5：
美妆个护出海

知识点 5-6：
TikTok 促销
策略

知识点 5-7：
自然堂
"双 11"营销

知识点 5-8：
泡泡玛特潮
玩出海

第六章
跨境电商通关

知识结构图

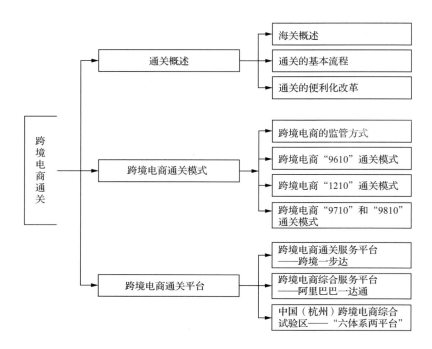

学习目标

知识目标

1. 了解通关的基础知识，包括海关的基本内容、通关的基本流程及通关的便利化改革。

2. 了解跨境电商"9610""1210""9710""9810"通关模式及流程。

3. 了解不同跨境电商通关平台建设的背景、用途及特色服务。

价值目标

1. 学习跨境电商海关基本知识和监管机制，树立国家安全意识。

2. 学习企业通关流程，以及国货出海的路径，树立正确的价值导向，坚持科技向善，提升社会责任感。

3. 学习党的二十大报告中开放格局和新发展格局政策，树立对外开放的新格局理念。

导入案例

跨境电商进口 B2C 包裹退货新模式在杭州综合试验区运行

2019 年 5 月 9 日，一辆标有蓝色"跨境电商退货通行证"的厢式货车在海关监管下缓缓驶入卡口，这就意味着跨境电商进口 B2C 包裹退货新模式在杭州综合试验区投入运行。陈女士的一单箱包类商品，经中华人民共和国杭州海关（以下简称"杭州海关"）工作人员确认、登记、理货后，正式进入杭州综合保税区退换货专用仓，成为全国首个成功办理退货的商品。

由于电商运营的特点及互联网消费习惯，无理由退货是普遍现象。跨境电商进口商品的退货处理，一直是困扰企业的难题。据统计，退货订单在成交订单中占比较高，一般行业的退货占比都在 5% ~ 15%，服饰行业的退货比例甚至可以达到 30%。

按照现有规定，企业跨境退货商品申请时间为商品放行之日起 30 日内。由于跨境退货环节多，特别是与消费者沟通需要较多时间等原因，走完一整套退货流程（从消费者提出退货申请到货物退运入区）大概需要 15 日；而企业收到消费者退货申请一般发生在商品发出后的 15 ~ 20 日。商品往往无法在规定时间内完成退货程序。大部分退货商品由于未能按时入区完成退货，造成在区外积压"折旧"报废，历年报废的退货商品金额已有数亿元人民币。

钱江海关驻下沙办事处跨境电商监管一科副科长表示，新政实施后，单次交易限值由此前的 2 000 元提高至 5 000 元，企业退货方面的运营压力进一步加大。以税款为例，据钱江海关统计，截至 2023 年年底，杭州综合试验区下沙园区内天猫国际、考拉海购、云集等大型电商平台区外存放退货包裹逾百万件，货值累计超过 1 亿元人民币，主要有母婴、美妆、保健、服装、箱包和鞋靴等类商品。按照目前消费者海淘购买进口商品综合税率为 9.1% 计算，其税款高达 900 万元人民币。

针对跨境电商发展中的痛点，钱江海关对症下药，已开展保税仓直接退货模式，使企业不必再设置单独的区外退货专用仓，通过将全部退货流程转到区内，减少不必要的中间环节，有效降低企业经营成本，也大大地缩短了整体的退货时间。同时，钱江海关允许消费者进行部分商品的退货，根据消费者的实际消费需求，努力拓展"非整单""非良品"包裹的退货路径，提升消费者的购物体验。

以上便利化通关模式能够有效减少不必要的退货流程，使退货包裹在规定的期限内实现"应退尽退"。同时，海关监管部门加大了对退货包裹的核查监督力度，督促企业切实履行质量主体责任，做好质量监督工作，为消费者的合法权益保驾护航。

（资料来源：中华人民共和国海关总署）

讨论题：除了文中所提的退货便利化通关模式改革，你还了解我国哪些通关便利化改革？你认为这些改革对消费者、跨境电商企业及海关有什么意义？

第一节　通关概述

一、海关概述

1. 海关的定义

海关，最初是指商人在贩运商品途中缴纳的一种地方税捐，带有"买路钱"或港口、市场的

"通过费""使用费"的性质。如今，海关是依照本国（或地区）法律、行政法规监管进出关境（以下简称"进出境"）的一切商品和物品，检查并照章征收关税的国家行政机关。

2. 海关的性质

（1）海关是国家行政机关

我国的国家机关包括国家立法机关、国家司法机关和国家行政机关。海关属于国家行政机关，是国务院的直属机构，从属于国家行政管理体制，代表国家依法独立行使行政管理权。

（2）海关是国家进出境监督管理机关

海关履行国家行政制度的监督职能，是国家宏观管理的一个重要组成部分。海关实施监督管理的范围是进出境活动，海关实施监督管理的对象是所有进出境的运输工具、货物、物品。

（3）海关的监督管理是国家行政执法活动

海关的监督管理是指海关依据本国（或地区）海关法律赋予的权力，对特定范围内的社会经济活动进行监督管理，并对违法行为依法实施行政处罚，以保证社会经济活动符合国家的法律、法规的行政执法活动。海关事务属于中央立法事权，立法机关为全国人民代表大会及其常务委员会，以及最高国家权力机关的执行机关——中华人民共和国国务院。

海关行政执法的依据如下。

一级执法依据：《中华人民共和国海关法》和其他相关法律、法规。

二级执法依据：国务院制定的行政法规。海关管理方面的主要行政法规包括《中华人民共和国进出口关税条例》《中华人民共和国海关稽查条例》《中华人民共和国知识产权海关保护条例》《中华人民共和国海关行政处罚实施条例》《中华人民共和国海关统计条例》等。

三级执法依据：海关规章及规范性文件。海关总署根据法律和国务院的法规、决定、命令制定规章，作为执法依据的补充。

省、自治区、直辖市人民代表大会和人民政府不得制定海关法律规范，其制定的地方性法规、规章不能作为海关执法依据。

3. 海关的任务

（1）监管

海关进出境监管是指海关运用国家赋予的权力，通过一系列管理制度与管理程序，依法对运输工具、货物、行李物品、邮递物品和其他物品的进出境活动实施的一种行政管理。

（2）征税

海关税收是国家财政收入的重要来源，也是国家实施宏观调控的重要工具。海关根据《中华人民共和国海关法》《中华人民共和国进出口税则（2023）》《中华人民共和国进出口关税条例》及其他有关法律、行政法规对准许进出口货物、进出境物品征收关税及其他税（如增值税、消费税、船舶吨税等）。

（3）查缉走私

查缉走私是海关为保证顺利完成监管和征税等任务而采取的保障措施，是在海关监管区和海关附近沿海沿边规定地区开展的一种包括调查、制止、打击、综合治理走私活动在内的调查惩处活动。《中华人民共和国海关法》第五条规定："国家实行联合缉私、统一处理、综合治理的缉私体制。海关负责组织、协调、管理查缉走私工作。"

（4）编制海关统计

海关统计是指对国家进出口货物贸易进行统计调查、分析，准确反映对外贸易的运行态势，进行进出口监测预警，科学、有效地实施统计监督。

4. 海关管理体制和组织机构

海关实行集中统一的垂直管理体制，其管理体制分为 3 个层面：海关总署、直属海关和隶属海关。海关总署是中国海关的最高领导机构，是国务院直属的正部级机构，统一管理全国海关。海关的组织机构如图 6-1 所示。

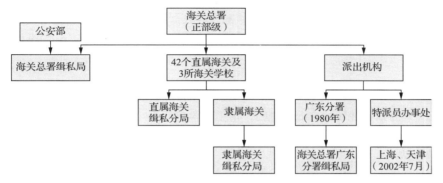

图 6-1　海关的组织机构

1980 年，海关总署下设广东分署，协调广东省内多个直属海关；2002 年 7 月，在上海和天津设立特派员办事处。直属海关是海关总署的下属机构，负责关区集中审单和贸易统计，处理基本的海关事务。除我国香港、澳门、台湾地区外，直属海关分布在全国的 31 个省、自治区、直辖市。隶属海关则是直属海关的下属机构，是进出境监督管理职能的基本执行单位。

二、通关的基本流程

1. 通关的定义

《中华人民共和国海关法》第八条规定："进出境运输工具、货物、物品，必须通过设立海关的地点进境或者出境。"因此，进出口货物的收、发货人或其代理人，运输工具的负责人，进出境物品的所有人应按照海关规定办理进出境手续和相关的海关事务。报关和通关存在不同，报关是从人的角度出发，仅指向海关办理进出境手续及相关的海关事务；而通关则是在此基础上增加了海关对进出口货物、进出境工具、进出境物品的监督管理，核准其进出境的管理过程。

2. 通关的基本流程

通关的基本流程可分为前期阶段、进出境阶段和后续阶段。不同类别进出境货物的通关流程如表 6-1 所示。

表 6-1　　　　　　　　　　　　**不同类别进出境货物的通关流程**

货物类别	前期阶段	进出境阶段	后续阶段
一般进出口货物	无	申报 查验 缴纳税费 提取或装运货物	无
保税货物	加工贸易备案和申领登记		核销、银行保证金台账销账
特定减免税货物	特定减免税货物备案登记和申领减免税证明		解除海关监管
暂准进出境货物	暂准进出境备案申请		复运进出境、销案
出料加工货物	出料加工备案申请		销案

（1）前期阶段

前期阶段主要是指货物在进出境之前，向海关办理备案手续的过程。并不是所有的货物通关时都包括这个阶段，如一般进出口货物。

（2）进出境阶段

进出境阶段包括4个环节，分别为申报、查验、缴纳税费和提取或装运货物。所有货物进出境通关都包括这4个环节。

① 申报

申报是进出口货物收、发货人或其代理人在海关规定的期限内，按照海关规定的形式，向海关报告进出口货物的情况，提请海关按其申报的内容放行进出口货物的工作环节。为保证货物顺利完成进出境通关，申报人需提前准备好所需单证，并保证单证真实有效。一般来说，所需单证包括报关单、进口提货单据、出口装货单据、商业发票、装箱单等其他海关可能需要的单证。

② 查验

查验是进出境阶段的一个工作环节。海关在对申报的货物进行查验时，进出口货物收、发货人或其代理人需到达现场配合海关查验，查验内容包括查验时间，地点，进出口货物收、发货人或其代理人名称，货物名称，规格型号，货物运输包装情况等。

③ 缴纳税费

缴纳税费是指进出口货物的收、发货人或其代理人收到海关发出的税费缴纳通知书后，向海关指定银行办理缴纳税费手续，银行将有关税费款项缴入海关专门账户的工作环节。

④ 提取或装运货物

提取货物是指进口货物的收货人或其代理人在完成前面所有步骤后，凭借海关加盖放行章的进口提货单据或海关通过计算机发送的放行通知书，提取进口货物的工作环节；装运货物则是指出口货物的发货人或其代理人在完成前面所有步骤后，凭借海关加盖放行章的出口装货凭证或海关通过计算机发送的放行通知书，通知港区、机场、车站及其他有关单位装运出口货物的工作环节。

（3）后续阶段

后续阶段与前期阶段相对应，前期阶段的货物如果进行了备案、申领登记、减免税证明等操作，在后续阶段就需进行核销、解除监管、销案等操作。

① 保税货物。保税货物的进出口货物收、发货人或其代理人需在规定期限内办理核销、银行保证金台账销账等手续。

② 特定减免税货物。进出口货物收、发货人或其代理人应在海关监管期满或在海关监管期内经海关批准出售、转让、退运、放弃后，向海关申请办理解除海关监管手续。

③ 暂准进出境货物。进出口货物收、发货人或其代理人应在暂准进出境期限内或在经海关批准延长暂准进出境期限到期前，申请办理复运进出境手续及销案手续。

④ 出料加工货物。当出料加工货物等其他货物在货物加工完毕返回境内时，进出口货物收、发货人或其代理人应向海关办理销案手续。

三、通关的便利化改革

1. 分类通关改革

分类通关改革是指海关科学运用风险管理的理念和方法，以企业资信情况为基础，通过H2010通关系统对报关单电子数据进行风险分析，按照风险高低对进出口货物实施分类管理的通关作业。该模式对诚信守法企业的低风险出口货物，实施计算机快速放行等管理措施，以提高通关效率；对少数高风险的出口货物，实施重点审核、加强查验等管理措施，充分体现"守法便利、违法惩戒"的管理原则，推进海关管理从"以商品为单元"向"以企业为单元"转变。分类通关改革大致经历了以下4个阶段。

（1）启动试点阶段

2009 年 6 月，为优化海关监管和服务，提高我国企业的国际竞争力，海关总署选择部分海关进行进出口货物分类通关改革试点。试点以出口为主，出口货物分类通关改革试点海关包括北京、天津、大连、上海、南京、杭州、宁波、福州、厦门、青岛、广州、深圳、拱北、黄埔、江门 15 个海关；进口货物分类通关改革试点海关包括上海和黄埔两个海关。

（2）深化改革阶段

2010 年 8 月，海关总署进一步深化了分类通关改革工作，将出口货物分类通关改革试点范围扩大到全国海关，进口货物分类通关改革试点范围扩大到北京、天津、大连、上海、南京、杭州、宁波、福州、厦门、青岛、广州、深圳、拱北、黄埔、江门 15 个海关。

（3）深入推进阶段

2011 年，海关以"优化监管质量，提高通关效率"为目标，进一步完善了改革内容及相应管理制度，并扩大试点范围，将出口货物分类通关改革试点范围扩大到全国海关所有业务现场，进口货物分类通关改革试点范围扩大到全国海关部分业务现场。

（4）全面推进阶段

经过 2009—2011 年的改革尝试，H2010 通关系统运行稳定，风险参数设置日趋完善，综合监管质量稳步提升，达到了"优化监管质量、提高通关效率、整合资源配置、缓解关员压力"的预期目标，成效显著。2012 年，海关总署决定在总结 3 年试点工作的基础上，在全国海关全面推开分类通关改革，要求在 2012 年年底实现分类通关改革全覆盖。

2. 通关作业无纸化改革

通关作业无纸化是指海关以企业分类管理和风险分析为基础，按照风险等级对进出口货物实施分类，运用信息化技术改变海关验核进出口企业递交纸质报关单及随附单证办理通关手续的做法，直接对企业通过中国电子口岸录入申报的报关单及随附单证的电子数据进行无纸审核、验放处理的通关作业方式。

根据海关总署公告 2012 年第 38 号《关于在全国海关试点开展通关作业无纸化改革工作》，自 2012 年 8 月 1 日起，通关作业无纸化改革率先在北京、天津、上海、南京、宁波、杭州、福州、青岛、广州、深圳、拱北、黄埔 12 个海关的部分业务范围内展开。试点企业范围是海关管理类别为 AA 类、A 类的进出口企业和报关企业。

根据海关总署公告 2013 年第 19 号《关于深化通关作业无纸化改革试点工作有关事项的公告》，试点企业范围扩大至海关管理类别为 B 类及以上企业；北京、天津、上海、南京、杭州、宁波、福州、青岛、广州、深圳、拱北、黄埔等首批 12 个海关将试点范围扩大到关区全部业务现场和所有试点业务；上述 12 个海关以外的其余 30 个海关各选取 1 ~ 2 个业务现场和部分业务开展通关作业无纸化改革试点；2013 年内，将"属地申报，口岸验放"通关模式下的报关单纳入通关作业无纸化改革试点范围。

根据海关总署公告 2014 年第 25 号《关于深入推进通关作业无纸化改革工作有关事项的公告》，试点范围扩大至全国海关的全部通关业务现场，全面推进转关货物和"属地申报、属地放行"货物通关作业无纸化改革，加快区域通关改革无纸化作业的深化应用，启动快件、邮运货物通关作业无纸化改革试点，并试点简化报关单随附单证。

根据海关总署公告 2017 年第 8 号《关于扩大通关作业无纸化适用范围的公告》，为加快落实外贸稳增长政策措施，进一步深化通关作业无纸化改革工作，提高贸易便利化水平，海关总署决定将适用通关作业无纸化企业范围扩大到所有信用等级企业。企业经与直属海关、第三方认证机构（中国电子口岸数据中心）签订电子数据应用协议后，可在全国海关适用"通关作业无纸化"通关方式，无须重复签约。

3. "两步申报"改革

为贯彻落实国务院"放管服"改革要求，适应国际贸易特点和满足安全便利需求，海关总署决定在部分海关开展进口货物"两步申报"改革试点，改革自 2019 年 8 月 24 日起实施。

（1）"两步申报"内容

海关通过将审核征税等环节移至货物放行之后，从而实现货物查验放行和审核征税相分离的模式。"两步申报"通关模式包括两个步骤：第一步，企业凭提单概要申报后，经海关同意即可提离货物；第二步，企业在规定时间内完成完整申报。

海关总署的《深化分类通关改革工作方案（试行）》对"两步申报"的定义是："在舱单法定提前电子传输前提下，经海关认证的高资信企业进行进出口货物申报后，海关可以先办理查验放行手续，企业在规定时间内办理补充申报、符合、缴纳税费等手续。"也就是说，收货人在进口货物运抵且获得舱单信息的前提下，无须一次性向海关提交全部申报信息及单证，可只凭提单概要申报提货，接下来只要收货人在规定时间内向海关进行完整申报就可以完成通关手续。"两步申报"的基本流程如图 6-2 所示。

图 6-2 "两步申报"的基本流程

① 对应税货物，企业需提前向注册地直属海关关税职能部门提交税收担保备案申请；担保额度可根据企业税款缴纳情况循环使用。

② 第一步概要申报。企业向海关申报进口货物是否属于禁限管制，是否依法需要检验或检疫（是否属法检目录内商品及法律法规规定需检验或检疫的商品），是否需要缴纳税款。

不属于禁限管制且不属于依法需检验或检疫的，需申报 9 个项目并确认涉及物流的 2 个项目，应税货物须选择符合要求的担保备案编号；属于禁限管制的货物需增加申报 2 个项目；依法需检验或检疫的货物需增加申报 5 个项目。

③ 第二步完整申报。企业自运输工具申报进境之日起 14 日内完成完整申报，办理缴纳税款等其他通关手续。税款缴库后，企业担保额度自动恢复。如概要申报时选择不需要缴纳税款，完整申报时经确认为需要缴纳税款的，企业应当按照进出口货物报关单撤销的相关规定办理。

④ 加工贸易和海关特殊监管区域内企业及保税监管场所的货物申报在使用金关二期系统开展"两步申报"时，第一步概要申报环节不使用保税核注清单，第二步完整申报环节报关单按原有模式，由保税核注清单生成。

⑤ 报关单申报项目填制要求按照《海关总署关于修订〈中华人民共和国海关进出口货物报关单填制规范〉的公告》（海关总署公告 2019 年第 18 号）执行。

⑥ 启动"两步申报"试点同时保留现有申报模式，企业可自行选择上述两种模式之一进行申报。

（2）"两步申报"试点海关范围

① 满洲里海关隶属十八里海关。

② 杭州海关隶属钱江海关驻下沙办事处、舟山海关。

③ 宁波海关隶属梅山海关。

④ 青岛海关隶属烟台海关驻港口办事处、驻机场办事处。

⑤深圳海关隶属深圳湾海关、蛇口海关。

⑥黄埔海关隶属新港海关、穗东海关。

（3）"两步申报"试点条件

试点期间，同时满足下列3个条件的企业适用"两步申报"模式。

①境内收、发货人信用等级是一般信用及以上的。

②经由试点海关实际进境货物的。

③涉及的监管证件已实现联网核查的。

转关业务暂且不适用"两步申报"模式。

第二节　跨境电商通关模式

一、跨境电商的监管方式

　　跨境电商属于新生事物。我国海关为主动适应进出口新型业态的变化发展，积极探索适合我国国情的跨境电商通关模式。目前，我国跨境电商海关通关模式包括一般出口、特殊区域出口、网购保税进口和直购进口4种。由海关总署开发的、全国统一的跨境贸易电子商务通关系统于2014年7月1日正式上线运行，并率先在广东省投入使用。这个通关系统依托电子口岸平台，实现和电子商务、物流、支付三方企业的高效对接，通过"清单核放、汇总申报"的方式，实现便捷通关和有效监管，提高通关效率，降低企业成本。

"9610" "1210"
"9710" "9810"
通关模式

　　1．"9610"海关监管方式

　　海关总署公告2014年第12号《关于增列海关监管方式代码的公告》增列海关监管方式代码"9610"，全称为"跨境贸易电子商务"，简称"电子商务"。"9610"海关监管方式适用于境内个人或电子商务企业通过电子商务交易平台实现交易，并采用"清单核放、汇总申报"模式办理通关手续的电子商务零售进出口商品（通过海关特殊监管区域或保税监管场所一线的电子商务零售进出口商品除外），即海关凭清单核放进出境，定期将已核放清单数据汇总形成进出口报关单，电子商务企业或平台凭此办理结汇、退税手续。以"9610"海关监管方式开展电子商务零售进出口业务的电子商务企业、监管场所经营企业、支付企业和物流企业应当按照规定向海关备案，并通过电子商务通关服务平台实时向电子商务通关管理平台传送交易、支付、仓储和物流等数据。

　　2．"1210"海关监管方式

　　海关总署公告2014年第57号《关于增列海关监管方式代码的公告》增列海关监管方式代码"1210"，全称"保税跨境贸易电子商务"，简称"保税电商"。"1210"海关监管方式适用于境内个人或电子商务企业在经海关认可的电子商务平台实现跨境交易，并通过海关特殊监管区域或保税监管场所进出的电子商务零售进出境商品［该海关监管方式不适用于海关特殊监管区域、保税监管场所与境内区外（场所外）之间通过电子商务平台交易的零售进出口商品］。

　　海关特殊监管区域包括保税区、出口加工区、保税物流园区、跨境工业园区、保税港区和综合保税区。上海保税进口试点在自贸区；杭州保税进口试点在出口加工区；宁波保税进口试点在宁波保税区；郑州保税进口试点在保税物流中心（B型）和新郑综保区；广州保税进口试点在南沙保税港区和白云机场综保区。这些都属于海关特殊监管区域或保税物流中心（B型）。而"保税仓库"属于保税监管场所，不在"1210"监管方式范围内。以"1210"海关监管方式开展跨境贸易电子商务零售进出口业务的电子商务企业、海关特殊监管区域或保税监管场所内跨境贸易电子商务经营企业、支付企业和物流企业应按照规定向海关备案，并通过电子商务平台实时传送交易、支付、仓储和物流等数据。

3. "1239"海关监管方式

海关总署公告2016年第75号《关于增列海关监管方式代码的公告》增列海关监管方式代码"1239"，全称"保税跨境贸易电子商务A"，简称"保税电商A"。"1239"海关监管方式适用于境内电子商务企业通过海关特殊监管区域或保税物流中心（B型）一线进境的跨境电子商务零售进口商品。

4. "9710" "9810"海关监管方式

海关总署2020年6月12日发布了《关于开展跨境电子商务企业对企业出口监管试点的公告》，公告中增列了海关监管方式代码"9710"和"9810"，并决定在北京、天津、南京、杭州、宁波、厦门、郑州、广州、深圳、黄埔10个地方的海关开展跨境电商企业对企业出口监管试点，再根据试点情况及时在全国海关复制推广。该公告自2020年7月1日起施行。

"9710"全称"跨境电子商务企业对企业直接出口"，简称"跨境电商B2B直接出口"，适用于跨境电商B2B直接出口的商品，即境内企业通过跨境电商平台与境外企业达成交易后，通过跨境物流将商品直接出口送达境外企业。"9810"全称"跨境电子商务出口海外仓"，简称"跨境电商出口海外仓"，适用于跨境电商出口海外仓的商品，即境内企业将出口商品通过跨境物流送达海外仓，通过跨境电商平台实现交易后从海外仓送达消费者手中。跨境电商企业对企业出口商品应当符合检验检疫相关规定。

跨境电商企业对企业监管试点的推出，对跨境电商的划分更加具体全面，有利于政府获取数据和及时调整政策，进一步拓展了跨境电商的领域和空间，引导跨境电商合规全面发展。

"9610"是针对跨境电商的海关监管方式代码，而"1210"则是针对入驻保税区（B型保税物流中心）的跨境电商的海关监管方式代码。"9610"针对的是已经售出的商品，商品存放在保税仓库的暂存区，等待清关和境内运输；"1210"针对的是尚未销售的商品，商品存放在保税仓库，需要等待销售完成之后才会清关并运输到消费者手中。

"1239"和"1210"都是针对保税区的海关监管方式，但针对的城市不同，这由海关内部的监管所致，以方便海关自身工作。"四八新政"后，国内保税进口分化成两种：一是新政前批复的具备保税进口试点的城市；二是新政后开放保税进口业务的其他城市。海关为了将二者区分开来：对于免通关单的37个试点城市，继续使用"1210"海关监管方式；对于需要提供通关单的其他城市（非试点城市），使用"1239"海关监管方式。

二、跨境电商"9610"通关模式

跨境电商"9610"通关模式包括"9610"直购进口通关模式和"9610"一般出口通关模式。以下将详细介绍这两种通关模式的业务流程以及通关模式。

1. "9610"直购进口通关模式

"9610"直购进口通关模式下，从消费者下单至最终收到货物的整个业务流程如图6-3所示。

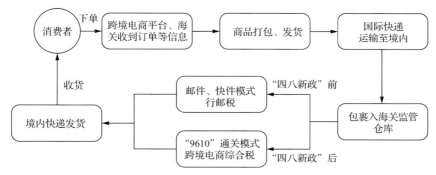

图 6-3　"9610" 直购进口通关模式业务流程

消费者在跨境电商平台下单后，申报企业通过跨境电商通关服务平台进行申报，并向海关发送交易、支付及物流等信息。商品在海外仓完成打包，以邮件、快件方式运送至境内。包裹进入海关监管仓库后，通过检验检疫、查验，按照跨境电商零售进口商品征收税款等环节后完成清关，最后通过境内物流将跨境商品运送到消费者手中。"9610" 直购进口通关模式与保税备货模式相比，不受保税区备货规模的限制，上新速度更快，品类更丰富，更适合做全品类、大平台的进口电商。

海关总署公告 2018 年第 194 号《关于跨境电子商务零售进出口商品有关监管事宜的公告》指出，"9610" 直购进口通关模式下，邮政企业、进出境快件运营人可以接受跨境电商平台企业或跨境电商企业境内代理人、支付企业的委托，在承诺承担相应法律责任的前提下，向海关传送交易、支付等电子信息。

"9610" 直购进口通关模式通关流程如图 6-4 所示。

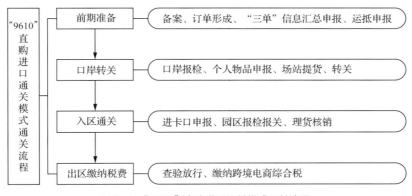

图 6-4　"9610" 直购进口通关模式通关流程

（1）前期准备

前期所做的准备主要包括 4 个方面——备案、订单形成、"三单" 信息汇总申报以及运抵申报。跨境电商企业必须事先将企业信息、商品信息备案，备案后企业才能在平台上架商品。消费者在跨境电商平台购买商品并成功支付后形成订单，跨境电商企业或者跨境电商企业境内代理人、支付企业、物流企业分别将交易、支付、物流等电子信息传输给国际贸易 "单一窗口" 或跨境电商通关服务平台。服务平台集齐 "三单" 信息后，自动生成清单供有报关报检资质的企业进行申报。直购进口商品运抵场站后，向海关进行运抵申报。

（2）口岸转关

采用 "9610" 直购进口模式进口的个人物品在运抵我国一线口岸后，应在口岸办理转关手续，将物品运输到跨境电商园区后再办理通关手续。

口岸转关包括口岸报检、个人物品申报、场站提货和转关 4 个步骤。报检人在口岸报检前需事先准备好由跨境园区检务部门签发并加盖检验检疫专用章的检验检疫工作联系单。口岸机场检务部门受理报检后，在检验检疫工作联系单和受理申报证明上签字并盖检验检疫专用章。申报时先发送申报物品的运单信息，收到回执后再发送个人物品申报单，按机场货站进港部的提货要求提货。办理口岸转关需提供单据：跨境电商空转陆联系单（一式两联）、提单正本和复印件（两份）、物品清单（一份）和监管车白卡（正本）。海关审核无误后，武警现场清点货物，无须查验的直接加封关锁。封关后由转出地（机场海关）签发关封，转关车辆在口岸海关加封海关关锁后开至目的地的跨境园区进行卸车、清关。

（3）入区通关

入区通关包括进卡口申报、园区报检报关和理货核销 3 个步骤。"9610"直购进口货物运抵跨境电商园区后，先在跨境核销专窗进行核销操作，再在进区卡口办理验放，由武警在进区卡口核放单上签章。货物进入园区后进行报检报关，办理检验检疫手续时需提供单据：跨境电商检验检疫工作联系单（一式两联）、提单复印件（一份）、物品清单（一份）、承诺书（一份）。检务部门受理报检后进行查验。报关时需向园区海关提供：跨境电商空转陆联系单（一式两联）、提单复印件（两份）、物品清单（一份）、监管车白卡（正本）、进区卡口核放单。园区海关受理申报后，凭转关资料拆解进入园区的监管货物，并在海关系统内审核已申报运单、订单数据。海关解封关锁后交由园区理货公司理货，理货公司完成理货后向园区海关提供理货报告。货物进入海关监管场所后，场站经营人向海关申报入库明细单数据后，核销舱单。

（4）出区缴纳税费

出区缴纳税费包括查验放行和缴纳跨境电商综合税两个步骤。在跨境电商仓库场站人员对包裹进行逐单扫描，确认货物无误后，检务部门在联系单上签字，并在交接单上签字核销已用检验检疫工作联系单编号。海关确认货物无误后放行，境内物流企业负责将货物运送至境内消费者手中。

海关总署公告 2018 年第 194 号《关于跨境电子商务零售进出口商品有关监管事宜的公告》规定：对于跨境电商零售进口商品，海关按照国家关于跨境电商零售进口税收政策征收关税和进口环节增值税、消费税。完税价格为实际交易价格，包括商品零售价格、运费和保险费。跨境电商零售进口商品的申报币制为人民币。代收代缴义务人应当如实、准确向海关申报跨境电商零售进口商品的商品名称、规格型号、税则号列、实际交易价格及相关费用等税收征管要素。为审核确定跨境电商零售进口商品的归类、完税价格等，海关可以要求代收代缴义务人按照有关规定进行补充申报。海关对符合监管规定的跨境电商零售进口商品按时段汇总计征税款，代收代缴义务人应当依法向海关提交足额有效的税款担保。海关放行后 30 日内未发生退货或修撤单的，代收代缴义务人在放行后第 31 至 45 日内向海关办理纳税手续。

2. "9610"一般出口通关模式

"9610"一般出口通关模式也称为跨境电商 B2C 一般出口通关模式，是指境外消费者在跨境电商平台上下单后，跨境电商企业及海关获得订单、支付、物流等信息，跨境电商企业将商品从仓库送往海关监管仓车，跨境电商企业或代理人向海关提交《中华人民共和国海关跨境电子商务零售进出口商品申报清单》（以下简称《申报清单》，采取通关无纸化作业方式进行申报）规定，商品以邮件、快件方式运送出境。跨境电商综合试验区海关采用"简化申报、清单核放、汇总统计"方式通关，其他海关采用"清单核放、汇总申报"方式通关。海关查验放行后，以跨境物流方式将商品运送至境外消费者手中。

在"9610"一般出口通关模式下，从消费者下单至最终收到货物的具体业务流程如图 6-5 所示。

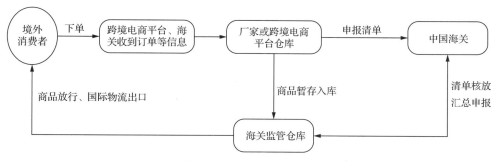

图 6-5　"9610"一般出口通关模式业务流程

"9610"一般出口通关模式通关流程如图 6-6 所示。

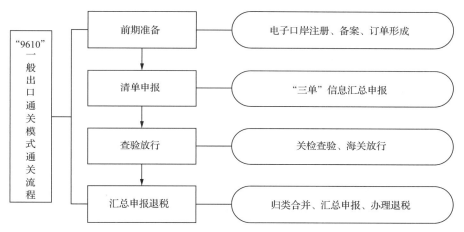

图 6-6　"9610"一般出口通关模式通关流程

（1）前期准备

前期准备包括电子口岸注册、备案和订单形成 3 个步骤。跨境电商企业获得入驻的跨境园区管委会以及当地口岸相关监管部门（海关等部门）认可后，进入电子口岸网站注册并登录，再传输盖有公章的资料给当地电子口岸相关部门。跨境电商企业完成电子口岸注册登记手续后，登录跨境电商通关服务平台，分别进行企业信息和商品信息备案，待海关等部门审批通过后，备案完成。消费者在跨境电商平台上购买并支付后形成订单。

（2）清单申报

物流企业集中各跨境电商企业商品并运至指定监管区域（如国际邮政、国际机场、指定跨境园区），再统一送往机场仓，形成一个航空主运单信息，并将主运单及其对应的小包裹运单信息发送至本地的跨境电商通关服务平台。跨境电商零售出口商品申报前，跨境电商企业或其代理人、物流企业应当分别通过国际贸易"单一窗口"或跨境电商通关服务平台向海关传输交易、收款、物流等电子信息，并对数据真实性承担相应法律责任。跨境电商通关服务平台将接收到的"三单"信息汇总生成清单信息，报关企业在跨境电商通关服务平台中逐项或批量地将清单数据发送至海关进行申报；海关清单核放系统对申报数据按照出境物品进行校验、审核。

（3）查验放行

查验放行包括关检查验和海关放行两个步骤。目前检务部门对一般出口模式实行集中申报、集中办理放行手续，以检疫监管为主，基于商品质量安全的风险程度实施监督抽查。报关企业通过出入境快件检验检疫系统申报检验检疫电子数据，由检务部门系统布控，获取查验单号；货物抵达机场口岸海关监管库，核实货物重量、件数无误后，打印好提单，申请海关关员去监管库抽取查验件，目前抽查比例控制在 1% 左右，查验通过后海关在提单上盖进仓确认章放行。

（4）汇总申报退税

汇总申报退税包括归类合并、汇总申报和办理退税 3 个步骤。跨境电商零售商品出口后，跨境电商企业或其代理人应当于每月 15 日前（当月 15 日是法定节假日或者法定休息日的，顺延至其后的第一个工作日），将上月结关的《申报清单》依据清单表头同一收发货人、同一运输方式、同一生产销售单位、同一运抵地出境关别，以及清单表体同一最终目的地、同一 10 位海关商品编码、同一币制的规则进行归并，汇总形成《中华人民共和国海关出口货物报关单》，向海关申报。海关收到汇总申报后，根据归类商品审批表、报关单归并对应表进行报关信息审核，审核无误后即可放行。海关放行后，报关企业需向海关申请签发报关单出口退税证明联，并转交给跨境电商企业，由跨境电商企业凭报关单出口退税证明联及其他要求的单证向税务部门申请退税。根据现行政策规定，需要退税的跨境电商企业要在海关放行货物后一个月内进行汇总申报。特殊情况需延期报关的，须经海关同意，延期最长不得超过三个月，超过三个月未形成报关单申报的清单，不再办理报关手续。

三、跨境电商"1210"通关模式

1. "1210"网购保税进口通关模式

"1210"网购保税进口通关模式是指符合条件的电商企业或平台与海关联网，电商企业预测市场销售情况，将一些畅销品提前备货到海关特殊监管区域或保税物流中心（B 型）并向海关申报，海关实施账册管理。境内个人网购区内商品后，电商企业或平台将电子订单、支付凭证、电子运单等信息传输给海关，电商企业或代理人向海关提交清单，海关按照跨境电商零售进口商品征收税款，验放后账册自动核销。境内快递公司将商品运送至消费者手中。这种模式比"9610"直购进口通关模式的"到货速度"更快。

"1210"网购保税进口通关模式业务流程如图 6-7 所示。"1210"网购保税进口通关模式通关流程如图 6-8 所示。

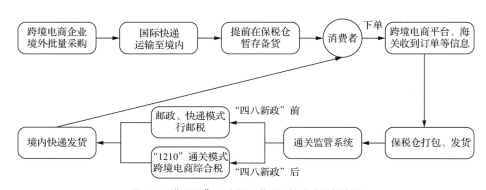

图 6-7 "1210"网购保税进口通关模式业务流程

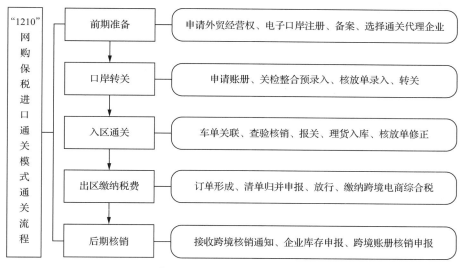

图 6-8　"1210"网购保税进口通关模式通关流程

（1）前期准备

前期准备包括申请外贸经营权、电子口岸注册、备案、选择通关代理企业。跨境电商企业首先需申请并取得外贸经营权，同时获得入驻园区管委会及口岸相关监管部门（海关等部门）认可，签订跨境电商综合服务合同后，到电子口岸网站注册并办理电子口岸卡。企业登录指定的跨境电商通关服务平台网站，进行企业备案与商品备案，待海关等部门审批通过后，备案完成。海关备案企业需到现场验证原件。跨境电商企业选择具备跨境业务报关资质的报关行作为通关代理。

（2）口岸转关

口岸转关包括申请账册、关检整合预录入、核放单录入、转关 4 个步骤。"1210"网购保税进口业务在海关特殊监管区域和保税物流中心（B 型）内开展。跨境电商企业应准备好检务部门需要及海关审批的商品备案明细表，申请账册并申报，申报成功后通知境外供应商发货。境外供应商发货至我国境内口岸，并提供相应的单证（如发票、装箱单、提单等）。货物运抵境内口岸后，代理报关行办理关检整合报关单预录入。海关登录特殊监管区域信息管理系统，录入核放单。按现行监管政策，"1210"网购保税进口货物需按直接转关的方式，从一线入境口岸转关到特殊监管区进行报关。

（3）入区通关

货物运抵保税监管区后，暂时存放在园区内的保税仓库，需在办理二线入区通关手续后才能入库，再在电商平台上架并售卖。

入区通关包括车单关联、查验核销、报关、理货入库、核放单修正 5 个步骤。在转关运输的跨境电商货物进入特殊监管区域前，场站管理人员需要关联进区卡口的运输车辆与核放单，作为车辆进入内卡时放行的依据。运输车辆驶入保税园区后停在场站前，报关行联系园区的海关查验人员办理查验手续，查验完成后，海关核销汽车载货登记簿（白卡）、舱单。查验核销后进行入区报关。报关完成后，保税园区的仓库工作人员进行理货操作，拆开箱子将每件商品贴上条码后放置于保税仓货架。园区海关登录特殊监管区域信息管理系统，根据场站公司理货后形成的货物明细，核对入区前推送的货物数据，修正核放单信息后同步更新至海关端。

（4）出区缴纳税费

出区缴纳税费包括订单形成、清单归并申报、放行、缴纳跨境电商综合税 4 个步骤。货物成功入库后，跨境电商企业将商品上架并销售，在消费者购买商品并支付货款后，跨境电商企业、物流企业、支付企业分别将电子订单、支付凭证以及电子运单发送至"单一窗口"平台，"单一窗口"平台再将这些信息传输给海关和检务部门，形成清单数据。报关行将清单数据导入通关服务系统后，企业登录系统进行清单申报，报关行核实清单数据无误后确认清单，归并申报。审单完成后，仓库工作人员根据订单进行装箱打包，贴上境内物流面单。机检完毕后，在通关服务平台清单查询中查询每一份清单的海关、检务的指令状态，确保每一份清单的状态均为"流水线自动放行"。货物放行后，跨境电商平台企业、物流企业或申报企业作为税款的代收代缴义务人进行跨境电商综合税缴纳。

（5）后期核销

在跨境电商企业销售的商品通过境内物流企业运送到消费者手中后，物流企业将收货信息发送至"单一窗口"平台。之后跨境电商企业需要办理跨境账册的后期核销工作，包括接收跨境核销通知、企业库存申报、跨境账册核销申报。

2. "1210"特殊区域出口通关模式

企业根据境外市场预期提前备货。货物入库后，保税仓工作人员进行收货理货查验后，按照货物的 HS 编码查询具体监管条件进行质检，质检后如果商品不符合标准则进行退货；如果新商品处于试水阶段，则归类为非保税货物，暂存于保税仓非保税区域；如果商品有明确的市场预期则报关入区，贴标装箱等待发货。对于已入区退税商品，境外个人网购后，海关凭清单核放，出区离境后，海关定期将已放行清单归并形成出口报关单。根据订单的主体和运输方式的不同，存在空运、海运出口和快递、小包出口两种出口形式。

"1210"特殊区域出口通关模式业务流程如图 6-9 所示。"1210"特殊区域出口通关模式通关流程如图 6-10 所示。

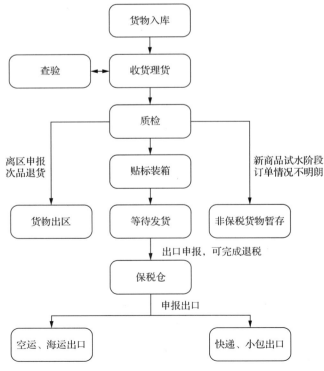

图 6-9 "1210"特殊区域出口通关模式业务流程

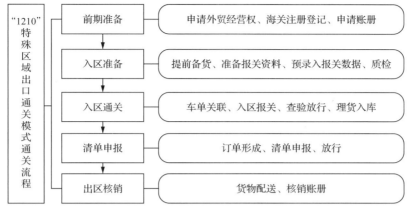

图 6-10　"1210"特殊区域出口通关模式通关流程

（1）前期准备

前期准备包括申请外贸经营权、海关注册登记以及申请账册 3 个步骤。跨境电商企业需事先申请外贸经营权，并在海关注册登记和申请适用于特殊区域的电子账册（如 H 账册），以便海关对特殊区域货物进行监管。

（2）入区准备

入区准备包括提前备货、准备报关资料、预录入报关数据和质检 4 个步骤。跨境电商企业根据境外市场预期，提前备货并整批运进特殊区域。由于特殊区域属于"境内关外"，所以区内电商企业或其代理人作为商品购买方，需进行入区报关；区外电商企业的供货商则需进行出口报关。跨境电商企业报关前需准备好相关单据（如发票、箱单、合同等）。跨境电商企业或其代理人在"单一窗口"平台或保税区园区系统预录入报关数据。一般商品在出口贸易中不需质检，少数商品需要质检（可按照货物的 HS 编码查询具体监管条件）。

（3）入区通关

入区通关包括车单关联、入区报关、查验放行和理货入库 4 个步骤。商品入区前，需办理车单关联手续，以便园区监管。商品进入特殊区域时，跨境电商企业或其代理人将《中华人民共和国海关进（出）境货物备案清单》传输给海关审核，并进行入区报关。车辆入区时，卡口凭《入区核放单》验放。商品入区后，园区海关查验通过后放行。放行后，仓储工作人员理货入库。

（4）清单申报

清单申报包括订单形成、清单申报以及放行 3 个步骤。商品存入保税仓后，跨境电商企业开始在平台上销售，用户下单并支付后，跨境电商企业、支付企业、物流企业向海关发送电子订单、支付凭证及电子运单等信息。跨境电商企业或其代理人根据"三单"信息生成《中华人民共和国海关跨境电商零售进出口商品申报清单》并传输给海关，海关审核无误后放行。

（5）出区核销

出区核销包括货物配送和核销账册两个步骤。仓库根据订单、运单信息，汇集同一目的地的商品，装箱打包贴面单后，交由跨境物流企业运往境外。在试点城市的综合试验区范围内，商品出境后不需汇总申报，但需核销前期申请的园区账册。

四、跨境电商"9710"和"9810"通关模式

1. "9710"跨境电商 B2B 直接出口模式

"9710"跨境电商 B2B 直接出口模式，适用于跨境电商 B2B 直接出口的货物。它具体是指境内企业通过跨境电商平台开展线上商品、企业信息展示并与境外企业建立联系，在线上或线下完成沟通、下单、支付、履约流程，实现货物出口的模式。

"9710"跨境电商 B2B 直接出口的申报要求如下。企业申报前需上传交易平台生成的在线订单截图等交易电子信息，并填写收货人名称、货物名称、件数、毛重等在线订单内的关键信息。提供物流服务的企业应上传物流电子信息。代理报关企业应填报货物对应的委托企业工商信息。在交易平台内完成在线支付的订单可选择加传其收款信息。

"9710"跨境电商 B2B 直接出口的交易流程主要涉及跨境电商出口经营者、跨境电商 B2B 平台企业（境内 B2B 平台或境外 B2B 平台）、物流企业、出口代理、外贸综合服务企业、跨境电商综合服务平台、境外企业等参与主体。其具体出口流程如图 6-11 所示。

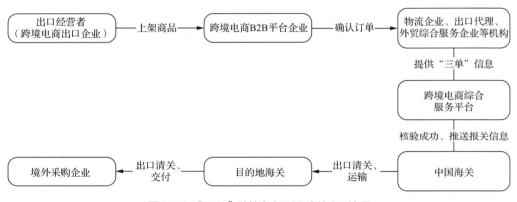

图 6-11 "9710"跨境电商 B2B 直接出口流程

"9710"跨境电商 B2B 直接出口的优势主要如下。

（1）降低中小微企业参与国际贸易的门槛。在传统外贸业态中，中小微企业或者个人因规模小、资金不足，很难获得相应的进出口资质，因此很难独自参与到国际贸易中，只能借助外贸代理商实现进出口，需承担较高资金成本和风险。而且中小微企业通常只生产中间商品，无法及时与终端客户沟通，获得市场有效反馈，从而丧失了建立自身品牌和高溢价的可能性。现阶段，跨境电商 B2B 平台将碎片化、小单化、移动化的贸易流程变得十分简明，操作起来更加容易。中小微企业和个人可以通过跨境电商 B2B 平台寻找全球各地的买家，从而极大地降低其参与全球贸易的门槛。

（2）有利于获得新外贸用户。跨境电商 B2B 改变了过去"工厂—外贸企业—境外商贸企业—境外零售企业—消费者"的贸易链条，使境内出口企业能够直接对话境外消费者和小企业这两大新客群，进而使中国成为支撑全球卖家的定制化供应链服务中心。

（3）有利于抢占新市场。当前，东盟、中东、非洲、拉丁美洲等已经成为跨境电商快速增长的新兴市场，中小外贸企业通过跨境电商平台能够平等参与到新兴市场竞争中，凭借中小外贸企业灵活的供应链，能够较快适应新兴市场的个性化消费情况，获得新的市场空间。

（4）有利于衍生新服务。在新的贸易链条中，境外采购商的需求已经从单一的商品采购需求衍生为包括品牌策划、商品设计、营销推广、物流服务在内的综合服务需求，为境内工厂、贸易企业拓展了新的利润提升空间。

2. "9810"跨境电商出口海外仓模式

"9810"跨境电商出口海外仓模式，适用于境内企业先将出口货物通过跨境物流送达海外仓。"9810"跨境电商出口海外仓模式是指境内企业通过跨境物流将货物以一般贸易方式批量出口至海外仓，经跨境电商平台完成线上交易后，货物再由海外仓送至境外消费者的一种货物出口模式，即跨境电商 B2B2C 出口。

"9810"跨境电商出口海外仓的申报要求如下。企业申报前需上传海外仓委托服务合同等海外仓订舱单电子信息，并填写海外仓地址、委托服务期限等关键信息。出口货物入仓后需上传入仓电子信息，并填写入仓商品名称、入仓时间等关键信息。代理报关企业应填报货物对应的委托企业工商信息。企业申报的"三单"信息应为同一批货物信息（单证1：申报清单、物流单；单证2：交易订单、海外仓订舱单；单证3：物流单）。申报企业应对上传的电子信息、填报信息的真实性负责。

"9810"跨境电商出口海外仓的交易流程主要涉及跨境电商出口企业、物流企业、外贸综合服务企业、公共海外仓经营企业、跨境电商 B2C 平台企业（境内或境外 B2C 平台）、境外物流企业、境外消费者等参与主体。其具体出口流程如图 6-12 所示。

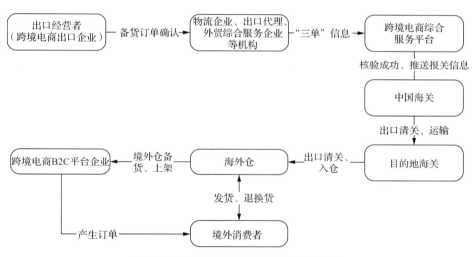

图 6-12 "9810"跨境电商海外仓出口流程

跨境电商海外仓出口的本质是跨境电商 B2C 零售出口的升级演变，通过海外仓的前置备货，使商品更快送达境外消费者手中。其目的是更高效地服务境外消费者，提高跨境电商零售出口整体运行效率。"9810"跨境电商出口海外仓的优势具体如下。

（1）配送时效提升 70% 以上。跨境物流的链条相对较长，主要环节包括境内物流、境内海关、境外海关、境外物流等，即便在空运物流形式下，通常也需要 15 天左右的时间才能将商品送达消费者手中，且要面临破损率高、旺季拥堵等风险。B2B2C 出口模式下，商品到达消费者手中只需要经历境外物流一个环节，其他环节都已经前置完成，这能够大大缩短物流时间，甚至能够实现当日达、次日达，同时破损丢包率也有效降低，消费者购买体验大幅提升，从而促进消费者复购。

（2）销售量提升 20% 以上。商品进入海外仓后，在跨境电商平台中，商品所在地即为本地，境外消费者在选购商品时，为缩短收货时间，通常会优先选择当地发货的商品，因此 B2B2C 出口模式有助于提高销售量。此外，B2B2C 出口模式下，物流时间大幅缩短，使得由物流时间过长和物流信息不及时导致的物流纠纷明显减少，对于商品交易量提高和快速回款都有明显助益。

（3）物流成本更低。跨境电商 B2C 直邮出口以邮政小包为主，其物流通常采用航空客带货方式。近年来，e 邮宝价格逐年上涨。而 B2B2C 出口模式是先将商品以一般贸易方式批量出口到海外仓，物流方式通常以海运为主，成本相对更低。以 3C 数码商品为例，B2C 直邮运费约为 120 元人民币，B2B2C 海运至海外仓运费则约合 60 元人民币。更低的物流成本意味着出口企业可以拥有更高的利润。

（4）售后更有保障。B2C 模式下，商品发生退换货问题时，由于再发货成本过高和时间过长，大多数跨境电商企业会退单，而商品通常在本地进行销毁、废弃；即便是换货，也大概率会导致境外消费者的负面评价，售后体验较差。B2B2C 出口模式下，跨境电商企业通过海外仓可以对商品进行有效的退换货处理，退换的商品也可以通过海外仓进行维修和二次包装，或批量复运回境内进行维修，给消费者带来更高品质的售后服务保障。

第三节　跨境电商通关平台

一、跨境电商通关服务平台——跨境一步达

1. 产生背景

跨境一步达，是国家发改委、海关总署首批认定的跨境电商通关服务平台，是浙江电子口岸协同杭州海关、国家外汇管理局浙江省分局、国家税务总局浙江省税务局、中国（杭州）跨境贸易电子商务产业园、杭州空港（萧山）跨境贸易电子商务产业园和杭州经济技术开发区跨境贸易电子商务产业园协同建设的杭州跨境贸易电子商务服务试点一站式平台，旨在打破跨境电商"关、税、汇、检、商、物、融"之间的信息壁垒，建成产业园区的"单一窗口"平台。

2012 年 2 月 6 日，国家发改委、海关总署等 8 个部委办公厅下发《关于促进电子商务健康快速发展有关工作的通知》（发改办高技〔2012〕226 号），指出："研究跨境贸易电子商务便利化措施，提高通关管理和服务水平。海关总署牵头，组织利用各示范城市的地方电子口岸平台资源，推动地方电子口岸开展跨境贸易电子商务服务，并在相关示范城市组织开展试点。"

2012 年 5 月 8 日，国家发改委办公厅下发《国家发展改革委办公厅关于组织开展国家电子商务示范城市电子商务试点专项的通知》（发改办高技〔2012〕1137 号），指出："针对以快件或邮件方式通关的跨境贸易电子商务存在难以快速通关、规范结汇及退税等问题，由海关总署组织有关示范城市开展跨境贸易电子商务服务试点工作。重点支持电子口岸建设机构完善跨境贸易电子商务综合服务系统，外贸电子商务企业建立在线通关、结汇、退税申报等应用系统。研究跨境电子商务相关基础信息标准规范、管理制度，提高通关管理和服务水平。"

2013 年，全国首个跨境贸易电子商务产业园——中国（杭州）跨境贸易电子商务产业园下城区开园，意味着杭州跨境贸易电子商务服务试点工作取得了阶段性成果，是试点工作成功迈出的第一步。2013 年 5 月 20 日，浙江电子口岸建设的"跨境一步达"网站正式上线。2013 年 7 月 25 日，浙江电子口岸建设的"电子口岸跨境一步达"微信公众号正式上线。

2. 阳光服务，一步即达

跨境一步达平台已入驻天猫国际、京东全球购、顺丰海淘、考拉海购、银泰网、中外运、EMS、顺丰、支付宝、连连支付、财付通等数十家大型电商平台，并在杭州海关、国家外汇管理局浙江省分局、浙江省税务局、中国（杭州）跨境贸易电子商务产业园、杭州空港（萧山）跨境贸易电子商务产业园和杭州经济技术开发区跨境贸易电子商务产业园的协同管控下运行，

是一个功能完备、便利高效、阳光运行、规范健康的公共服务平台。

跨境一步达平台运用电子商务产业园的政策优势，采取直邮（一般进口）或备货（保税进口）模式，在进口报关、检验检疫、网上销售环节，经过全程阳光监管，避免传统海淘市场混乱、假冒伪劣商品充斥、商品追溯难等问题出现。商品依法入境销售，商品可溯源，品质更有保证。

跨境一步达平台所提供的服务为消费者带来了以下便利。

（1）商品认证

跨境一步达平台上的商品，是由杭州跨境贸易电子商务试点商家从境外采购的。它们以一般贸易方式批量进境并存储在杭州保税区，再由杭州保税区实行"境内关外"运作方式，统一进行派送。每批次货物出关前都经过杭州海关的抽查、检验检疫，确保每一件运送到消费者手中的跨境商品都是正宗进口、品质有保证的。

（2）精选商品

跨境一步达平台为消费者精选并优先推荐保税区发货、价格更具竞争力的海淘热销商品。

（3）状态跟踪

相关人员通过跨境一步达平台可以实时掌握包裹运输状态，轻松查看海关清关、境内发货收货状态。

（4）税单查询

相关人员在跨境一步达平台上可以在线查询并打印海淘税单及个人物品申报单。个人物品申报单示例如图6-13所示。

申报单详情					
申报单编号：	299820149000××××	进口口岸：	杭州海关	进口日期：	2014-04-01
申报单位：	演示申报电商	电商企业：	演示电商	仓储：	演示物流公司
起运地：	雅加达	抵运地：	杭州	发件人：	Mark
发件国：	印度尼西亚	发件城市：	雅加达	收件人：	张三
申报件数：	1	毛重（KG）：	0.5	净重（KG）：	0.4
申报金额：	999				

物品信息									
序号	行邮税号	物品名称	货号	商品规格型号	产销国	申报单价	申报数量	申报总价	币制
1	××××	纯铜手链	0101101010	规格	印度尼西亚	999	1	999	人民币

图6-13 个人物品申报单示例

（5）产地追溯

扫码溯源如图6-14所示。对于从跨境一步达平台上购买的商品，我们可扫码溯源，准确追溯商品的起运地、装载港，验明货物来源。

3. 商家服务

（1）当前进出口电商的困境

由于进口电商未被纳入进口货物通关模式的适用范围，境内电商在境外进行商品采购后，面临着难以进行付汇，商品国际配送周期长且主要采用空运方式导致物流成本较高等困境。出口电商面临的困境如下：

图6-14 扫码溯源

电子商务品类繁多、出货频率高，每批次的交易以单件为主，正常报关会产生巨额报关费用；无法正常结汇；无法正常退税等。

（2）跨境一步达平台服务解决方案

针对跨境电商进口，跨境一步达按照海关总署2014年第56号、第57号监管要求，全面支持"直邮进口"和"保税进口"模式，以"快速通关、便捷服务"为目标，引导境内消费者通过"阳光"通道进行跨境网购活动，实施全程电子化管理，实现商品溯源。

针对跨境电商出口，跨境一步达利用信息化手段优化通关流程，符合跨境贸易电商（"9610"）海关监管方式，通过"清单核放、汇总申报"的业务模式，解决小额跨境贸易电商企业存在的难以快速通关、规范结汇及退税等问题。

二、跨境电商综合服务平台——阿里巴巴一达通

1. 产生背景

阿里巴巴一达通（以下简称"一达通"）是阿里巴巴旗下外贸综合服务平台，是服务于中小企业的外贸综合服务行业的开拓者，致力于推动传统外贸模式的革新。它通过线上化操作及建立有效的信用数据系统、整合各项外贸服务资源和银行资源，为中小企业提供专业、低成本的通关、外汇、退税、配套物流和金融服务。

其由深圳市一达通企业服务有限公司创建，是国内第一家面向中小企业的进出口流程外包服务平台，通过互联网（IE+IT）一站式为中小企业和个人提供通关、物流、外汇、退税、金融等所有外贸交易所需的进出口环节服务。

2003年，它与中国银行深圳分行合作，开发出国内第一个进出口资金监管系统。

2008年，它与中国银行深圳分行联合开发出业内第一个贸易融资系列产品——"外贸融资易"，并首创国内设置中国银行外汇结算网点，为中小企业外贸的出口退税、进口开证和出口信用证打包贷款提供无担保、无抵押、零门槛的融资信贷服务。

2011年，它与中国银行深圳分行联合推出"中小企业外贸通宝"系列融资产品，无须任何抵押和担保。

2012年，它与阿里巴巴联合推出"一达通数据服务"，是全国首创的第三方数据认证平台，被国家发改委列为国家电子商务试点平台。截至2012年年底，一达通服务中企业客户突破10 000家，年进出口总额突破20亿美元，在全国一般贸易出口企业百强榜中排名第九。

2013年，一达通全自助在线服务平台上线；2013年1月的最后一周，其每天进出口额超过2 000万美元，一周内完成了1亿美元的进出口额。

2014年，阿里巴巴集团全资收购一达通，并将一达通列为阿里巴巴打造外贸生态圈的重要组成部分。基于这些贸易大数据，阿里巴巴开始打造信用保障体系，为境外卖家的生意保驾护航。

2. 外贸综合服务

一达通提供一站式外贸综合服务，产品包括基础服务和增值服务。

（1）基础服务

基础服务存在两种形式：一种是出口综合服务"3+N"，"3"指代通关、外汇和退税服务；另一种是出口代理服务"2-N"，"2"指代通关和外汇服务。一达通基础服务页面如图6-15所示。

图 6-15　一达通基础服务页面

① 通关服务。以一达通的名义完成全国各口岸海关、商检的申报。

② 外汇服务。中国银行首创在一达通设置外汇结算网点，提供更方便、快捷的外汇结算服务。用户直享外管 A 级资质待遇，可灵活选择结汇时间。外汇服务亦可为用户提供外汇保值服务，提前锁定未来结汇或购汇的汇率成本，防范汇率波动风险。

③ 退税服务。为企业与个人正规、快速办理退税，加快资金周转，同时提供个性化的退税融资服务，满足不同类型企业的退税融资需求。

出口综合服务与出口代理服务的具体服务内容及差异如表 6-2 所示。

表 6-2　　　　　　　　出口综合服务与出口代理服务的具体服务内容及差异

项目	出口综合服务	出口代理服务
基础服务	通关、外汇、退税	通关、外汇
准入条件	1. 出口商品非一达通出口综合服务禁止操作商品 2. 出口商品开票人须为生产型一般纳税人企业且满足特定要求。例如，浙江省企业须符合一般纳税人工厂资质，具备出口商品的生产线，具备最后加工的环节，且开票人须为一般纳税人且一般纳税人认定时间需满 6 个月	1. 出口商品非一达通出口代理服务禁止操作商品 2. 企业须具有出口退（免）税资格认定
税务操作	一达通代为退税	1. 用户办理委托出口货物证明 2. 一达通办理代理出口货物证明 3. 用户自行进行退（免）税申报
垫付退税条件	同时满足下述 3 个条件后，在 3 个工作日内，一达通可先行垫付退税金额给实际开票方 1. 外汇款收齐 2. 若为一达通报关，报关放行即可；若为客户自行报关，则结关状态需为已结关 [备注：实施启运港退税政策的出口货物暂时仍需要提供纸质出口货物报关单证明联（出口退税专用），主要为南京市龙潭港、苏州市太仓港、连云港市连云港、芜湖市朱家桥港、九江市城西港、岳阳市城陵矶港、青岛市前湾港、武汉市阳逻港 8 个港口] 3. 增值税发票核票无误	无

（2）增值服务

① 金融服务

a. 网商流水贷。网商流水贷面向使用一达通出口基础服务的用户，由阿里巴巴联合多家银行共同推出。它以一达通外贸综合服务平台的用户出口数据为授信依据，零抵押，零担保，简化了传统线下的复杂授信调查，申请人只要同时满足是企业法定代表人或个体工商户负责人、企业工商注册时间满半年，是阿里巴巴国际站付费会员或一达通会员3个条件便可申请网商流水贷。

b. 超级信用证。超级信用证由阿里巴巴专家团队审证、制单、交单，规避信用证软条款和不符点，同时对开证国家和银行做风险资质专业评估，全面把控风险。出货后，用户还可申请100% 买断服务，将风险转让给阿里巴巴，提前收汇。

c. 备货融资。备货融资是阿里巴巴联合网商银行推出的基于信用保障订单的低息短期贷款服务，可以满足出口商备货期间的生产、采购资金需求，提高企业接单能力。用户在信用保障订单收齐预付款（或收到信用证正本）后即可申请放款，且支持企业／个人账户收还款。

② 物流服务

一达通可以完成全国各口岸海关、商检的申报。它具有海关顶级资质，享受绿色通关通道，提供跨境物流、海运整柜和拼箱、跨境快递仓到仓和门到门、集港拖车等服务。一达通可实现在线查询船期、订舱操作，费用透明。

3. "一拍档"服务

"一拍档"即一达通的帮档，是阿里巴巴一达通基于外贸综合服务平台，为完善外贸服务生态而探索的新模式。该模式旨在使外贸生态链条上的各类第三方服务企业（如货代、外贸进出口代理、报关行、财税公司等）成为阿里巴巴一达通紧密的合作伙伴，为一达通用户提供本地化、贴身化、个性化的低成本出口配套服务。

（1）服务范围

"一拍档"的服务范围包括为用户提供使用一达通出口通关、结汇、退税、金融、物流等服务的相关咨询及制单、下单、跟单等外贸服务，同时在这些过程中，合作伙伴可根据自己的业务优势提供配套的物流定制、指导办理商检等个性化定制服务，为用户提供更加系统的外贸服务。

（2）操作模式

① 一达通操作方面的咨询及实际操作由"一拍档"承接，用户需要线上绑定"一拍档"并线上确认服务费，具体费用线下用户自行结算给"一拍档"。若用户需要代操服务费发票，则"一拍档"应根据其在外贸服务市场的发票说明向用户开具。

② "一拍档"服务协助解决用户关于阿里巴巴产品的问题（如一达"3+N"、CGS、网商流水贷、P4P 等），一达通运营顾问和用户经理也协助"一拍档"解决同类问题。

③ "一拍档"服务自营模式下的代理服务方式保持不变，但发票抬头和收款账号统一换成一达通。

三、中国（杭州）跨境电商综合试验区——"六体系两平台"

1. 产生背景

2013 年，我国电子商务交易额约 10 万亿元，首次超过美国，成为世界电子商务第一大国。

同年，国家将杭州列为首批跨境电商贸易试验区和电子商务示范区。同年12月，杭州市人民政府和阿里巴巴集团签订了战略合作协议，欲打造全球电子商务总部，并希望把总部设在杭州，因为这是建立杭州综合试验区的基础。

2014年，浙江省跨境电商发展迅速并取得了突破性进展，跨境电商成为浙江新的外贸出口增长点。依托良好的电商发展环境和丰富的市场商品资源，杭州、金华和义乌等地逐渐成为浙江省跨境电商出口的先发优势地区。中国（杭州）跨境贸易电子商务产业园在全国5个试点城市率先正式开园运营，金华、义乌把发展电商作为政府工作的一号工程，全省跨境电商初步形成几大战略平台，地区集聚效应优势凸显。特别是拥有47万家网络经营主体，电商交易额居全国城市首位的杭州，其发展优势令人瞩目。

2015年3月7日，国务院同意设立中国（杭州）跨境电商综合实验区。自2015年3月以来，我国又先后在天津、上海、重庆、合肥、郑州、广州、成都等城市多批次设立了跨境电商综合试验区。截止2022年12月，全国共有165个跨境电商综合试验区。

综合试验区建设要着力在跨境电商交易、支付、物流、通关、退税、结汇等环节的技术标准、业务流程、监管模式和信息化建设等方面先行先试，通过制度创新、管理创新、服务创新和协同发展，破解跨境电商发展中的深层次矛盾和体制性难题，打造跨境电商完整的产业链和生态链，逐步形成一套适应和引领全球跨境电商发展的管理制度和规则，为推动全国跨境电商健康发展提供可复制、可推广的经验。

2.　"六体系两平台"

杭州综合试验区的主要任务是建立以信息为基础、以信用为核心、以技术为支撑的跨境电商新型监管服务模式，实现跨境电商自由化、便利化、规范化发展。杭州综合试验区通过构建"六体系两平台"，即信息共享体系、金融服务体系、智能物流体系、电商诚信体系、统计监测体系和风险防控体系，以及线上"单一窗口"平台和线下"综合园区"平台，实现跨境电商信息流、资金流、货物流"三流合一"，有机融合"线上交易自由"与"线下综合服务"，建立以真实交易为基础的电商信用评价体系，对企业或商品实施分类分级监管，简化优化监管流程，并依托大数据的分析运用，提供金融、物流等供应链综合服务。

以下是杭州综合试验区"六体系两平台"的重点成果（见图6-16）。

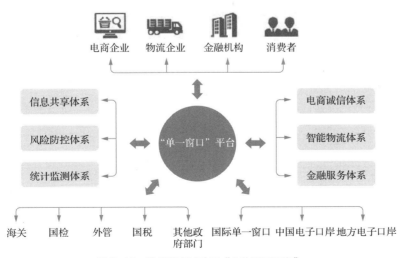

图6-16　杭州综合试验区"六体系两平台"

（1）信息共享体系

杭州综合试验区通过建立统一信息标准规范、信息备案认证、信息管理服务，构建"单一窗口"平台，打通了"关""税""汇""检""商""物""融"之间的信息壁垒，实现了监管部门、地方人民政府、金融机构、电子商务企业、物流企业之间的信息互联互通，为跨境电商信息流、资金流、货物流的"三流合一"提供了数据技术支撑。

杭州综合试验区制定了全国首个跨境电商 B2B 出口认定标准、申报流程，使企业负责人员只需单击鼠标，便可轻松完成报关、报检、退税、结汇等流程。目前，在杭州报关的企业已实现直接从上海、宁波、厦门、天津等口岸出口，报关企业可"一地注册、全国报关"，企业出口货物申报时间从 4 小时缩短至平均 1 分钟。另外，"单一窗口"平台已经实现与阿里巴巴、中国制造网、大龙网、敦煌网四大跨境电商 B2B 平台的数据对接。

（2）电商诚信体系

杭州综合试验区构建跨境电商信用数据库和信用评价系统、信用监管系统、信用负面清单系统等"一库三系统"，从企业外部环境、企业资质、经营管理、历史信用记录、发展前景、企业财务状况、企业实体考察这 7 个方面出发，结合政府部门数据，构建跨境电商信用评级指标体系；整合产品上下游供应链，与跨境电商企业共建跨境电商溯源体系。

（3）智能物流体系

杭州综合试验区运用云计算、物联网、大数据等技术，充分利用现有物流公共信息平台，构建互联互通的物流智能信息系统、衔接顺畅的物流仓储网络系统、优质高效的物流运营服务系统等，实现物流供应链全程可验可测可控，探索建立高品质、标准化、规范化的跨境电商物流运作流程，形成布局合理、层次分明、衔接顺畅、功能齐全的跨境物流分拨配送和运营服务体系。

杭州综合试验区整合跨境物流资源，实现运能最大化：通过增加新航线、新设接转专线、增加来往卡班、使用水陆空联运等方式，延长长三角区域城市和综合试验区跨境园区的一体化物流通道；建设机场航空物流平台，实现与航空公司、海关系统以及部分货代系统的互联互通，航空物流相关节点实现管理全程信息化；出台海外仓扶持政策，积极与国际龙头企业合作，推进跨境物流项目建设。

（4）金融服务体系

杭州综合试验区鼓励金融机构、第三方支付机构、第三方电子商务平台、外贸综合服务企业之间规范开展合作，利用跨境电商信息可查询、可追溯的特点，为具有真实交易背景的跨境电商交易提供在线支付结算、在线融资、在线保险等完备便捷、风险可控的一站式金融服务。

杭州综合试验区联合中国出口信用保险公司浙江分公司推出"跨境保"产品，开展跨境电商线上融资及担保方式创新试点，为跨境电商企业量身定做收款安全保障方案；联合中国建设银行设立"跨境电商金融中心"，并率先与杭州综合试验区"单一窗口"平台进行数据对接，提供账户管理、支付结算、结售汇、监管信息报送等标准化服务；简化名录登记手续，电商企业通过综合试验区"单一窗口"平台一次性办理国家外汇管理局名录登记；简化个人电商开立外汇结算账户程序，使境内个人电商在"单一窗口"平台备案后即可开立外汇结算账户，不受个人年度等值 5 万美元结售汇总额限制。

（5）风险防控体系

杭州综合试验区建立风险信息采集机制、风险评估分析机制、风险预警处置机制、风险复查完善机制，以流程节点风险防控为重点，开展跨境电商全流程的专业风险分析，有效防控其非真实贸易洗钱的经济风险，数据存储、支付交易、网络安全的技术风险，以及产品安全、贸易摩擦、主体信用的交易风险，为政府监管提供有效的技术支撑、决策辅助和服务保障。

杭州市人民政府出资与阿里巴巴集团合作共建跨境电商信用保障资金池，为供应商背书，引导企业通过诚信经营积累信用，为4 000多家杭州企业提供超过8.5亿美元的信用保障额度。杭州综合试验区联合金融机构搭建符合跨境电商特点的金融账户体系；对接杭州市市场监管局征信系统，依据企业诚信记录，从源头监控企业主体风险；与杭州市公安局合作，对消费者个人信息进行印证与追溯，确保市场交易主体的真实性；发挥阿里巴巴的平台作用，建立境外买家征信体系，并将物流、验货等跨境环节纳入风险防控体系；针对跨境电商产业快速发展过程中暴露的纠纷等问题，联合杭州市中级人民法院组建中国首个"互联网法庭"，通过法律手段加大风险监管力度，探索争端解决机制；建立跨境电商商品质量安全国家（杭州）监测中心，将国际"互认机制、采信机制、追溯机制、预检机制"应用于进口敏感产品的监管实践，把控产品质量安全风险，并率先制定全国首个与跨境电商有关的地方性法规《杭州市跨境电子商务促进条例》。

（6）统计监测体系

杭州综合试验区利用大数据、云计算技术，对各类平台的交易、物流、支付等海量数据进行分析处理与运用，建立跨境电商大数据中心，实现跨境电商数据的交换汇聚；发布"跨境电商指数"，建立健全跨境电商统计监测体系，完善跨境电商统计方法，为政府监管和企业经营提供决策咨询服务。

（7）"单一窗口"建设

"单一窗口"坚持"一点接入"原则，建立数据标准和认证体系，与海关、检验检疫、税务、外汇管理、商务、工商、邮政等政府部门进行数据交换和互联互通，实现政府管理部门之间"信息互换、监管互认、执法互助"，实现通关全程无纸化，提高通关效率，降低通关成本。同时，通过连接金融、物流、电商平台、外贸综合服务企业等，为跨境电商企业和个人提供物流、金融等供应链商务服务。

杭州综合试验区已完成"单一窗口"平台建设、数据支撑、业务应用三大类共计30多项模块开发并投入使用。杭州综合试验区对于纳入"单一窗口"的外贸综合服务企业、符合要求被评定为一类或二类的出口企业，使用增值税专用发票认证系统进行信息审核、办理退税，之后再用稽核信息进行复核；对出口退税实行"无纸化管理"，企业进行出口退（免）税正式申报时，只需提供通过税控数字证书签名的正式电子数据，原规定向主管税务机关报送的纸质凭证和纸质申报表留存企业备查。

（8）综合园区建设

杭州综合试验区采取"一区多园"的布局方式，目前共建成上城、下城、江干、拱墅、西湖、滨江、临安、余杭等14个跨境电商园区，总面积达339万平方米，已基本形成"一核、一圈、一带"总体布局。跨境电商B2C领域集聚了速卖通、天猫国际、苏宁易购、母婴之家、考拉海购、银泰网等跨境电商零售进出口企业；B2B领域除阿里巴巴国际站外，敦煌网、大龙网等跨境电商B2B平台也落户杭州；综合服务领域集聚了一达通、融易通、王道青云等外贸综合服务企业，顺丰速运、EMS、中国外运、菜鸟、富垣昌等报关及仓储物流供应链企业，支付宝、财付通、顺手付、连连支付、PingPong等第三方支付企业，以及跨境代运营、大数据运营等第三方服务企业。综合园区有效承接线上"单一窗口"平台功能，优化配套服务，促进跨境电商线上平台和线下园区的联动发展，打造跨境电商完整的产业链和生态链。

━━━ **案例分析** ━━━

开放格局："智慧口岸"的跨境通关物流链更畅通

为进一步打造市场化、法治化、国际化一流营商环境，海关总署部署启动促进跨境贸易便利化专项行动，在 17 个口岸城市集中开展为期 5 个月的专项行动。目前，在推动口岸数字化转型、促进外贸产业升级、提升跨境通关物流链安全畅通水平、清理规范进出口环节合规费用等 5 个方面均取得了明显成效。

"智慧口岸"建设得到进一步深化。国际贸易"单一窗口"在推动口岸数字化转型方面发挥着重要作用，一方面海关总署持续拓展"单一窗口"基本功能，加强部门间信息共享和业务联动，另一方面各地结合实际，不断丰富"单一窗口"的地方特色服务。

进一步支持外贸产业升级，推进新业态健康持续发展。在监管方面，积极探索推进海关监管模式创新；优化跨境电商海关监管，支持海外仓建设与跨境电商出口拼箱发展。在制度方面，支持试点口岸建立进口药品"白名单"制度，优化简化企业"白名单"药品通关手续。

跨境通关物流链安全畅通水平显著提升。在国内国际双循环背景下，海关深化区域物流一体化发展，助力内外贸货物同船运输发展；积极促进中欧班列、西部陆海新通道等跨境班列发展；推进港航物流类作业单证无纸化电子化。此外，目前粤港澳大湾区"组合港""一港通"已覆盖广东省主要港口城市，享惠企业超过 6 000 家，全程只需要"一次报关、一次查验、一次放行"，可实现 24 小时运输不停歇。

清理规范进出口环节合规费用，为企业减负增效。今年以来，相关部门持续推进口岸收费目录清单公示制度并动态更新；同时，继续推进免除海关查验没有问题的外贸企业吊装、移位、仓储费用试点工作。

"改革的目的在于给企业带来扎扎实实的红利。"此轮专项行动还通过优化企业信用管理、提高 RCEP 证书签发效率、完善政府部门与商界沟通机制等方式提升广大企业的获得感和满意度。

（资料来源：学习强国—经济日报）

讨论题：此次促进跨境贸易便利化专项行动给跨境货物的通关带来了哪些便利？

━━━ **本章小结** ━━━

通过对本章的学习，我们对跨境电商通关有了比较全面的认识，先是了解了海关的任务、管理体制等基本内容，然后了解了跨境电商"9610""1210""9710""9810"通关模式的特征、适用对象及流程，最后了解了跨境一步达、阿里巴巴一达通等不同跨境电商平台的产生背景、功能及特色服务。

━━━ **习题** ━━━

一、名词解释

海关　通关　两步申报　"9610"海关监管方式　"9710"海关监管模式　"1210"海关监管方式　"1239"海关监管方式

二、选择题

1. 按照法律规定，以下不列入报关范围的是（　　　）。
   A. 进出境运输工具　B. 进出境货物　　　C. 进出境物品　　　D. 进出境旅客
2. 以下不属于海关跨境电商监管方式的是（　　　）。
   A. "9610"　　　　　B. "0110"　　　　　C. "1210"　　　　　D. "1239"
3. 海关的任务包括（　　　）。
   A. 监管　　　　　　B. 征税　　　　　　C. 查缉走私　　　　D. 编制海关统计
4. 跨境电商网购保税进口模式下，输入报关单内容时，"监管方式"栏应输入（　　　）。
   A. 一般贸易　　　　　　　　　　　　　B. 保税区进出境仓储、转口货物
   C. 保税电商　　　　　　　　　　　　　D. 电子商务
5. 跨境电商零售进出口商品向海关申报的"三单"包括（　　　）。
   A. 装箱单　　　　　B. 支付单　　　　　C. 订单　　　　　　D. 运单
6. 阿里巴巴一达通所提供的基础服务中的出口综合服务包括（　　　）。
   A. 通关　　　　　　B. 外汇　　　　　　C. 退税　　　　　　D. 融资

三、主观题

1. 请简述海关的任务。
2. 请简述分类通关改革经历了哪几个阶段。
3. 请简述跨境电商的通关模式。
4. 请简述直购进口模式的通关流程。
5. 请阐述跨境电商通关服务平台与跨境电商线上综合服务平台的异同。
6. 请阐述杭州综合试验区的"六体系两平台"的具体内容。

知识点拓展

知识点 6-1：
关境和国境

知识点 6-2：
天津通关
便利化

知识点 6-3：
跨境通关
物流链

知识点 6-4：
商品通关流程

知识点 6-5：
网购保税进口

知识点 6-6：
保税仓库

知识点 6-7：
智慧海关

知识点 6-8：
海关通关举措

第七章
跨境电商大数据分析

知识结构图

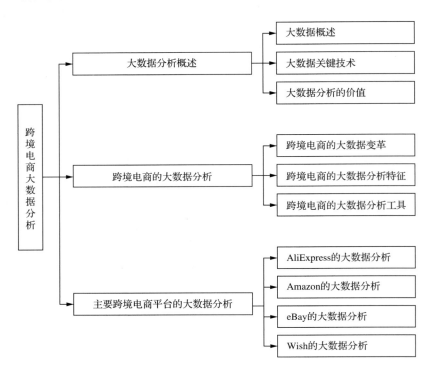

学习目标

知识目标

1. 掌握大数据的定义。

2. 理解大数据分析如何创造商业价值。

3. 掌握跨境电商的大数据变革。

4. 了解跨境电商的大数据分析工具及如何利用这些工具分析各平台的数据。

价值目标

1. 学习大数据分析和应用场景的搭建，了解技术创新对跨境电商平台的影响和作用，树立创新意识。

2. 学习大数据分析工具的使用方法，树立保护数据、网络隐私的意识，以及正确使用信息技术的意识。

人工智能与大数据如何改变跨境电商？

目前，人工智能（Artificial Intelligence，AI）已经呈井喷式发展，众多国家及公司纷纷备战人工智能，各个国家都希望自己能在未来的人工智能市场中占有一席之地。现在，AI已经进入电商行业，这也是电商行业的一次创新。例如，某公司旗下的电商平台美图美妆上线AI测肤功能，正式宣告平台成功应用AI。美图美妆的后台有很多工作人员及相关专家，他们根据大数据及AI分析出来的相关数据提出相应的建议。美图美妆AI测肤功能的成功代表AI进入电商行业已经取得了成功。

AI跨境电商时代已经来临，人工操作也将成为过去式。在最近几年，跨境电商纷纷出现在人们的视野中，市场上各种软件的出现也在提醒人们：在不远的将来，人工操作将会被淘汰。京东上市的无人快递车——机器人凭借京东后台的大数据及AI技术，能准确地定位客户的地址并方便快速地将快递送货上门。

eBay大中华区CEO林奕彰表示："未来跨境电商的发展，关键是人才。"这就意味着，人的思维将会在很大程度上决定AI的发展方向。相信在不远的将来，在大数据及AI的时代，人们的生活会更加美好。

（资料来源：网络新闻）

请问：什么是大数据？大数据究竟怎样影响跨境电商行业？怎样利用大数据分析工具助力跨境电商行业发展，找到蓝海市场？

第一节　大数据分析概述

目前，全球的跨境电商已进入大数据时代，企业接收及处理的信息数量越来越多，处理信息的手段越来越智能，且处理速度不断得到提升，这使得电子商务企业产品的销售价格越来越实惠。大数据分析不但是当前电子商务发展的必然趋势，同时也是电子商务企业日常经营中的重要内容。在大数据时代，各类数据的收集、分析的智能化已经成为全球电子商务企业一种重要的发展手段。相关的数据统计报告显示，全球的数据量每两年就会增加一倍。可以说，大数据为跨境电商带来了新的发展机遇和挑战。

一、大数据概述

1. 大数据的定义

大数据的英文表达是Big Data，意思是"海量数据"。大数据的"大"，一方面是指数据的规模大，另一方面是指实际能够被使用的数据存储量大。当数据的规模发展到无法用现有的工具和技术来进行快速处理时，必然会发生数据革命以突破这一瓶颈。数据处理包括很多方面，如数据的收集、整理、分类、存储、分析、预测和输送等。

目前，大数据还没有一个权威的定义，不同学科领域的专家学者对大数据有不同的定义，如表7-1所示。

表 7-1 不同学科对大数据的定义

学科	参照物	定义
计算机科学与技术	现有的计算能力和存储能力	当数据量、数据的复杂程度、数据处理的任务要求等超出传统数据的存储与计算能力时，称之为"大数据（现象）"
统计学	总体的规模	当收集足够多的个体（总体中的绝大部分）数据，且计算能力足够强，可以不用抽样，直接在总体上进行统计分析时，称之为"大数据（现象）"
机器学习	智能的实现方式	当训练集足够大且计算能力足够强，只需对已有的实例进行简单查询即可达到智能计算的效果时，称之为"大数据（现象）"
社会学科	数据规模或价值密度	当多数人的大部分社会行为可以被记录下来时，称之为"大数据（现象）"

大数据带来了决策方式的变革，使决策由依靠直觉经验变为依靠数据分析。与传统方式完全不同，大数据决策方式是"知其然而不知其所以然"。

技术领域的大数据和非技术领域的大数据的矛盾是显而易见的。技术领域认为大数据是当前技术所不能解决的问题，而非技术领域却给出了大量关于大数据应用的案例。一方面，随着数据的增长和技术的进步，人们能够获得越来越多、越来越复杂的数据，并通过分析这些数据使其为管理决策所用，从而提高管理决策的能力、效率和水平。另一方面，在很多场合，因为技术进步的速度远低于数据增长的速度，数据的增长又给数据存储、管理和分析带来了挑战，当前的技术不能使人们在希望的时间内管理和分析对应的数据，从而导致大数据的技术问题越来越严重。

事实上，大数据是数据、技术和应用三者的统一体（见图 7-1）。其对应三类人群：有大数据的人群、做大数据的人群和用大数据的人群。很多时候大家谈论大数据，实际上是在谈论不同的东西，即有数据的人群谈论数据量的大小、做大数据的人群谈论大数据带来的技术挑战、用大数据的人群则谈论大数据带来的决策变革。但不管怎样，这三类人群都能发现新价值，即有大数据的人群（数据）发现数据很有商业价值，是资源、资产，所以更加珍惜数据资源，不再考虑将数据拿出来共享；做大数据的人群（技术）发现有很多技术问题等待

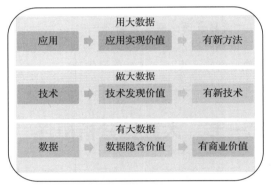

图 7-1 大数据的内涵

他们解决，有很多事情需要他们去做；用大数据的人群（应用）发现了新的革命性的方法，所以在应用方面对大数据抱有很大期望。数据隐含价值、技术发现价值、应用实现价值是大数据系统和大数据的内涵。

2. 大数据的特征

目前，大数据的"4V"特征得到了比较广泛的认可。

第一，数据规模（Volume）巨大。（2012 年，每天全世界产生的数据量大约为 $2.7 \times 10^9 GB$，每几天的数据量就相当于 2000 年以前全世界存储数据量的总和。百度公司每分钟要处理约 $7 \times 10^4 GB$ 的搜索数据，支付宝平均每分钟产生交易 7.3 万笔。）物联网的快速发展进一步推动了大数据的进步，交通流量监控系统、视频采集系统随时都在产生巨量的视频数据，温室大棚里的温度传感器、工厂中的各种探测器也都是大数据的制造者。可以说，如今全世界每分每秒产生的数据量，在过去都是无法想象的天量级别。在大数据时代，数据规模在继续增长，达到了在小数据时代人们无法想象的数量级。来自 SRG 的数据显示，截至 2023 年，超大规模运营

的大型数据中心总数接近 900 个，约为 2015 年的 4 倍。

第二，数据种类（Variety）繁多。在大数据时代，除了数据规模在不断增长，人们需要处理的数据类型也在不断暴增，数据种类繁多且千奇百怪，只有极少数种类的数据能用传统技术处理，绝大部分种类的数据都属于传统技术无法处理的非结构化数据。互联网数据中心（IDC）预测，未来 10 年，非结构化数据量将占到全部数据量的 90%，如土豆网的视频库、社交网站上的照片和录音、射频识别（RFID）信息、移动运营商通话录音、视频监控录像、微博和微信上发布的信息等。来源广泛的数据在大小、格式、类型上可能都不相同，现有的数据处理技术无法识别各种类型的数据，在处理上面临着巨大的困难。

第三，价值（Value）难以挖掘。通过前两个特征可知，大数据的数据量和数据种类都十分惊人，但这并不代表获取大数据的价值很容易。面对海量的数据，要想挖掘其中隐藏的"宝藏"，用性能强大的云计算系统进行分析处理只是其中一个方面，甚至不是主要方面。只有根据需求从创新的角度对大数据进行分析，用大数据的思维看待大数据，才能挖掘其经济价值和社会价值。例如，视频监控系统每天 24 小时连续产生数据，但是对警察破案而言，也许只有几秒的镜头是有用的；谷歌拥有数以亿计的检索记录，但如果不从特定关键词出发，并将结果与政府机构的数据加以比对，就无法了解 2009 年的 HINI 流感的情况。也就是说，只有将技术与创新相结合，才能挖掘大数据的价值，否则有再多的数据也没用。

第四，处理速度（Velocity）快。这是大数据时代区别于小数据时代、概率统计时代最主要的特征。在传统的经济普查、人口普查等领域，数据延迟几天甚至一年都可以忍受，因为此时得出的数据仍然具有参考意义。在数据时代，受技术手段的限制，收集到的数据已经有些滞后，统计分析结果就更加滞后；而在大数据时代，数据的生成和收集速度极快，数据量每时每刻都在巨量增长。凭借先进的技术手段，人们可以实时收集数据。但是在大多数场合，如果数据处理得不及时，那么先进的收集整理手段就会失去意义，大数据也就没有必要存在。针对此，IBM 提出了"大数据级的流计算"概念，致力于对数据进行实时分析并得出结果，以提高大数据的实用价值。因此，可以对数据进行及时、快速的处理并得出结果是大数据最为重要的特征。

二、大数据关键技术

大数据技术，是指伴随着大数据采集、存储、分析和应用的相关技术，是一系列使用非传统的工具来对大量的结构化、半结构化和非结构化数据进行处理，从而获得有价值的结果的数据处理和分析技术。

讨论大数据技术时，首先需要了解大数据的基本处理流程，即数据的采集、预处理、存储、分析和结果呈现等环节。数据无处不在，互联网网站、政务系统、零售系统、办公系统、自动化生产系统、监控摄像头、传感器等，每时每刻都在不断产生数据。这些分散在各处的数据，需要使用相应的设备或软件进行采集。采集到的数据通常无法直接用于后续的数据分析，因为对于来源众多、类型多样的数据来说，数据缺失和语义模糊等问题是不可避免的，因而人们必须采取相应措施有效解决这些问题。这就需要一个被称为"数据预处理"的过程，把数据变成可用状态。数据经过预处理后，会被存放到文件系统或数据库系统中，然后采用数据挖掘工具对数据进行处理分析，最后采用可视化工具为用户呈现结果。在整个数据处理过程中，还必须注意隐私保护和数据安全问题。

因此，从数据分析全流程的角度，大数据技术主要包括数据采集与预处理、数据存储和管理、数据处理与分析、数据安全和隐私保护这几个层面的内容，具体如表 7-2 所示。

表 7-2   大数据技术的不同层面及其功能

技术层面	功能
数据采集与预处理	利用 ETL 工具将分散的、异构数据源中的数据，如关系数据、平面数据文件等，抽取到临时中间层后进行清洗、转换、集成，最后加载到数据仓库或数据集中，成为联机分析处理、数据挖掘的基础；或者利用日志采集工具（如 Flume、Kafka 等）把实时采集的数据作为流计算系统的输入，进行实时处理分析
数据存储和管理	利用分布式文件系统、数据仓库、关系数据库、NoSQL 数据库、云数据库等，实现对结构化、半结构化和非结构化海量数据的存储和管理
数据处理与分析	利用分布式并行编程模型和计算框架，结合机器学习和数据挖掘算法，实现对海量数据的处理和分析；对分析结果进行可视化呈现，帮助人们更好地理解数据、分析数据
数据安全和隐私保护	在从大数据中挖掘潜在的巨大商业价值和学术价值的同时，需构建隐私数据保护体系和数据安全体系，有效保护个人隐私和数据安全

需要指出的是，大数据技术是许多技术的集合体。这些技术并非全部都是新生事物，如关系数据库、数据仓库、数据采集、ETL、OLAP、数据挖掘、数据隐私和安全、数据可视化等技术是已经发展了多年的技术，在大数据时代经过不断的补充、完善、提高后又有了新的发展。

三、大数据分析的价值

2011 年，麦肯锡开始应用大数据解决问题。商业中激增的数据量和多样化的数据种类推动了大数据存储技术和分析技术的进步。相比于 10 年前，现在的大数据分析技术能处理更多类型、更大数量的数据，有着巨大的商业价值。

1. 金字塔的分析哲学

无论是在技术层面、分析层面还是在商业层面，产品追踪，数据转化、存储和管理，专题分析都是位于金字塔底部的 3 个架构，中间位置的商业智能则是承上启下的重要环节。这 4 个部分为最终创造的商业价值提供了最有利的基础，虽然只贡献了 10% 的价值，但却要花费团队90% 的时间，如图 7-2 所示。

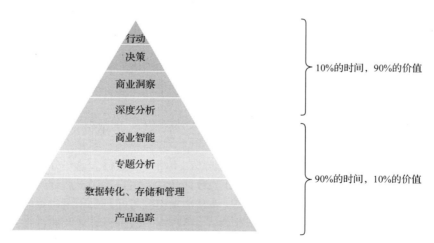

图 7-2 金字塔的分析哲学

处于金字塔顶部的依次是行动、决策、商业洞察、深度分析。深度分析即战略分析，是商业洞察的基石；而商业洞察最重要的则是内部有效率的沟通，在沟通的基础上快速执行最终的决策。这 4 个部分只用到团队 10% 的时间，却能创造 90% 的价值。

2．大数据分析的业务价值

在利用大数据挖掘客户真实需求的应用方面，宝洁公司早在 2013 年就通过大数据分析，发现宝洁天猫旗舰店的客户更倾向于购买高端产品。为此，宝洁公司针对网络渠道推出了高端护肤产品，并且基于大数据分析对产品线进行了全面调整，开始从注重销售量向注重利润的方向转变。这是宝洁公司在新的经济环境下，能够持续维持自己的市场地位的重要法宝。

（1）利用大数据成就优质客户

利用大数据战略来收集、存储、分析客户踪迹，对个性化的客户及时开展交互至关重要。通过更深入地了解客户的行为和偏好，卖家可以引导客户完成购买过程，并提供便捷、差异化的体验，主动迎合客户的期望。

例如，一家领先的专业时尚产品零售商，希望为客户提供差异化的服务，但要如何定位公司的差异化呢？这家零售商通过 Instagram、Twitter 等平台收集社交信息，据以对化妆品的营销模式进行变革。根据分析结果，这家零售商最终只保留了两类客户：高消费者、高影响者。同时，该零售商还提供免费的化妆服务，让客户进行口碑宣传，并完美结合交互数据与交易数据，让客户在享受差异化服务体验的同时，为公司的业务发展提供了解决方案。

（2）大数据助力挖掘蓝海市场

销售市场是动态的，我们必须利用实时的市场大数据进行科学有效的分析，针对具体产品，分析各个细分市场中该产品的容量大小、竞争情况，综合分析、对比以判断商机大小，为产品筛选蓝海市场。例如，极赛 jiSale 大数据分析系统对男士背包在海外市场的销售情况进行分析，发现出口男士背包销售业绩最好的国家是南非、沙特阿拉伯。

（3）大数据使营销精准化

要实现精准营销，前提是必须充分认识客户，只有了解了客户的期望，企业才能采取正确的营销策略。

搜索引擎巨头谷歌，为了推荐更符合客户心意的内容，对搜索页面进行了动态调整；亚马逊通过为客户提供个性化的推荐，实现了销售量的大幅度增加；社交媒体通过精准投放广告服务，有效地变现了流量和粉丝；国内新闻媒体今日头条基于大数据挖掘，为客户推荐有价值、个性化的信息，兑现了"你关心的，才是头条"的目标宣言。

上述企业都是业界的楷模，其精准营销的事例都是利用大数据的典型案例。其实，除了这些典型案例涉及的企业，国内一些行业巨头对大数据的挖掘也从未停止过，无论是阿里巴巴、腾讯，还是海尔、小米等，尽管身处不同的行业，但它们都有一个共同的特点——利用互联网和大数据更有效地为客户提供符合其需求的产品或服务。

在移动互联网时代，由于消费模式的时空限制减弱，客户的行为特征和兴趣爱好更加凸显、更加个性化。运用大数据进行营销不仅能使企业与客户之间的沟通更高效，从而实现流量变现，实现营销精准化，而且还能在营销过程中，根据数据分析的结果进行营销决策的调整，保持营销精准化的长期性、持续性。此外，通过大数据分析，企业还可以发现新的机遇，如新市场、新客户、新行业规律等，帮助企业规避风险与潜在的威胁。

第二节　跨境电商的大数据分析

中国互联网络信息中心（CNNIC）第 43 次《中国互联网络发展状况统计报告》显示，我国大数据产业不断成熟，持续向经济运行、社会生活等各应用领域渗透。受益于巨大的 IT 投入、良好的信息化基础、畅通的数据业务链条等有利因素，互联网、金融和政务等领域的大数据公司发展更快、体量更大、应用成熟度更高。

一、跨境电商的大数据变革

IDC 的相关统计数据显示，淘宝每天的页面访问量为 3.6 亿次，每天的数据容量为 60TB。跨境电商经历了用户数量增长及销售量增长这两个时期以后，当前已经全面、真正进入大数据时代，即跨境电商的竞争已经逐步转变为数据的竞争。跨境电商平台每天都会产生数量巨大的数据信息，并且这些数据信息具有很强的真实性、准确性及针对性，对跨境电商企业十分有利。进行大数据分析可以实现全面分析跨境电商的整体运作流程，并且逐渐成为跨境电商企业在市场中的关键竞争能力。因此，随着跨境电商企业对大数据的不断开发、收集和分析，跨境电商开始频繁运用大数据技术。

例如，阿里巴巴推出的阿里金融，就是通过分析和整合淘宝及天猫等跨境电商平台上的大量用户数据、用户在销售终端及资金流动上的数据，来对中小企业的经营与发展进行预测和分析，进而筛选出财务状况良好、诚信的中小企业，并给它们提供一定额度的无担保小额贷款。这不但有效缓解了中小企业贷款难、融资难的问题，而且还为阿里巴巴增加了新的盈利方式。阿里巴巴为中小企业提供的 300 多亿元小额贷款中，坏账率仅为 0.4%，远低于传统银行贷款的坏账率。又如，当当网及亚马逊等以往主要是运用协同算法来寻找商品间的关系，即在互联网用户购买某一种商品的过程中，网站会展现和推荐与这件商品类似或者相关的商品。这有助于用户进行商品对比和查找，从而有效提升用户的购物体验。此外，网站还可以运用商品间互补及相关的特点，来实现网站销售量的快速提升。因此，在大数据时代，当当网与亚马逊通过分析平台上注册用户的网页浏览记录来推送相关商品的信息，体现了大数据时代跨境电商发展的新趋势。以上跨境电商平台对大数据的运用案例只是众多运用案例中的几个典型案例，跨境电商同传统营销模式相比，拥有更加详细、众多且准确的用户信息。跨境电商平台通过对用户数据进行分析，能够更好地掌握用户的消费习惯、个人兴趣和购买方向，从而对用户进行细化，实时对网站的商品和营销模式进行调整，并结合相应的信息和广告推送，提升用户的购物体验。

1. 个性化和精准的商品推荐

互联网的信息量非常庞大，而互联网用户本身的精力和对信息的处理能力又非常有限，因此难以做到详细分析和筛选巨量的信息。而跨境电商平台通过对大数据的收集和分析，依据用户的需求将用户进一步细化，提供符合用户需求的、个性化的购物服务。例如，跨境电商平台依据用户的消费记录和网页浏览历史来分析用户的购物偏好，对用户进行相应的商品推荐和广告推送。这样具有针对性的购买引导不但能提高平台的促销成功率，还能降低平台的营销成本开支，提升平台的利润水平。

2. 优质商品信息的汇总

跨境电商平台对用户购买量及浏览量最大的商品进行分析和筛选，从而增强这类商品对用户的吸引力，大大缩短用户在数量众多的商品中寻找要购买的商品的时间。例如，蘑菇街等以分享优质商品为主的网站，是由淘宝买家将自己喜欢或购买过的商品的链接发到网站上，或者通过一系列搭配，让更多的用户进行评论和筛选。新浪微博的热门微博、热门话题等，都是通过对微博转发和评论数量的分析和收集，筛选出的热门的微博话题，可迅速将焦点集中在这几个话题上，从而有效提高微博整体的浏览量和评论数量。

3．强大的信息检索服务

用户在跨境电商平台上浏览各类商品信息时，通常很难能一下就找出符合自己需求的商品，这就要求电子商务平台为用户提供尽可能多且简便的商品信息搜索服务。跨境电商平台应对网站上的各类商品进行归类，并对这些大的分类进行进一步分类，使用户在搜索商品信息的过程中，能够通过搜索关键词的方式很快找到符合自己需求的相关商品；用户经过再次筛选，最终找到自己想要的商品。这一过程可以提升用户对平台和商品的满意度。在用户筛选商品的过程中，大数据应用体现在将用户的需求和商品加以快速、高效的匹配，从而提升用户的购买效率。

4．更加细化的服务领域

跨境电商企业依据用户的不同消费请求，把企业的营销目标投放在某一个行业当中。例如，聚美优品将营销目标定位在女性商品上，具体包括洗护、彩妆、美容等商品；而酒仙网则将营销目标定位在酒类商品上，具体包括白酒、葡萄酒及境外的酒类商品。这不但有效地满足了用户个性化的消费需求，而且也为用户提供了质量有保障的商品。

5．数据云存储服务

伴随着全球大数据信息量的不断激增和包括移动通信在内的信息化技术的不断发展，不论个人还是企业，需要处理的信息数量都是巨大的。目前，很多跨境电商企业为了提升和满足用户在处理数据上的体验和需求，推出了网盘业务。互联网用户可以对信息进行在线存储、备份及共享，这样无论用户身在何处，都能够通过互联网或者移动设备处理网盘中的文件。这也是人们生活中一种便捷的数据处理手段。

二、跨境电商的大数据分析特征

下面分别从数据化运营发展模式与数据化运营策略创新两个方面介绍跨境电商的大数据分析特征。

1．数据化运营发展模式

在大数据时代，跨境电商在市场经济发展中的运作模式已从传统营销模式向数据化运作模式转变，并且跨境电商企业在企业管理与经济参与方式上逐步数据化。跨境电商企业的数据化运营体现在企业原材料采购、生产流程及营销等各个环节中。跨境电商企业在运作过程中，通过充分运用大数据，能有效分析用户的个人消费习惯、偏爱及心理变化等，结合市场供求变化，可以实时调整企业商品的营销模式，进而最大限度地满足用户的需求，提升企业的经营效益和促销成功率。

（1）精准地推送广告

通过互联网进行数据收集和分析的成本是非常低的；互联网用户访问网页时，通常都是出于自身的真实需求，所以通过互联网采集的数据的真实性也很高。此外，互联网所产生的庞大的数据信息具有很强的实时性，更加能够体现用户的购买心理和关注方向。而收集和分析这些信息，对跨境电商企业制定营销方案具有重要的意义。跨境电商企业通过对大量的数据信息进行分类、分析及整合，收集对企业营销有利的信息，从而对网站中的注册用户进行归类，进而分析出用户群体的特点，推送具有针对性的广告信息，提升营销的实效性和成功率。

（2）消息的及时推送

跨境电商所涉及的信息范围非常广泛，主要包括互联网用户注册时提供的个人信息及跨境电商企业向用户推送的各类商品信息等。当前，多数跨境电商企业会根据用户周期性的购买习惯来推送相应的商品信息。商品信息的及时推送在 O2O 领域起着非常重要的作用，各平台利用移动终端或各类移动设备来获取设备及设备使用者所处的地理位置和移动数据，并对这些信息进行整理和分析，从而向用户推送附近商家的促销信息，提升商品信息推送的实效性。

（3）消息的个性化展示

随着人们对网络购物的需求呈现出日益个性化的特点，互联网用户产生的数据来源越来越广泛和复杂，而跨境电商企业在大数据时代获取这些数据的成本更低且获取效率更高。在大数据时代，信息量的增长呈爆发式趋势，使得用户进行信息筛选的难度逐渐变大。这就要求跨境电商企业运用相应的技术手段对这些数据进行挖掘和分析，从而提取用户需要的信息，并将其展现给用户，进而提高用户对企业的忠诚度，提升企业的经济效益。从浩大的数据中提取具有差异性的有效信息的方法是多样化的，如运用动态网页的方式。网页可以与数据库进行信息交换，在网页代码不发生改变的情况下，网页的内容能够随着时间及环境的变化而更新。运用大数据对用户的数据信息进行收集和分析，能够更好地对数据库进行更新。另外，运用大数据还能够为用户从庞大的信息数据中提取有效的信息，同时也能够使企业在商品研发及服务制定上更具针对性，最终提升用户的购物体验。

2. 数据化运营策略创新

（1）可视化分析——用户画像

用户画像指用户信息的标签化。随着对大数据技术的深入研究和应用，为充分挖掘用户需求，"用户画像"应运而生。用户画像能够快速定位用户群体，明确用户需求。用户画像平台根据用户个性化的目标、行为和观点差异，将用户的社会化人口信息区分成不同类型，以高度凝练的特征标志为用户"贴标签"，描绘用户立体的商业全貌。

用户画像平台对跨境电商有着重要的战略意义。它加深了企业对用户群体的认识和理解，通过对用户的需求进行分析和判断，在商品问世之前明确目标用户和与其对应的商品功能、设计。信息互动渠道和推广方式，有利于提高用户的满足程度，完善精准营销，促成最终购买。

以京东为例，超过300个的用户画像标签被运用在了精准营销、智能机器人、个性化推荐等领域，为企业销售商品提供了方向性的指引。而根据对不同用户群的分析，京东还划分了数码"超人"、家庭用户、"有房一族"、网购达人、时尚男女、"单身贵族"、奶爸奶妈、超级用户、闪购用户等群体标签。有了对用户的洞察和了解，以及实时的购买需求，就能更精准地推荐商品。这不仅提高了用户网购的满意度，更实现了消费引导。

透过用户画像，京东还能识别出不同区域用户的购买力指数和品牌偏好，从而更合理地部署商品。京东在全国有200多个仓库，5 300多个配送站和自提点，依据大数据分析结果来进行商品入仓和部署，从而提高运输和配送效率。精准的画像和标签，能更好地为用户提供个性化商品的智能推荐，对用户端潜在需求的判断会联动到供应链、物流仓储系统。

（2）内容营销和"网红"经济

商品和内容的融合，创造了更多的消费潜力，而网络红人/达人是其中的助燃剂。他们结合自身和商品的特征，高频地创造内容传递给用户。衣服、护肤品、箱包等商品的属性本身决定了其适合作为网络达人的推广对象，而网络达人本身的个性特征、社群定位、穿着品位又为内容和商品增色不少，为他们持续吸引用户提供了基础保证。这些达人通过微博等社交平台营造并树立所定位的形象，用情感和互动来建立立体的个人IP，保持与用户的友好互动并增进情感联系。他们持续吸引某社群的过程就是在为用户做分类，并已经做了精准定向的理念传递。网络达人以恰当的频率和时间点，推出形式生动活泼的视频或直播内容，能快速从社交平台引入流量，从而帮助跨境电商平台转化为成交量。网络红人、达人依靠个体影响聚集社群，利用网络传播的优势极大地促进了商品推广的效率。

（3）竞争战略

竞争战略作为一个企业在竞争中所采取的进攻或者防守的行为，大体分为3类：总成本领先战略、差异化战略和集中化战略。以价值链为分析维度，在跨境电商的竞争环境中，每个企业要实现成本领先，必须从企业内部的商品设计、生产、营销、销售、运输等多项活动中不断优化；同时，企业的价值链与上游的供应商、下游的买主的价值链相连，通过联结和协调会形成企业创造和保持竞争优势的能力。

跨境电商企业涵盖了多个数据系统，系统之间的孤立会阻碍内部数据的整合和数据价值的体现。以阿里巴巴为例，其电商云工作平台"聚石塔"计划，使其各子公司平台数据资产得到了很好的协作和共享。其电商平台长期以来积累了大量的用户数据，并不断地完善数据管理系统，使其很容易能挖掘到内在的运营规律、发现用户行为特点。数据的互通、协同和共享，使得阿里巴巴旗下子公司的资源平台进行了优势的整合（淘宝、天猫、支付宝、阿里云、万网等）。这不但可以帮助企业创造更大的商业价值，还可以在风险来临时，使企业进行有力的应对。

三、跨境电商的大数据分析工具

1. 大数据分析常用的名词

（1）浏览量

浏览量（Page View，PV）指页面被访问的总次数。一个页面被单击一次，即被记为一次浏览；一个用户多次单击或多次刷新同一个页面，会被记为多次浏览，累加不去重。

（2）访客数

访客数（Unique Visitor，UV）即网站独立访客总数。一个用户一天内多次访问网站被记为一个访客。

（3）转化率

常用的转化率有详情页成交转化率和全店铺转化率。其相关计算公式如下：

$$详情页成交转化率 = 详情页成交人数 / 详情页访客数$$

$$全店铺转化率 = 全店铺成交人数 / 全店铺访客总数$$

成交转化率指店铺成交人数占总访客数的比率。其计算公式如下：

$$成交转化率 = 成交人数 / 总访客数$$

（4）点击率

点击率指页面上某一内容被单击的次数与被显示的次数之比，反映了内容的受关注程度，常用来衡量推广图片或商品主图的效果。

（5）支付率

支付率指支付成交笔数占拍下笔数的百分比。其计算公式如下：

$$支付率 = 支付成交笔数 / 拍下笔数$$

（6）跳失率

跳失率指用户登录店铺后只访问了一个页面就离开的访问人次（跳失人次）占登录页面访问总人次的比例。其计算公式如下：

$$跳失率 = 跳失人次 / 登录页面访问总人次$$

（7）访问深度

访问深度指用户一次连续访问店铺的页面数。平均访问深度即用户平均每次连续访问店铺的页面数。

（8）人均店内停留时间

人均店内停留时间指平均每个用户连续访问店铺的时间。

（9）客单价

客单价指每一个用户购买店铺商品的平均金额，即平均交易金额。其计算公式如下：

$$客单价 = 某段时间内的销售额 / 客户数（客户去重）$$

2. 主流分析工具简介

跨境电商的分析工具非常多，我们只推荐一些主流的分析工具。根据功能，这些工具可分为综合类工具、选品分析工具及关键词分析工具。

（1）综合类工具

① Jungle Scout

Jungle Scout 有插件版和网页版。Jungle Scout 插件版集成在谷歌浏览器，可以快速分析产品，估算产品销售量。Jungle Scout 网页版可以追踪产品销售数据和现成的产品库、关键词并进行长尾产品开发，是产品开发必不可少的辅助工具之一。其网页版界面如图 7-3 所示。

图 7-3　Jungle Scout 网页版界面

Jungle Scout 的主要功能如下。

a. 产品数据库（Product Database）。掌握亚马逊的产品目录，从需求、价格、预测销售量、评级、季节性、尺寸和重量等多个方面过滤产品，准确出击，制定最佳的选品策略。

b. 关键词搜索器（Keyword Scout）。输入一个关键词，我们便可以找到相关关键词并查看这些关键词在亚马逊的月搜索量，以及想要短期快速提高排名需要在每天促销推广的产品数量，PPC（点击付费）推广的建议出价；还可以输入 ASIN 反侦察产品的相关关键词信息和数据。

c. 产品跟踪器（Product Tracker）。一键单击，即可监控竞争对手的产品销售量、定价和库存变化，告别手动操作 Excel 表格的时代，省去每天搜索和复制粘贴数据的时间，从而提高工作效率，降低运营成本。

d. 供应商数据库（Supplier Database）。供应商数据库的功能是深度挖掘近 3 年的美国海关数据，每月更新数据库，助力卖家寻找产品供货商，挖掘竞品的供货工厂；助力工厂轻松挖掘更多的 VIP 用户，了解潜在用户对产品的需求，并反向挖掘其他工厂的 VIP 用户，开拓境外市场，获得更大的商机。

② 卖家精灵

卖家精灵也是比较好用的跨境电商分析工具，其首页如图 7-4 所示。

图 7-4　卖家精灵首页

卖家精灵的主要功能如下。

a. 选市场。

* 可大大提高选品成功率。
* 帮助卖方探索更多的细分市场。
* 帮助卖家快速定位潜力市场和蓝海市场。

b. 选产品。

* 提供 Amazon 准确的产品销量数据。
* 回溯过去 3 年各月份的历史销量趋势。
* 支持 ASIN 上架以来 BSR、价格、评论等历史走势。
* 支持美国、日本、欧洲五国。

c. 关键词挖掘 /ASIN 反查。

* 提供 Amazon 准确的关键词搜索量、购买率。
* 支持反查超过 3 年的月度搜索量趋势数据。
* 关键词反查准确度高。
* 支持美国、日本、欧洲五国、印度和加拿大。

（2）选品分析工具

① 谷歌趋势

谷歌趋势（Google Trends）是 Google 推出的一款基于搜索日志分析的应用产品。它通过分析 Google 全球数以十亿计的搜索结果，告诉用户某一搜索关键词在 Google 中被搜索的频率和相关统计数据。

② CamelCamelCamel

CamelCamelCamel 是一款针对亚马逊的价格跟踪免费工具，可以设定产品的价格提醒，了解指定产品的历史价格走势。它主要是提供给大部分的亚马逊用户使用，以便亚马逊用户轻松发现价格实惠的好产品，辅助他们做出购买决策。

③ Keepa

Keepa 是一款免费的亚马逊价格追踪工具，保存了亚马逊上所有产品的价格历史数据。Keepa 的核心功能是搜索，通过搜索可以找到指定产品的所有价格历史数据，并根据搜索返回一个信息量非常丰富的图表，以供卖家们根据图表信息获得选品参考。

Keepa 的图表中有非常丰富的信息，这些信息的含义简介如下。

a. 横、纵坐标。Keepa 的横、纵坐标如图 7-5 所示，在坐标轴中，最左边的是产品的价格（15 ～ 50 美元），底部是日期，右边是销售排名。

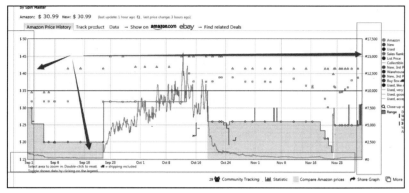

图 7-5　Keepa 的横、纵坐标

b. 数据的展开与关闭。图 7-6 中，右边的一列圆点对应着不同的数据，单击不同颜色的圆点可以关闭或打开这些数据。

c. 以 Amazon 为例。单击图 7-6 中的"Amazon"，关闭其他数据后，我们可以得到图 7-7，其中显示的是这款产品在最近 3 个月的价格。同时，我们也可以从网页右下角的"Range"里根据日期、周、年及所有历史时间来筛选这个价格数据。

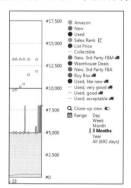

图 7-6　数据的展开与关闭

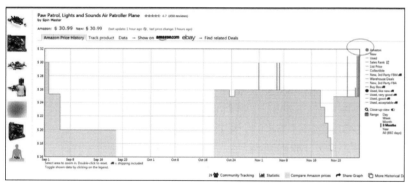

图 7-7　最近 3 个月的价格

通过移动鼠标指针至不同产品的图片上，可以看到产品在不同日期的历史价格。在图 7-7 中，我们可以看到阴影部分和空白部分。阴影部分代表的是亚马逊这段时间有产品库存，且这个产品处于销售状态；而空白部分代表的是亚马逊这段时间没有产品库存，同时没有进行该产品的销售。这张图能够很好地帮助我们快速做出选品决策。例如，我们可以挑选亚马逊没有产品库存的时间段进行产品销售，从而避免竞争。

（3）关键词分析工具

① 谷歌关键词规划师

谷歌关键词规划师（Google Keyword Planner）是一种使用 Google 关键字广告或 Google 遍布全球的内容联盟网络来推广网站的付费网络推广方式，采用包括文字、图片及视频广告在内的多种广告形式。

2018 年 7 月，谷歌宣布将其标志性业务 Google AdWords 正式更名为 Google Ads。全新的 Google Ads 代表了 Google 将提供全方位的广告服务。和其前身 Google AdWords 一样，Google Ads 允许用户在谷歌的不同平台上投放多种广告，包括搜索页、YouTube 视频网站、谷歌地图、Google Play、Android 应用商店及合作伙伴网站等渠道，谷歌的系统会根据广告商想要实现的目标在不同的平台上分配广告。除了机器学习、大数据分析等不可逆转的潮流趋势，谷歌的产品创新还注重 3 个核心概念：价值、透明和信任（对广告商和潜在用户而言）。

② Merchant Words

Merchant Words 是亚马逊卖家理想的关键词分析工具。Merchant Words 收集了全球超过 10 亿次亚马逊用户实时搜索的数据，所有关键词数据都直接来自亚马逊搜索栏中的用户搜索。

Merchant Words 的专业算法涵盖了站点范围内的亚马逊流量、搜索排名及当前和历史的搜索趋势，卖家还可以使用数量有限的关键词免费查询。除了免费版本，Merchant Words 还有付费版本（30 美元 / 月，仅适用于美国数据；60 美元 / 月，适用于全球数据）。付费版本还包括不限量搜索、CSV 下载及 24 小时的客户服务支持。

③ Keyword Tool

Keyword Tool 是一个能让亚马逊卖家简单快速地找出产品最佳关键词的工具，如图 7-8 所示。卖家如果想使用更多的高级功能，则需要升级为专业版。

图 7-8　Keyword Tool 工具

此外，AMZ123 是一家专注于亚马逊卖家导航的网站。它围绕卖家需求，以一站式入口持续收集、整理亚马逊卖家运营必备的工具，实现亚马逊卖家运营工具的汇总。AMZ123 网站的主要板块有常用工具、综合软件、关键词、选品分析等，如图 7-9 所示。

图 7-9　AMZ123 网站

第三节　主要跨境电商平台的大数据分析

随着信息技术的不断发展，互联网及各类社交网络、移动互联网、云计算等逐步融入人们的日常生活和工作中，全球数据量也呈爆炸式的增长趋势。但是，大数据本身所包含的数据繁杂且价值多样化，使得大数据的整体价值密度水平比较低。企业在进行大数据价值分析时，需要运用特定的技术方法来对数据进行筛选、收集、分析和整理。

主要跨境电商平台的大数据分析

一、AliExpress 的大数据分析

1. AliExpress 数据分析要点

全球速卖通（AliExpress）的卖家后台提供了"数据纵横"分析工具，使卖家可以查看平台上各行业的交易状况、买家分布、热卖商品、热搜关键词等数据。

打开全球速卖通卖家后台的"数据纵横"工具（见图7-10），卖家可以看到左侧有实时风暴、流量分析、经营分析、能力诊断、商机发现和市场行情6个模块。

图 7-10 全球速卖通卖家后台的"数据纵横"工具

（1）实时风暴：卖家可以看到店铺内的实时流量情况，这在店铺做促销活动时非常有用。

（2）流量分析：卖家可查询商品的流量、热门商品和访客的地域分布，以便对店铺的经营状况了如指掌。

（3）商品分析：提供了全球速卖通的热卖商品及热门关键词数据，是选品、取名、定价必备的数据工具之一。

（4）行业情报：卖家可了解全球速卖通各行业的市场情况，为店铺经营指明方向。

2. 基于大数据分析优化 AliExpress 标题

标题在全球速卖通中的搜索权重比较大。用户通过搜索或浏览类目查找商品时，系统判断商品是否符合搜索需求的第一依据就是标题。一个包含精准关键词的标题，其相应的商品页面（Listing）被推荐曝光的概率就比较大。

（1）设置一个好的标题的前期数据分析

一个好的标题需要经过精心的推敲和打磨，并且需要在实践中不断总结、完善。在设置一个标题之前，首先要明确标题应该体现什么内容。标题的内容取决于用户，因此卖家要考虑目标市场用户对商品有什么要求。

例如，某俄罗斯用户购买手机时，要求性价比高，喜欢安卓系统，习惯较大的屏幕和内存，对 5 ～ 6in（1in ≈ 2.5cm）的屏幕关注度比较高。此外，由于俄罗斯冬季长，所以用户对手机电

池的容量及其在低温下的使用状态也比较关注。因此，面向俄罗斯用户的手机卖家，在设置标题时就应该把用户特别关注的价格、尺寸、内存、电池容量与可使用的温度范围等特性体现出来。只有标题中的信息足够吸引用户，用户才会有进一步了解与购买商品的欲望。

对目标市场用户的购买行为习惯进行数据分析，是设置一个好的标题的前提条件。当然一个好的标题并不是固定不变的，而是会随着市场、销售情况的改变而改变。

（2）持续的数据分析与标题优化

一个标题的好坏，需要结合标题带来的流量及转化率来衡量。卖家可以通过对流量、转化率数据的长期监测与统计分析，以及对市场变化情况的掌握，综合分析标题的时效性。

例如，在某一个时期，用户特别注重手机的内存。但随着手机内存的普遍增大，用户可能会转而关注手机的摄像功能，这时候标题就要根据数据分析结果做出合理的调整。

在尚未确定标题关键词的情况下，卖家可以使用不同关键词组合标题的方法，收集不同标题的搜索指数、点击率、转化率等数据进行统计分析，挖掘标题热词与组合方式，以此来优化标题。卖家也可借助全球速卖通平台数据统计工具或第三方数据分析工具，或借鉴同行的做法，挖掘所属品类的优秀标题与热词进行参考，以优化自己的商品标题。

（3）保持标题与详细描述的匹配

标题与详细描述是一个 Listing 的重要组成部分。因此，标题的优化不是单独的，也是对整个 Listing 的优化。根据数据分析结果来优化标题时，要注意保持商品标题与详细描述的匹配。如果标题很吸引人，但用户点开后发现商品的详细描述并非如此，就会觉得卖家在夸大其词。因此，商品标题、详细描述与商品本身要相匹配，且匹配度越高越有利于提高排名。

二、Amazon 的大数据分析

1. Amazon 数据分析要点

在 Amazon 后台的数据报告中，业务报告和库存报告是卖家应该重点关注的报告。业务报告包含的数据是店铺的销售量；库存报告主要包含两个数据：自发货库存和亚马逊提供的代发货业务（Fulfillment By Amazon，FBA）。

Amazon 数据分析可以参考市场趋势报表、用户行为分析数据表、地理位置数据分析表、订单销售数据表、店铺运作数据表、用户评论数据表。Amazon 数据分析报表常用名词如表 7-3 所示。

表 7-3　　　　　　　　　　Amazon 数据分析报表常用名词

英文	对应中文	中文含义
Page Views	页面流量	在所选取的时间范围内，销售页面被单击的总浏览量
Page Views Percentage	特定页面流量比例	在页面流量中，浏览某项特定 SKU 或 ASIN 的流量所占的比例
Sessions	浏览用户数	24 小时内曾经在销售页面浏览过的用户总数
Sales Rank	销售排名	商品在亚马逊平台的销售量排名及变化
Ordered Product Sales	订单销售总和	订单的销售量乘以销售价格的总和
Average Offer Count	平均可售商品页面	在所选定的时间范围内计算出的平均可售商品页面
Order Item Session Percentage	下订单用户百分比	浏览用户数中下订单用户所占的百分比
Unit Session Percentage	购买按钮页面浏览率	每位用户浏览后购买商品的概率
Average Customer Review	平均商品评论评级	总体平均的商品评论级数，以五星级的评级方式来显示
Customer Reviews Received	商品评论数	商品获得评论的总数，好评和差评一起计算
Negative Feedback Received	差评数	所收到的反馈差评总数
A-to-Z Claims Granted	收到 A-to-Z Claims 的次数	亚马逊对在亚马逊平台上购买商品的所有买家实施保护政策，如果买家不满意第三方卖家销售的商品或服务，可以发起亚马逊 A-to-Z 索赔，保护自己的利益。卖家对于买家发起的亚马逊 A-to-Z 索赔时限只有 3 天，如果卖家未在规定期限内回复，则买家将胜诉

另外，我们也可以使用参考平台提供的数据，如 Best Seller（热销商品）、Hot New Releases（类目热销商品）、Movers and Shakers（新品热物）、Most Wished（一天销售量上升榜）、Gift Ideas（礼物类当日热销排行）等进行数据分析。

2. Amazon 大数据运用下的排名规则

亚马逊平台上的店铺或商品排名主要与关键词、店铺/商品评论、店铺绩效有关，也与卖家使用亚马逊物流配送的情况有关。商品和店铺的各项数据，对卖家在亚马逊上的排名有着非常重要的影响。亚马逊长期对商品和店铺的各项数据进行统计分析，并结合平台的算法规则，对卖家的商品和店铺排名不断进行调整。例如，亚马逊自营的或选择亚马逊物流配送的商品，在亚马逊平台上的排名就比较靠前。亚马逊对商品或店铺的排名进行调整时，主要考核的行为数据如下。

（1）使用亚马逊仓储物流（FBA）：亚马逊一直宣传自己的 FBA 用户体验，鼓励第三方卖家入仓并使用 FBA。所以在搜索排名中，亚马逊会支持使用 FBA 的商品。

（2）转化率：优秀的商品图片和文案会直接影响转化率，从而影响排名。

（3）销售量：销售量越高，在亚马逊上的排名就越靠前。

（4）绩效：亚马逊的绩效考核包括销售量、退货率、用户评论、订单取消、退货服务满意度、账户违规、准时送达、有效追踪率、回复率、发货延迟率等，绩效越好，在亚马逊上的排名就越靠前。

（5）用户反馈：用户根据购买的商品与得到的服务情况对卖家进行评价。用户反馈是给卖家看的。评论数量越多，评分越高，商品排名就越靠前。

（6）商品评论：用户对某商品的评论会在商品详情页中显现，可供其他用户选择商品时参考。商品评论对排名也有影响，整体评论越好，排名就越靠前。

（7）关键词的匹配性与准确性：商品标题中的关键词与搜索关键词的匹配性越高，曝光度就越高；商品描述中的关键词越准确，排名就越靠前。

（8）类目相关性：主要考核卖家在设置商品类目时，是否选择与商品最匹配的类目，并且是否详细设置类目下的商品属性、商品品牌等，类目越匹配，商品属性设置得越详细，亚马逊就越能更好地根据商品信息将商品推荐给正在搜索商品的用户，提高商品排名。

三、eBay 的大数据分析

1. eBay 数据分析要点

eBay 的店铺流量报告有 10 项数据，包括店铺访问人数、买家停留时间等店铺相关页面的流量数据信息统计，也包括买家前往店铺或商品详情页的路径。

所有店铺的页面，包括自订页面、自订类别页面及搜索结果页面。各种形式的物品刊登，包括拍卖、一口价和店铺长期刊登物品。

其他与卖家相关的 eBay 页面，包括其他物品页面、信用评价档案和我的档案。eBay 平台上有些数据的变化会影响商品销售量，卖家需要留意以下几类数据。

（1）最近销售记录（针对"定价类物品"）：衡量卖家的 Listing 中，有多少 item 被不同的买家购买。商品的最近销售记录越多，曝光度越高。注意，第一次被重新刊登的商品同样保留有最近销售记录。

（2）卖家评级（DSR）：包括商品描述、沟通、货运时间、运费这几项。优秀评级卖家（Top Rated Seller）的商品一般排名较为靠前。

（3）买家满意度：包含 3 个考量标准，即中差评的数量、DSR 1 分和 2 分的数量、INR/SNAD（货不对版）投诉的数量。

（4）物品"标题"相关度：买家输入的搜索关键词与最终成交商品的标题、关键词之间的匹配程度。

收集 eBay 平台数据后，卖家可以从以下几个方面展开市场分析。

（1）市场容量分析：通过比较同类商品的月度总成交金额，卖家可以估算自己所占的市场份额。

（2）拍卖成交比例：卖家可以分析自己的拍卖成交比例是高于还是低于平均值，如果低于平均值，就需要查找原因。

（3）最优拍卖方式：卖家可以分析哪一种拍卖方式更好，以决定是采用设底价还是采用一口价。

（4）可选特色功能促销效果分析：促销是有成本的，卖家可以分析何种促销方式能为自己带来最大的收益，以及其是否可以提高自己商品的成交比例和成交价格。

（5）最优拍卖起始日期：卖家可以分析星期六起拍是否比星期一起拍更容易成交，以及成交价是否更高。

（6）最优拍卖结束时段：卖家可以分析什么时段结束拍卖可以取得最高的成交比例或者最高的成交价。

（7）商品上传天数：商品上传天数有 1 天、3 天、5 天、7 天、10 天，最常用的是 7 天。但是不同的商品有不同的性质，如对于一些流行商品，1 天就已经足够了；而对于一些古董类商品，10 天则比较好。

（8）哪个目录下成交率高：可以将一个商品放在多个目录下，以查看商品在哪个目录下的成交率更高。卖家可以将商品放在成交率高的目录下，如果两个目录的成交率都不错，那么卖家可以使用双目录功能。

（9）市场竞争情况：卖家可以分析平台上现有多少卖家在销售同类商品，以及前 10 位卖家占有多少市场份额。

2．eBay 的大数据运用魔力

eBay 拥有惊人的数据量，卖家可以分析这些数据并建立模型。通过大数据分析，eBay 每天都能够回答各种问题，如本月最热门的搜索商品是什么、本月转化率最高的商品是什么、昨天的热搜词是什么等。

通过分析用户的浏览历史记录数据，eBay 能"猜想"用户的消费偏好。对于没有太多历史记录的用户，eBay 可以通过对比有着相似特点的用户需求，来推测这位用户的潜在需求，从而向其推送合适的商品。

利用大数据，eBay 可不断优化平台的搜索引擎。没有大数据参与优化的搜索引擎，并不能很好地理解用户的真实想法；而利用大数据分析，搜索引擎能够更好地理解用户的搜索需求，使商品与需求精准匹配，从而增加在线交易量。

对于跨境电商卖家来说，eBay 运用大数据给其带来的最大好处就是获取"情报"。根据大数据分析结果，eBay 定期向卖家建议应该销售的商品，如告诉卖家某商品一个月预计的销售量、定价的最佳范围、竞争对手有多少、卖家的市场占有率是多少等。

四、Wish 的大数据分析

1．Wish 数据分析要点

Wish 平台上的"您的统计数据"是指针对卖家店铺，每 7 天统计一次商品的浏览数等信息，有流量的商品数据统计可以理解为被 Wish 官方认可的商品数据统计，没被 Wish 官方认可的商品数据统计没有流量，不会被纳入"您的统计数据"。针对没有浏览量的商品，卖家可尝试进行以下数据调整。

（1）商品销售价每天降低 0.01 美元（有些商品则需要涨价）。

（2）物流费用每天降低 0.01 美元。

（3）库存数量每天增加 1 个。

（4）商品按不同的颜色尺码增加一个库存数量。

Wish 平台上的标签搜索权重很大，10 个 tags 要全部写满。以裙子为例，标签的命名方式为一级分类、二级分类、商品、风格、特征、花型、颜色等。

Wish 平台十分注意收集店铺销售量前 10、飙升商品榜、刊登新品、累积销售额、刊登时间、Wish 标签等详细数据和信息。

Wish 平台第三方数据分析工具可以参考卖家网 Wish 数据、米库、超级店长跨境版。例如，通过超级店长跨境版 ERP 的 Wish 分析工具，卖家可以查看如下数据。

（1）全行业数据：显示全行业的店铺数量、商品数量、平均售价、7 天日均销售量、7 天日均销售额、7 天日均动销率。

（2）子行业数据：显示子行业的店铺数量、商品数量、平均售价、7 天日均销售量、7 天日均销售额、7 天日均动销率。

（3）店铺数据：可以根据 7 天日均销售量、7 天日均订单量、行业来筛选热卖店铺。

2. Wish 基于大数据的智能推荐

Wish 的核心竞争力是基于大数据的智能化推荐系统，它可以自动向用户推荐用户可能喜欢的商品。对卖家来说，商品因为被推送给用户而得到了曝光，店铺也因此得到了平台推送流量，这是每个进驻 Wish 的卖家最希望得到的结果。然而，Wish 向用户推荐商品会依据一定的算法规则，卖家想让自己的商品得到 Wish 的推荐，就必须摸清这些规则，并遵循这些规则，做出调整。

（1）初次匹配

Wish 向用户推荐一个新商品，首先是根据商品的标题、图片、标签、描述去鉴别商品，其中主要还是依据商品标签做鉴别，然后是与用户需求、喜好进行匹配，向用户推荐匹配度高的商品。

（2）初始流量的转化情况

经过初次匹配后，Wish 就不再只会以商品的各项属性作为推荐的依据了，还会考虑商品初始流量的转化情况。例如，某个商品已经被推荐了 1 000 ～ 2 000 次，但点击率、转化率都很低，那么就算这个商品在属性上非常符合用户的需求，也不会再得到 Wish 更多的推荐。因此，商品本身还是非常重要的，只有商品的转化率越高、评价越多，被推荐的机会才会越多，商品销售量也才会越高。

（3）店铺绩效与服务

经过一段时间的经营，店铺绩效与服务的各项数据，如店铺好评率、DSR、延迟发货率等就会显现出来。这些数据越完美，其商品被推荐的机会就越大。因此，Wish 卖家在把商品做好的同时，也要把服务做好。

（4）店铺活跃度

店铺活跃度越高，其商品被推荐的概率就越大。店铺活跃度包括账号登录频率、买家浏览次数、点击率、店铺整体转化率、商品更新情况、商品评价情况等。

案例分析

创新思维：跨境电商技术型玩家 Club Factory

杭州嘉云数据科技有限公司旗下的出海电商平台 Club Factory 完成了 C 轮 1 亿美元融资，投资方为 IDG 资本、贝塔斯曼、昆仑资本、真格基金、峰瑞资本等。这个年轻的公司究竟因何成为资本宠儿？

杭州嘉云数据科技有限公司（以下简称"嘉云"）主打的是科技牌，是大数据和人工智能技术在跨境电商领域应用的行业领先企业。嘉云成立后最初的主打产品是爆款易，这是一款针对出口跨境电商 B 端客户的第三方大数据分析工具，通过对 eBay、亚马逊等网站的数据抓取，获得服饰、家居等非标商品的销售量、进价、售价。B 端卖家可以很直观地看到一款商品的受欢迎程度和利润空间，了解到哪些是潜在的爆款，从而进行选品和定价。

此外，Club Factory 的供应链可以说是其核心壁垒之一。该平台自主研发了供应链管理系统，以及基于人工智能的人货匹配算法。在选品时，Club Factory 通过爬虫大数据抓取境外用户爱买什么商品，然后在海量 SKU 中寻找分析用户最有可能喜欢的商品，通过供应商的资质、产能、历史记录等筛选供应商。而在人货匹配方面，综合用户偏好进行多维度推荐，做到了千人千面，用精准的信息匹配提高转化率。

以服务出口电商 B 端卖家的大数据分析工具为切入点，转型 To C 端平台 Club Factory，通过数据赋能，实现产销协同优化。嘉云能够及时抓住大数据的力量，始终关注用户体验，守住了竞争的核心。

（资料来源：中国跨境电商综合试验区公众号）

讨论题：Club Factory 是如何利用大数据进行选品的？

本章小结

通过对本章的学习，我们对跨境电商环境下的大数据分析有了比较全面的认识，掌握了什么是大数据分析、大数据分析如何创造商业价值、大数据环境下如何改进跨境电商的流程及跨境电商的大数据分析特征；了解了大数据分析常用的名词，不同平台在大数据分析上的侧重点；初步认识了主要的大数据分析工具及不同平台在大数据分析环境下的典型应用。

习题

一、名词解释

大数据　数据分析　商业价值　关键词分析　选品

二、选择题

1. 以下不属于金字塔分析哲学的顶部的是（　　）。
    A. 行动　　　　B. 决策　　　　C. 商业洞察　　　D. 产品追踪
2. 以下不属于 eBay 的数据分析要点的是（　　）。
    A. 最近销售记录　B. 卖家评级　　C. 买家满意度　　D. 产品质量

3. 大数据有"4V"特点，即 Volume（规模）、Velocity（速度）、Variety（种类）和（　　）。

  A. Voice（声音）   B. Value（价值）

  C. Variable（易变的）   D. Validity（正确有效的）

4. 以下不属于大数据分析的业务价值的是（　　）。

  A. 精准地推送广告   B. 消息的及时推送

  C. 消息的个性化展示   D. 广告的覆盖面

5. 亚马逊对商品或店铺的排名进行调整时，以下（　　）不是主要考核的行为数据。

  A. 转化率   B. 销售量   C. 绩效   D. 质量

6. 页面被访问的总次数是（　　）。

  A. 点击率   B. 访客数   C. 浏览量   D. 访问深度

7. 亚马逊站外的长尾词不能通过（　　）工具获得。

  A. Google Ads B. Keyword Tool C. Jungle Scout D. Sina

8. 以下可用于分析用户的搜索习惯变化的工具是（　　）。

  A. Listing 优化 B. PayPal   C. Google Ads D. FBA 费用计算

9. （　　）不属于全球速卖通卖家后台数据纵横的功能之一。

  A. 实时风暴 B. 流量分析   C. 经营分析 D. 货源分析

三、主观题

1. 大数据的定义和内涵是什么？

2. 大数据分析如何创造商业价值？在跨境电商环境下，大数据将带来哪些变革？

3. 传统营销与数据化运营的区别是什么？

4. 在大数据环境下，跨境电商的流程与特征是什么？

5. 简述大数据分析常用名词及其含义。B2B 平台数据分析的要点是什么？

6. 结合跨境电商平台案例分析，谈谈如何利用分析工具更好地辅助跨境电商。

知识点拓展

知识点 7-1：数字引擎

知识点 7-2：洞察用户行为

知识点 7-3：中国跨境电商行业分析

知识点 7-4：速卖通数据分析工具

知识点 7-5：亚马逊店铺数据状态

知识点 7-6：选品分析工具

知识点 7-7：Keepa 图表内容解读

知识点 7-8：产品市场容量和竞争力

第八章
跨境供应链管理

知识结构图

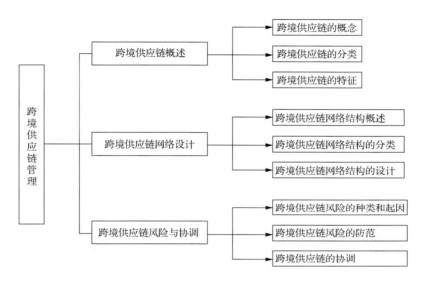

学习目标

知识目标
1. 了解跨境供应链的概念。
2. 了解跨境供应链的网络结构。
3. 掌握跨境供应链风险与协调的相关内容。

价值目标
1. 掌握跨境供应链的韧性和安全性。
2. 掌握跨境供应链的风险防范与治理机制、中国供应链方案。

导入案例

ZARA 的快速响应供应链

ZARA 是西班牙 Inditex 集团旗下的一个子公司，它既是服装品牌，也是专营 ZARA 品牌服装的连锁零售品牌。在其他时尚品牌的利润纷纷下滑的时候，ZARA 的利润不但没有下滑，反而以两位数的速度增长，被誉为"快"时尚的领导品牌。

快时尚以"快"为命。根据时尚行业的观点，时尚服装的流行周期为 2 个月左右。也就是说，如果一家快时尚公司能够抓住这 2 个月的市场机会增加销售，那么就能为公司创造价值；否则，如果某款时装在流行周期过去以后才姗姗来迟，那么就可能削价处理。因此，ZARA 的经营战略，就是尽一切可能提高响应速度。目前 ZARA 可以做到当其他公司从设计到生产平均需要 4～6 个月的时候，ZARA 的平均生产周期是 2 周，最多不会超过 4 周，这就超越了竞争对手。

ZARA 不仅响应速度快，而且品种更新也非常快。它每年设计和投入市场的新款服装大约有 12 000 种，平均每款有 5～6 种花色、5～7 种规格。每年投产的约有 300 000SKU（库存单位），不重复出样。ZARA 具有如此强大的竞争力，主要得益于它的极速供应链系统，其系统结构和运作模式都有着独特的优势。

一、产品组织与设计

极速供应链是为生产正确的产品准备的。为了准确抓住市场上畅销的产品，ZARA 对新款时装的开发模式基于诠释流行而非原创流行。ZARA 设计师的主要任务不是创新开发产品，而是发现当下的流行元素，并在艺术指导决策层的指导下重新组合现成产品。

ZARA 以各种方式获得时尚产品的市场信息，然后迅速反馈给总部。ZARA 的总部有一个由设计专家、市场分析专家和买手（负责采购样品、面料、外协和生产计划等）组成的专业团队，共同探讨将来可能流行的服装款式、花色、面料等，讨论大致的成本和零售价格等问题，并迅速达成共识。然后，设计师快速手工绘出服装的样式，再进一步讨论修改。设计师利用计算机进行设计和完善，保证款式、面料纹路、花色等搭配得更好，并给出详细的尺寸和相应的技术要求。接下来这个团队进一步讨论、确定成本和零售价格，决定是否投产。在产品组织与设计阶段，ZARA 与大多数服装企业不同的是：从距顾客最近的地方出发并迅速对顾客的需求做出反应，始终迅速与时尚保持同步，而不是去预测 6～9 个月甚至更长时间后的需求。

二、采购与生产

设计方案确定并决定投产后，ZARA 马上开始制作样衣。由于面料和小装饰品等辅料在 ZARA 仓库里都有，所以制作样衣只需要很短的时间。

同时，生产计划及采购人员开始制订原材料采购计划和生产计划。首先是依据产品特点、产品投放时间的长短、产品需求的数量和速度、专业技术要求、工厂的生产能力、综合性价比、市场专家的意见等，确定各产品是自己生产还是外包出去。如果决定自己生产，且有现成的布料库存，那就直接领用布料开始生产；如果没有现成的面料，则可以选择采购已染色的面料生产，或采购/领用原纱（一般提前 6 个月就向西班牙、印度等地用轮船买来原坯布——未染色的织布，放在仓库里面），进行染色后整理再生产。一般内部工厂的生产量为下一季预期销量的 15%，这样为当期畅销产品补货预留了大量产能。ZARA 自己的工厂生产产品时，其面料和辅料尽量从 Inditex 集团内相关厂家处购买，其中有 50% 的布料是未染色的，这样就可以迅速应对市场上花色变换的潮流。为了防止对某个供应商产生依赖，同时鼓励供应商更快地做出反应，

ZARA 剩余的原材料供应来自附近的 260 家供应商，每家供应商的供货份额最多不超过 4%。面料准备好以后，ZARA 则会下达生产指令，用高速裁床按要求迅速裁剪布料。裁剪好的布料及配套的拉链、纽扣等被一同通过地下传送带运送到当地的外协缝制厂，这样所有的缝制工作外包。一般一段时间内一个工厂集中做一款服装，以减少差错。因此，其他公司需要几个月时间完成的工作，ZARA 在几天内就能完成。外协缝制厂把衣服缝制好之后，再送回 ZARA 进行熨烫、贴标签和包装等处理并接受检查，最后送到物流中心等待发往全球各地的专卖店。

如果从公司内部的工厂不能获得满意的价格、有效的运输和质量保证，或者产能有限，采购人员可以选择外包。

三、产品配送

产品包装检查完毕以后，每个专卖店的订单都会独立地放在各自的箱子里，通过大约 20 千米的地下传送带运送到配送中心。为确保每一笔订单准时、准确到达目的地，ZARA 采用激光条形码读取工具（出错率不到 0.5%），它每小时能挑选并分拣超过 80 000 件衣服。

为了加快物流周转速度，ZARA 总部还设有双车道高速公路直通物流中心。物流中心的卡车都按固定的发车时刻表不断开往各地。货物从物流中心被卡车直接运送到欧洲的各个专卖店，之后通过 2 个空运基地运送到美国和亚洲各国，再通过当地第三方物流的卡车送往各专卖店。这样，欧洲的专卖店可在 24 小时内收到货物，美国的专卖店可在 48 小时内收到，日本的专卖店可在 48 ～ 72 小时收到。

（资料来源：根据网络资料整理）

思考题：

1. 如何从供应链竞争力管理属性的视角认识 ZARA 的供应链管理模式的独特性？
2. ZARA 的混合供应链结构模式有哪些优点？

第一节 跨境供应链概述

一、跨境供应链的概念

党的二十大报告中指出，我们要坚持以推动高质量发展为主题，加快建设现代化经济体系，着力提高全要素生产率，着力提升产业链供应链韧性和安全水平，着力推进城乡融合和区域协调发展，推动经济实现质的有效提升和量的合理增长。在经济全球化的环境下，企业要参与世界经济范围内的经营和竞争，就必须在全球范围内寻找生存和发展的机会。在国际市场的驱动力、技术的驱动力、全球成本的驱动力以及政治和经济的驱动力下，使有能力开展境外业务的企业迅速向国际化经营转变。因此，在全球范围内对原材料等部件和产品的配置已成为企业在国际化进程中获得竞争优势的一种重要经营手段。

跨境供应链
基础理论

1. 全球供应链的概念

全球供应链是指以全球化的视野，将供应链系统延伸至整个世界。具体来讲，全球供应链是实现一系列分散在全球各地的相互关联的商业活动（包括采购原料和零件、生产制造并得到最终产品、产品增值活动、对零售商和消费者的配送以及各个商业主体之间交换信息的行为等）的全球性供应链系统。

2. 跨境供应链的概念

学术界通常认为跨境供应链是我国根据自己产业的实际发展情况，在跨境贸易、制造产业数字化大发展的特定历史时期所提出的中国自主主导的全球供应链。结合上述观点，本书认为，跨境供应链就是在中国的主导下，实现全球范围内原料和零部件采购、生产制造、分销零售、产品增值、物流配送以及信息交换等相互关联的商业活动的功能网络系统。

二、跨境供应链的分类

1. M2C 模式

M2C 即 Manufacturers to Consumer（生产厂家对消费者），是指生产厂家直接对消费者提供自己生产的产品或服务，特点是流通环节减少至一对一，销售成本降低，从而保障了产品品质和售后服务质量。M2C 模式跨境供应链示意图如图 8-1 所示。

图 8-1 M2C 模式跨境供应链示意图

2. B2B 模式

B2B 即 Business to Business，是指企业与企业之间通过专用网络或互联网进行数据信息的交换、传递，开展交易活动。在跨境供应链管理中主要采用保税自营＋直采模式，这一类型的主要跨境电子商务企业有京东、聚美等。这种模式的优点在于跨境电子商务企业能够直接参与货源组织以及物流仓储买卖流程，这也就使其流转效率很高，有着很高的时效性。其缺点则在于跨境供应链上的商品品类受限，这种管理模式是以销售爆款商品为主，有些国家和地区的商检和海关是相互独立的，根据各地的政策不同，能够进入的商品也不尽相同，会有很多限制；除此之外，还有成本问题，不管是稳定上游供应链还是提高物流时效、在保税区自建仓库，又或者是开展营销吸引顾客，都需要资金，也就意味着成本压力会很大。B2B 模式跨境供应链示意图如图 8-2 所示。

图 8-2 B2B 模式跨境供应链示意图

3. BBC（保税仓）模式

保税仓模式是跨境电商不断发展的重要产物。保税仓模式分两段物流：境外段和境内段。商品完成境外段的运输后，要在跨境电商平台建立的保税仓进行拆包、检验、清关、分拣和打包，再通过境内快递公司寄给消费者。跨境供应商首先将商品运输至保税区的仓库，然后通过跨境电商企业对外销售，确定订单后，再由保税区直接进行商品分拣包装，最后从仓库运输出去。保税仓模式的明显优势就是充分享受保税区或自贸区的平台优势和政策优势。跨境供应链服务企业通过保税仓模式进行邮出，与跨境电商平台合作为其提供货源，然后平台提供消费者的订单，最后由跨境服务商直接发货给最终用户。"保税仓＋境内物流"模式采取跨境直采、入库自营的模式，用户下单后，平台从保税区清关发货，再通过第三方物流送货至用户。典型的平台有：天猫国际、蜜芽、小红书、京东全球购。

4. 海外仓模式

海外仓模式是近些年不断兴起的跨境电商供应链管理模式。海外仓的管理模式为：跨境电商企业在境外的目的地直接建立仓库，将货物预先直接运送至仓库，并以跨境电商的形式进行网上销售，当消费者的订单生成时，跨境电商企业利用仓库直接进行商品的运输和配送。这种管理模式与传统模式相比，具有物流时间短、物流管理成本低的优势，同时在商品检验、商品退换货等方面的管理也更有效。其劣势在于跨境电商企业最终要比的是境外的销售能力，所以还是对境外消费者的把握和考量更为重要。

5. S2B2C 模式

在 S2B2C 模式中，S 即大供应商（Supply），B 指渠道商（Business），C 为顾客（Customer）。一方面，跨境电商平台将优秀的供应商筛选出来向渠道商提供集中采购的机会；另一方面，跨境电商平台向渠道商提供技术支持、服务培训和系统集成等，使渠道商能更好地为最终消费者服务。这个模式构建了跨境供应商、渠道商与消费者的协同链条，跨境供应商与渠道商共同服务于消费者，渠道商对消费者的服务离不开跨境供应商的支持，但是跨境供应商同样需要通过渠道商来向消费者提供服务，因此跨境供应链上的各方成为共生共赢的关系。S2B2C 模式跨境供应链示意图如图 8-3 所示。

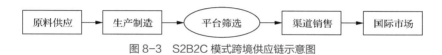

图 8-3　S2B2C 模式跨境供应链示意图

三、跨境供应链的特征

1. 虚拟复杂性

（1）跨境供应链的虚拟性

在工业 4.0 的背景下，电子商务、人工智能以及大数据不断开拓创新，供应链的运作主要包括物流、商流、信息流、资金流四个方面，为了对跨境供应链实施高效运作与管理，供应链的信息流几乎完全由网络实现，商流也由线下纸质版合同的签订逐步转移到线上进行电子合同签订。虚拟供应链的整合是指以一个核心能力为中心，借助 IT 工具与跨境供应链上的其他企业进行合作，以此提供终端产品与服务的策略联盟。

（2）跨境供应链的复杂性

跨境供应链的虚拟性与跨境供应链范围的广泛性共同决定跨境供应链的复杂性。

跨境供应链的虚拟性使供应链的无形运作与信息流转逐渐增多，这些是在实际交易过程中看不见、摸不到的操作。虚实结合的管理方式提高了供应链的计划、组织、协调、控制等各方面的管理效率，但也提高了跨境供应链的复杂性。

供应链涉及多个节点企业，要从宏观的整体供应链细化到每个企业的每个部门进行管理，这本就是一个相互影响的复杂的系统，跨境供应链又涉及多个国家和地区，体系更加庞大，复杂性更高。由此可见，跨境供应链具有复杂性是一种必然。

2. 高风险性

跨境供应链中的各种不确定因素导致跨境供应链的高风险性。跨境供应链上的节点企业可能由于自身经营战略、目标市场、技术运作水平和企业文化的差异，增加了跨境供应链运作中的不确定性，这种不确定性可能是跨境供应链环节中的供应、需求以及跨境供应链企业内部制造的不确定性因素导致的，也可能是跨境电子商务供应链企业在生产过程中各种无法事先预测的不确定性因素导致的。除此之外，也有可能是跨境供应链自身的脆弱性造成的，跨境供应链的风险因素导致跨境供应链运行效率降低，成本增加，对跨境供应链系统造成破坏，影响各成员之间的满意度。

3. 动态选择性

动态性是系统运行的要点之一，系统作为一个处于运动状态的有机体，其稳定状态是相对的，运动状态则是绝对的。系统不仅作为一个功能实体而存在，而且作为一种运动而存在。系统内部的联系就是一种运动，系统与环境的相互作用也是一种运动。

跨境供应链面对着更多的厂商的选择，用户需求的多样化、市场环境的复杂化、服务响应的及时化，共同决定跨境供应链的动态选择性。从供应链满足客户需求的目标来看，市场需求的不稳定性越来越强，这就要求供应链不断调整供应产品、供应市场以及供应能力，从而导致供应商的不断变更或市场的重新选择。

4. 整体协调性

供应链是一个系统，跨境供应链则是相较于普通供应链的更为复杂的、范围更广的系统，无论是普通供应链还是跨境供应链，其目的都是满足客户需求，这就需要注重其整体功能的协调。整体协调性是供应链成员企业独自运作所不具备的特性。

第二节　跨境供应链网络设计

一、跨境供应链网络结构概述

跨境供应链的网络是指由多个在境内外的供应链成员"节点"和它们之间的"连线"所构成的物理网络，以及与它们的业务相伴随的信息流网络和资金流网络组成的有机系统。这些节点可以是全球供应链上的企业、企业的工厂和物流设施（各种仓库、港口、配送中心、商店等），也可以是为这些企业提供信息和金融服务的服务商（银行、咨询机构、中介服务商等）。而国际贸易、国际外包业务、跨国集团的全球范围内经营等业务都是通过在这些节点上的运作完成的，伴随着这些业务的物流、商流、资金流和信息流等也是通过从这些节点的进入、暂存和发出而实现的。

网络节点的结构决定了整个全球网络结构的复杂程度和业务运作的顺畅程度。节点间的连线代表着上述各种"流"的流通途径。首先是物流，这些连线代表实体货物的实际流向，连接全球收发货节点间的运输，如各种运输工具的运输路线等，同时它们也是供应链上存货移动轨迹的物化形式。各节点表示存货流动暂时的停滞，其目的是使其更有效地移动。一般来说，商流与物流是同行的，是物流中的一部分，即只有交易出现、商品的所有权发生转移时，商流才伴随物流出现。商流与物流的方向、数量是一致的，但时间却可能不一致，特别是在国际贸易中，物流往往是滞后于商流的。然而，没有物流的服务作用，一般情况下，商流活动都会退化为一纸空文。其次是资金流，资金流是商流的价值体现，它伴随着物流和商流流入或流出某一节点而流出或流入另一节点，而节点之间的连线即代表着资金的转移。最后，信息流是物流、商流和资金流一切业务处理过程中发生变化的表述和信息的流动，网络的节点就是各种物流信息汇集及处理之处，如国际订货单处理、货物的跨境发货处理，中央数据库对数据的存储和处理等。连线代表着信息的通路、发送和接收，它的载体包括电话、传真、EDI、电子邮件、互联网等。

二、跨境供应链网络结构的分类

1. 按供应链的交叉程度分类

按照供应链的交叉程度，跨境供应链网络分为以下三种结构类型。

（1）平行的供应链网络。虽然几条供应链没有交叉，但它们都与银行、广告商等支撑企业有关，而且还需要第三方物流企业的服务，也需要一些行业协会、政府部门的管理控制等，所以这些看似无关的供应链并不是孤立地存在着，它们有其联系之处。图8-4所示为平行的供应链网络。

（2）完全交叉的供应链网络。这种供应链网络的前一级的各个节点企业和后一级的各个节点企业之间都有供求关系。这是一种理想状态下的供应链网络结构，在实际中并不常见。我们对供应链网络进行定量/定性研究时一般都是采用这种结构的。完全交叉的供应链网络如图8-5所示。

（3）部分交叉的供应链网络。在这种供应链网络中，不同供应链的部分企业存在供求关系。它是现实中最常见的结构。部分交叉的供应链网络如图8-6所示。

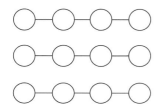 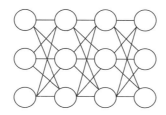 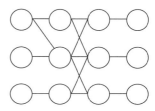

图8-4　平行的供应链网络　　　图8-5　完全交叉的供应链网络　　　图8-6　部分交叉的供应链网络

2. 按各级间的供求关系分类

按照供应链网络中各级之间的供求关系，跨境供应链网络分为以下两种类型。

（1）只有相邻级供求关系的供应链网络。供应链网络中涉及很多级之间的供求关系，但这种供应链网络只考虑相邻级之间的供求关系，而不考虑除此之外的供求关系。此种结构类型就是一般的供应链网络。只有相邻级供求关系的供应链网络如图8-7所示。

（2）非相邻级之间存在供求关系的供应链网络。在实际的供应链网络中，除了相邻级之间存在供求关系外，非相邻级之间也存在着供求关系。例如，供应商甲和供应商乙都是制造商丙的供应商，而供应商乙在生产零部件时又需要供应商甲提供原材料。如果把一、二级供应商当作同级供应商考虑，那么此结构转化为同级之间存在供求关系的供应链网络。所以，对于同级之间存在供求关系的结构，可以将同级关系转化为两级关系来考虑。

有些顾客会直接从制造商那里订货购买产品，也形成了非相邻级之间的供求关系。非相邻级之间存在供求关系的供应链网络如图8-8所示。

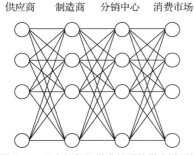 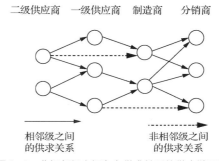

图8-7　只有相邻级供求关系的供应链网络　　　图8-8　非相邻级之间存在供求关系的供应链网络

三、跨境供应链网络结构的设计

1. 跨境供应链的基本结构

跨境供应链中主要包括供应商、制造商、中间商、零售商、用户以及贯穿整个供应链全程的相关物流企业和跨境电商企业。在跨境供应链中无论是进口供应链还是出口供应链，在供应链形成之后基本流程都是从供应商提供原材料开始的，中间可能经过一层或多层的不同供应商进行半成品加工，再将这些原材料和半成品汇集到制造商，由核心制造商进行成品加工，再将成品分发给各个部分的中间商或直接配送给零售商，最后由零售商销售给用户。在整个过程中，物资的流动需要物流企业进行运输、仓储、流通加工等相关工作的管理，跨境电商企业为供应链提供信息数据的传输及共享。跨境供应链的基本结构如图8-9所示。

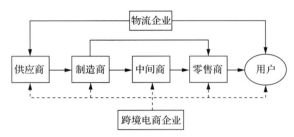

图 8-9　跨境供应链的基本结构

2. 跨境供应链的流程

跨境供应链的流程应该包括生产端、物流端、消费端三个部分。其中，生产端的作用在于为供给方提供从原料到粗加工品、精加工品等实体产品，在供给方收到需求方订单申请后，信息传递到物流端，并支付相应费用，发起供应链服务需求。而物流端的作用则在于确认需求，并进行相应的包装、仓储、流通加工等服务。与此同时，还有报关、通关等具体到跨境物流的服务。所涉及产品依品类、目的地及运输条件的区别分别划拨，最终往往通过多式联运等形式运抵消费端。消费端也就是需求方，其在发起订单申请及支付后，可对订单产品进行跟踪并最终确认。跨境供应链的流程如图8-10所示。

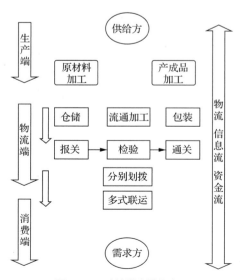

图 8-10　跨境供应链的流程

第三节　跨境供应链风险与协调

一、跨境供应链风险的种类和起因

供应链是环环相扣的紧密闭合链，任何一个环节出现问题，都会使这条连续的链断裂开，影响整个供应链的正常运作。因此，供应链管理者必须密切关注供应链风险，以及时发现风险并采取应对措施。

供应链的风险一部分是由"天灾"造成的，即不可抗力的自然风险，如地震、火灾、台风和暴风雨雪等来自大自然的风险。例如，在台风期间，港口城市常常遇到货轮因不能进港、物料不能上岸，而无法进行装配生产的麻烦。人类目前普遍面临着环境恶化的挑战，天灾的发生频率也越来越高，作为一种不可抗力，它将成为供应链的致命杀手。另一部分是"人祸"引起的。相对于天灾而言，人为因素更加复杂多变。其中包括政治风险，如由于业务所在国家的政局动荡，罢工、战争等对供应链造成的损害；经济风险，如汇率风险和利率风险，从事国际物流必然要发生资金流动，因而会产生汇率风险和利率风险；技术风险，如独家供应商问题、IT技术的缺陷问题和信息传递方面的问题等；另外，还有其他不可预见的因素，如交通事故、海关堵塞、停水停电等都会制约供应链作用的发挥和正常运作。

二、跨境供应链风险的防范

为了保证供应链的稳定和正常运行，企业必须针对供应链运行的环境、成员之间的合作关系等，分析和找出可能存在的任何风险，并对各种风险及其特征进行及时分析，采取不同的防范策略，保证供应链运行时刻处于有效的监控状态，防止风险的发生，一旦有灾难发生，应采取措施尽量将损失限制在最小的范围内。常用的几种防范方法如下。

1. 采取柔性化策略

供应链合作中存在需求和供应方面的不确定性，这是客观存在的规律。企业采取柔性化策略是消除由外界环境不确定性引起变动的一种重要手段。供应链的成员，特别是主要成员采用这种策略，则可以将由不确定因素引起的风险降到最小。首先是可以实现设施转移。在设计供应链结构时，如果采用了柔性化策略，就可以很容易地转移供应链的设施，如工厂、配送中心等，在低转移成本的情况下充分利用各地区具有的变化趋势和不同优势屏蔽风险。其次是实现产品的转移。由于柔性化策略使生产工厂分布在世界各地，可以根据生产环境将某些成本高、收益低的产品生产转移到环境好的工厂去。同理，也可以根据产品在市场上受欢迎的程度来对产品的生产地点进行调整，转移风险，以获取最佳的效益。最后是实现市场转移。柔性化策略下的供应链运作使企业的设施分布范围广并涉及多个地区与市场，因此，企业可以获得广泛的市场信息，能及时预测市场变化，发现新的商机，常常可以在某些风险到来之前就将经营中心转移到无风险或小风险的区域市场去。

2. 与供应链成员建立战略合作伙伴关系

为了确保供应链中供应渠道或产品供应的稳定，企业需要努力与供应商结成战略伙伴关系，建立一种信任、合作、开放性交流的供应链长期关系，加强企业与他们之间的信息共享，实现利益共享、风险同担。为了预防风险，企业还需要发展多种供应方式，扩展多地域的供应渠道，加强对供应商供货情况的跟踪与评估，一旦发现某个供应商、供应渠道出现问题，应及时调整供应链战略，以防范可能发生的风险。

3. 制订应急措施和备选方案

供应链是多环节、多通道的复杂的系统，它的风险防范和应急工作也是一项复杂的工作，必须从多方面、多层次加以考虑。在平时，企业就需要预先制订处理突发事件的对策和紧急处理办法，对于一些偶发但破坏性大的风险，可预先制订应变措施，避免临渴掘井，减少乃至避免灾难给供应链及其成员带来的严重后果。在预警系统做出警告后，企业可以对突发事件的发生有所准备，通过预先制订的方法和步骤来化解风险和减少突发事件造成的损失。

同时，企业不能单单依靠某一个供应商，或过分依赖某些材料或部件，否则会存在风险，一旦某一个环节出现问题，势必影响整个供应链的正常运行。因此，企业要居安思危，在供应和运输等业务中要留有后备方案，并与这些后备供应商和承运商建立正式的合作机制，防患于未然。

4. 加强日常风险管理

为了减少风险的发生，企业必须在日常业务中加强对风险的防范，并持之以恒。要建立有效的风险防范体系，就必须建立一套预警评价指标体系（即预警系统），将风险因素都放到该体系中，采用预定的方法和手段对它们进行监控。在风险发生之前，预警系统能够及时、可靠地发出预警信号。在日常业务运作过程中，如果预警系统中的某项指标偏离正常水平并超过特定的"临界值"，系统会发出预警信号，通知企业按照预先制订好的防范措施对事件进行处理和补救。

三、跨境供应链的协调

1. 跨境供应链的失调现象

（1）需求变异放大现象

需求变异放大现象是对需求信息在供应链传递中被扭曲的现象的一种形象描述。其基本含义是：当供应链的各节点企业只根据来自其相邻的下级企业的需求信息做出生产或供给决策时，需求信息的不真实性会沿着供应链逆流而上，对订货量逐级放大。当订单信息传递到源头供应商时，其获得的需求信息和实际消费市场中的客户需求信息发生了很大的偏差：需求变异放大效应将实际需求量放大了。由于存在订单的需求变异放大现象，上游供应商往往维持比下游供应商的需求更高的库存水平。这种现象反映出供应链上需求的不同步。如果将供应链上不同环节的订单信息变化曲线从市场端到供应商端依次首尾相连，连接起来的图形很像美国西部牛仔使用的赶牛的长鞭，所以需求变异放大现象被形象地称为"长鞭效应"（Bullwhip Effect）。

（2）曲棍球杆效应

曲棍球杆效应（Hockey-stick Effect）又称曲棍球杆现象，是指在某一个固定的周期（月、季或年），前期销量很低，到期末销量会有一个突发性的增长，而且在连续的周期中，这种现象会周而复始，其需求曲线的形状类似于曲棍球杆，因此在供应链管理中被称为曲棍球杆效应。

曲棍球杆效应的存在给企业的生产和物流运作带来了很多负面的影响。在这种效应下，企业在每个考核周期的期初几乎都收不到经销商的订单，而在临近期末的时候订货量又大幅增加。运用备货型生产模式的企业，为了平衡生产能力，必须按每期的最大库存量而非平均库存量建设或租用仓库，从而使企业的库存费用比需求均衡时高很多。此外，这种现象的存在使企业的订单处理能力、物流作业人员和相关设施、车辆在每个考核周期的期初因订单太少而处于闲置状态，造成能力浪费。而到了期末，由于订单量剧增，超出了正常工作能力的上限。这时，企业为了按单出货，不得不向外部寻求支援。无论出现哪一种情况，企业都必须付出额外的加班费和物流费用，不仅费用上升，并且由于订单太多，工作人员的差错率也大幅增加，送货延误的情况也时有发生，企业的服务水平显著降低。对运用按订单生产和准时制生产模式的企业而言，曲棍球杆效应的危害更大，甚至会影响部分经销商对某些产品的正常需求，从而导致部分终端客户的流失。

（3）双重边际效应

在影响供应链协调运作的问题中，更为隐蔽的一种不协调现象是双重边际效应（Double Marginalization）。双重边际效应是供应链上下游企业为了谋求各自收益最大化，在分散的、各自独立决策过程中确定的产品价格高于其生产边际成本的现象。与前面介绍的失协调现象不同，双重边际效应是一种更加隐蔽的供应链不协调现象。如果供应链上的企业各自为政，每个企业都从自身利益出发开展供应链业务，则会影响供应链总体收益。例如，如果下游企业（如零售商）的定价过高，必然会造成市场需求萎缩，导致供应链总体收益下降，致使供应链达不到整体协调。

2. 跨境供应链失调的原因

导致跨境供应链失调的主要因素包括体制、信息传递、运作和组织协调。体制解决的是供应链各环节参与者的目标问题，决定了其出发点；信息传递是供应链传递的客观基础，其过程中的扭曲和障碍决定了供应链失调的程度；供应链各环节中的运作问题为供应链提供了具体场景；供应链组织协调问题是信息流动的主要通道，为各个具体运作问题提供共同的支撑。

体制包括两个方面：一是硬的考评制度，二是软的潜移默化的文化。供应链的参与者采取行动时很可能以自己的绩效评估指标最优化为目标。如果给予跨境供应链内不同环节或参与者的考评制度不合理，供应链需求波动性加大，供应链利润降低，那么就会出现跨境供应链失调。

信息传递中如果需求信息在跨境供应链中的各环节之间传递时出现扭曲，那么就发生了信息传递障碍，会导致跨境供应链中订单的波动增大。

运作过程中下订单和履行订单的行为会导致供应链失调加剧，主要有以下三个表现：生产问题、仓储运输问题和价格促销，它们将导致订货批量过大、补货提前期过长等问题。

组织协调的主要作用是管理好供应链网络，处理好企业与企业之间的关系。企业在实际合作中往往存在一些问题，一般包括以下三个方面。

（1）投机主义

投机主义是指跨境供应链的每一个环节都只从自身出发考虑自己的行为，而无视对其他环节的影响。跨境供应链合作伙伴之间缺乏信任导致他们经常做出以牺牲整条供应链绩效为代价的投机行为。

（2）行为短视

行为短视是指跨境供应链的不同环节只是针对眼前的局部状况做出反应，只注重短期利益，如采购时极力压价，不考虑对方的接受程度及今后的合作关系。跨境供应链的不同环节基于局部分析，彼此推脱造成波动的原因使得跨境供应链相邻的环节成为敌人而不是合作伙伴。

（3）相互推诿

相互推诿是指因为跨境供应链中的各个环节采取的行动所造成的严重后果由其他环节承受，长此以往供应链中没有一个环节会从中吸取教训，这将形成恶性循环：各个环节一般会将自身行为失误造成的问题归咎于其他环节。

3. 解决跨境供应链失调的措施

识别了跨境供应链失调的影响因素及其带来的影响后，下面着重讨论跨境电商企业的管理者可以采取哪些行动来帮助跨境供应链解决问题，实现供应链的协调。下列管理行为可以增加跨境供应链总利润。

（1）体制：目标与激励保持一致

跨境电商企业的管理者可以通过使目标与激励保持一致来改进跨境供应链，使跨境供应链活动的每一个参与者共同努力，力争实现跨境供应链总利润的最大化。可以从协调跨境电商供应链内各环节的目标、协调各职能部门间的目标、协调定价三个层面来考虑。

（2）信息传递：提高透明度和准确性

跨境电商企业的管理者可以通过提高供应链中各个环节可以获得的信息的透明度和准确性来实现协调。提高信息共享的程度，可以通过电子数据交换技术（EDI）、共享销售终端数据、实施协同预测、实施连续库存补充计划（CRP）、供应商管理库存（VMI）、协同式供应链库存管理（CPFR）六个手段来实现。

（3）运作：提高绩效

跨境电商企业的管理者可以通过提高运作绩效和针对产品短缺的情况设计适当的产品分配方案来抑制信息扭曲。

从管理产能层面，管理者利用工人的弹性工作制度来应对需求的波动；使用转包企业将旺季的部分生产转包出去，保持内部生产的水平恒定，使固定成本相对低廉；企业同时兴建专用设施，专用设施以高效的方式提供相对稳定的产出，而弹性设施则以相对较高的单位成本生产品种多样、数量各异的产品。

从管理库存层面，管理者可以采取多种产品共用零部件、为高需求的产品或可预测需求的产品建立库存，实行计算机辅助订货（CAO）、整车运输（FTL）、集货配送，采用简化收发货流程和降低收发货成本的技术等手段。

从管理需求层面，为了减轻信息扭曲，作为制造商和品牌发展商，跨境电商企业的管理者可以通过设计限量供应方案来防止代理商在供应短缺的时候人为地提高订货量。根据以往的销量进行分配可以消除代理商虚抬订货量的动机，在需求淡季促使零售电商企业尽可能地多出售产品来提高自己在需求旺季产品供不应求时可以获得的产品配给比例。

（4）组织协调：构建战略伙伴和信任伙伴关系

当跨境供应链内构建了战略伙伴和信任伙伴关系时，企业可以较容易地利用前面所介绍的解决办法来实现协调。共享各环节都信任的准确信息可以更好地匹配供应链内的供给和需求并降低成本。更为融洽的关系还有助于消除重复工作，降低供应链中各环节的交易成本。一般可以通过下面的策略来增强组织协调性。

① 实施连续库存补充计划

为了快速反映客户降低库存的要求，供应商通过与零售电商企业缔结伙伴关系，主动向零售商频繁交货，并缩短从订货到交货之间的时间间隔，从而降低整个货物补充过程的存货量，减少存货和生产量的波动。

② 供应商管理库存

这是指在一个共同的框架协议下下游企业把库存决策权交由上游供应商代理，由上游供应商行使库存决策的权利并且允许第三方物流参与供应商管理库存系统，并通过对该框架协议进行经常性的监督和修改以实现持续改进。

案例分析

中国制造：SHEIN 的数字化柔性供应链

我国出口跨境电商异军突起，多家专业跨境电商平台深入全国产业带，其中 SHEIN 发挥了独特优势将产业带与数字贸易和数字化柔性供应链贯通，助力"中国制造"实现转型升级与国际化"出海"。和传统外贸依靠大额订单不同，SHEIN 打造自主服装国际品牌的背后是其创新的柔性供应链模式，其利用技术推动服装产业的数字化和互联网化升级，提升服装制造在国际市场上的竞争力。

在提升供应链效率方面，SHEIN 运用了"小单快反"这一外贸出口的新模式。所谓"小单快反"，即平台利用实际市场需求来预测销售和控制生产，在实时分析跟踪时尚趋势的前提下，针对所有 SKU（最小存货单位）都从非常小的订单开始，每一个 SKU 一般以 100 件到 200 件起订，如果销售趋势好立刻增加订单，如果销售未达预期则中止生产。通过实时掌握市场趋势以及消费者反馈，SHEIN 进行较为精准的预测，以此来制定后续产品线风格、明确定位与企业规划。进入生产环节后，每个款式的生产与质量管理环节的要求和标准会通过线上数字化工具实时同步到各供应商端。供应商通过线上数字化工具进行生产排单、生产管理等。SHEIN 基于"小单快反"、按需供应，从源头减少产业浪费，促进产业均衡发展。

此外，SHEIN 持续深入赋能供应商进行产业数字化变革，打造柔性化供应链。它借助数字化能力构建按需生产的"小单快反"供应链解决方案。在这种模式下，数字化贯穿供应链全链条，品牌厂商能够借力数字化生态和工具快速做出决策，实时平衡产品供应与消费者需求，从而增强价格竞争力，同时减少损耗浪费。

SHEIN 的"产业带＋跨境电商＋数字化柔性供应链"不仅可以帮助产业带拓展国际商机，同时还可以从更长远的角度帮助国内众多产业通过数字化柔性供应链升级，实现"小单快反"、按需供应，切实提升"中国制造"在全球市场的竞争力和发展能级。

（资料来源：中国金融信息网）

讨论题：SHEIN 运用的供应链模式对我国其他跨境电商企业有哪些借鉴意义？

本章小结

本章主要介绍了跨境供应链的基本概念、网络结构及其风险与协调。通过对本章的学习，我们了解了跨境供应链的概念；了解了跨境供应链包括虚拟复杂性、高风险性、动态选择性、整体协调性等特征；熟悉了跨境供应链网络结构的分类与设计；掌握了跨境供应链风险的种类和起因；知悉了如何防范跨境供应链风险，以及跨境供应链失调的现象和如何应对各种跨境供应链失调现象。

习题

一、名词解释

跨境供应链　全球供应链　跨境供应链网络结构　需求变异放大现象　曲棍球杆效应双重边际效应

二、选择题

1. 跨境供应链的特征包括（　　　）。
   A. 虚拟复杂性　　　B. 高风险性　　　C. 动态选择性　　　D. 整体协调性
   E. 小批量　　　　　F. 数字化

2. 以下属于跨境供应链模式的是（　　　）。
   A. M2C 模式　　　　B. B2B 模式　　　C. BBC（保税仓）模式
   D. 海外仓模式　　　E. S2B2C 模式

3. 跨境供应链网络结构按供应链的交叉程度分为（　　　）。
   A. 平行的供应链网络　　　　　　　B. 只有相邻级供求关系的供应链网络
   C. 完全交叉的供应链网络　　　　　D. 部分交叉的供应链网络

4. 跨境供应链风险的防范措施有（　　　）。
   A. 采取柔性化策略　　　　　　　　B. 与供应链成员建立战略合作伙伴关系
   C. 制订应急措施和备选方案　　　　D. 加强日常风险管理

5. 常见的跨境供应链的失调现象有（　　　）。
   A. 需求变异放大现象　　　　　　　B. 曲棍球杆效应
   C. 双重边际效应　　　　　　　　　D. 产业政策的规定和经济的波动

6. 解决跨境供应链失调问题可以从（　　　）等方面进行。
   A. 体制　　　　　B. 信息传递　　　C. 运作　　　　D. 组织协调

三、主观题

1. 什么是跨境供应链？
2. 简述跨境供应链的特征。
3. 请概述跨境供应链网络的分类。
4. 简述跨境供应链风险种类。
5. 简述跨境供应链风险防范的方法。
6. 跨境供应链失调现象有哪些？

知识点拓展

知识点 8-1：
顺丰智慧
供应链

知识点 8-2：
义乌供应链
升维

知识点 8-3：
从供应链到
平台端

知识点 8-4：
两大巨头
供应链大战

知识点 8-5：
菜鸟数智
海外仓供应链

知识点 8-6：
产业链供应链
稳定性

知识点 8-7：
Cosco 端到端
供应链

知识点 8-8：
跨境供应链
服务案例

Ⅲ

跨境电商实务篇

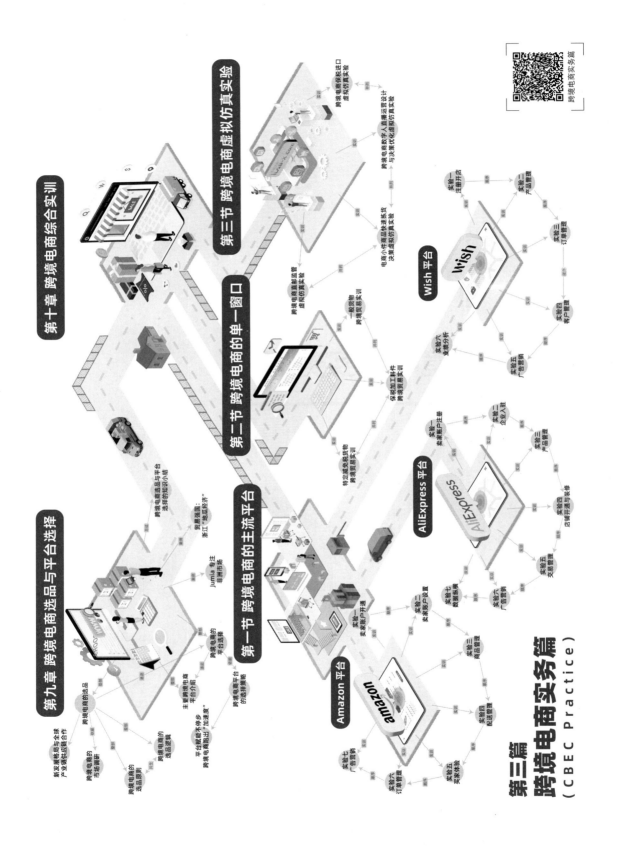

第三篇
跨境电商实务篇
（CBEC Practice）

第九章 跨境电商选品与平台选择

第十章 跨境电商综合实训

第一节 跨境电商的主流平台

第二节 跨境电商的单一窗口

第三节 跨境电商虚拟仿真实验

跨境电商实务篇

Amazon 平台

AliExpress 平台

Wish 平台

第九章
跨境电商的选品与平台选择

知识结构图

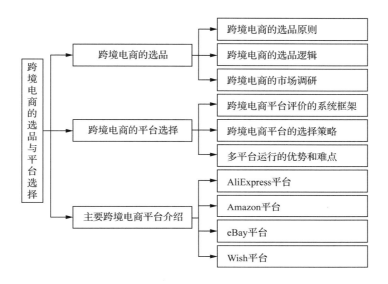

学习目标

知识目标

1. 掌握跨境电商选品的内容。
2. 了解跨境电商平台选择的内容。
3. 了解多平台运行的优势和难点。
4. 了解各主要跨境电商平台的特点。

价值目标

1. 学习各类平台运营模式、数字化工具和手段，提升数字素养，树立数字强国的理念。

2. 学习跨境电商平台的合规化要求和多元化发展，以及商业贸易变迁史，树立全球贸易和贸易强国的理念。

3. 学习各类平台规则，树立系统思维、创新意识和规则意识。

导入案例

Jumia 专注非洲市场

为了助力华东地区卖家在非洲电商市场取得更大的进阶与突破，卓米亚（Jumia）华东市场招商沙龙于第 19 届亚运会举办地杭州启动，Jumia 官方团队分享非洲电商最新商机以及时尚品类市场的热销选品新机遇，助力卖家轻松进军非洲市场。

作为非洲第一家在美国上市的独角兽公司，Jumia 专注非洲市场的跨境电商，如今设有尼日利亚、摩洛哥、埃及、肯尼亚、巴基斯坦、科特迪瓦等站点，已覆盖 11 个国家。此外，为了打造最受非洲用户喜爱和信赖的购物生态，Jumia 在非洲建立了完整的物流体系及安全的支付平台，帮助消费者实现线上支付及数百万件包裹的及时派送，希望通过互联网科技的力量为消费者提供创新、优惠的商品及便捷的线上购物体验。

华东地区作为国内经济发达的地区，拥有完善的时尚产业集群和供应链优势，这种地区产业带优势有助于该地区时尚品类卖家出海非洲。一方面，华东地区完善的供应链使卖家可以在本地找到高品质的生产厂家，以较低的价格生产出优质的时尚产品，从而降低生产成本，提高其在非洲市场的竞争力。另一方面，借助华东地区发达的交通网络和物流体系，卖家可以快速将产品送达非洲市场。这不仅能缩短交货周期，还能降低运输成本，提高产品的附加值。

非洲时尚品类市场需求日益增长，年轻群体对时尚产品的追求越加强烈。而在 Jumia 平台上，时尚类目总是能获得超出预想的销量成绩。所以，对于华东地区时尚品类卖家而言，此时入驻 Jumia 平台是进入非洲市场的最佳时机。

（资料来源：Jumia 非洲跨境电商公众号）

讨论题：Jumia 的哪些优势能够吸引华东市场的品牌商家入驻？

第一节　跨境电商的选品

一、跨境电商的选品原则

近年来，跨境电商成为人们关注的热点，我国也为跨境电商的发展提供了政策支持。但是，如何从众多的产品中选择符合境外用户需求的产品就成了难题。从市场角度看，选品指选品人员从供应市场选择适合目标市场需求的产品；从用户需求角度看，选择的产品要满足用户的某种需求。需求和供应处于不断变化的过程中，故选品也是一个不断变化的过程。

跨境电商的选品

选品不可只靠个人主观判断，应有市场调研、数据分析等客观依据。以下是跨境电商选品的 3 个原则。

1. 判断目标市场用户需求和流行趋势

世界各地区用户的生活习惯、购买习惯、文化背景都不一样，一件产品不可能适合所有地区的用户。所以，选品人员在选品之前要先研究目标市场的用户需求，了解他们的消费习惯和目标市场的流行趋势。

2．适应跨境电商的物流运输方式

跨境电商的物流具有运输时间长、不确定因素多的特点，在运输途中可能会发生天气突变、海关扣留、物流周转路线长等状况。不同国家和地区的物流周期相差很大，快的4～7个工作日可送达，慢的需要1～3个月才能送达。在漫长的运输途中，包裹难免会受到挤压、抛掷等损害，也可能会经历季节更替的温差变化。

所以，选品人员在选品时要考虑产品的保质期、耐挤压程度等因素；由于跨境物流费用高，在选品时也要考虑相应重量和体积所产生的物流费用是否在可承受范围内。

3．判断货源优势

在满足以上原则的情况下，选品人员还需要考虑自身是否具有货源优势。对于初级卖家，如果其所处地区有一定规模的产业带或有体量较大的批发市场，则可以考虑直接从市场上寻找现货；在没有货源优势的情况下，卖家再考虑从网上寻找货源。

对于有一定营销基础并且已经积累了一定销售经验的卖家，其能够初步判断哪些产品的市场接受度较高时，可以考虑寻找工厂资源，针对比较有把握的产品进行少量下单试款。

经验丰富并具有经济实力的卖家可以尝试预售，确认市场接受度后再下单或投产，这样可以减轻库存压力和现金压力。

二、跨境电商的选品逻辑

下面我们来看一下跨境电商的选品逻辑，了解跨境电商选品的基本步骤。总体来看，跨境电商选品需要经过5个步骤——确定行业类目，找到买家需求，找到热卖款、洞悉卖家爆款，市场数据验证分析，产品战略布局，如图9-1所示。

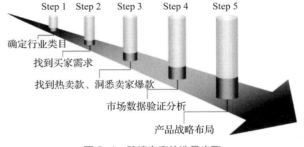

图9-1　跨境电商的选品步骤

1．确定行业类目

选择跨境电商产品的第一步，是谨慎地确定要选择的类目，如女装、男装或其他类目。因此，我们要对行业数据进行分析，包括行业竞争分析、行业数据分析、行业国别分析等。

（1）行业竞争分析

行业可以分为红海行业和蓝海行业：红海行业指现有的、竞争激烈的行业；蓝海行业指那些竞争尚不大，但又充满买家需求的行业，其充满新的商机和机会，如图9-2所示。我们在选择跨境电商产品时，需要结合自身优势，选择竞争不那么激烈、有一定市场利润空间的产品。

（2）行业数据分析

行业数据分析需要我们分析相关行业的访客数占比、浏览量占比、支付金额占比、支付订单数占比、供需指数等数据。其中，访客数占比指该行业的访问数量占比，代表市场容量，访客数占比越高，表明市场容量越大，相反则表明市场容量越小；支付金额占比是产品成功支付数占产品下单数的比例，支付金额占比越高，证明买家越倾向于购买该类目的产品；支付订单数占比是在统计时间内该行业支付成功金额占上一级行业支付成功金额的比例；供需指数代表卖家数量和买家数量的比例关系，指数越小，表明市场竞争越不激烈，相反则表明市场竞争越激烈。因此，我们要选择访客数较多、支付订单占比较大、供需指数较小的产品。

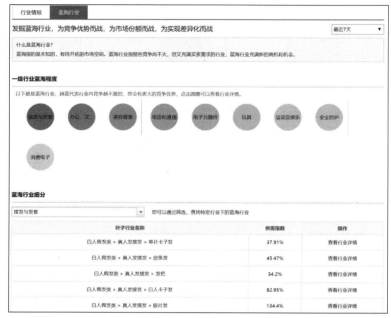

图 9-2 　蓝海行业

（3）行业国别分析

我们要根据买家搜索产品类目的关键词来判断哪个国家的买家搜索该产品的量比较多。通常情况下，我们可以依托不同国家的搜索关键词数据来判断产品的主要目标国家市场。

2. 找到买家需求

确定好行业类目后，接下来需要寻找买家需求。简单来说，就是根据买家的搜索习惯或喜好，找到买家需求较多的产品。买家的搜索习惯可以通过搜索指数和购买率排名确定，搜索指数越高的产品，搜索量越大，购买率越高的产品则说明买家对其需求越多。通常情况下，跨境电商选品要选择搜索指数和购买率排名均较高的产品。

3. 找到热卖款、洞悉卖家爆款

确定好买家需求后，我们需要洞悉卖家爆款。爆款产品不仅能够提高店铺的销售量，还能提高整个店铺的浏览量，对于提高店铺的知名度和效益具有重要作用。一般情况下，我们会借助一些专门的跨境电商网站进行选品。其中，"越域网"能够通过大数据帮助用户迅速定位eBay、Wish、Amazon 的热销单品，协助卖家快速选品、便捷铺货、放心采购。

4. 市场数据验证分析

如果已经基本确定了某款产品，卖家还可以将所选择的产品在境外相关网站加以验证，如果和通过数据分析确定的产品一致，那么说明它就是一款有潜力、符合境外需求的产品。从具体操作来看，我们可以打开境外的电商平台，如 eBay、ASOS、Gmarket 等，查看爆款或引流款、热卖产品、搜索关键词等信息。

5. 产品战略布局

通常情况下，卖家店铺的产品可以分为引流款、利润款、品牌形象款。引流款能够为店铺提供高流量、高曝光率、高点击量；利润款能够为店铺提供利润；品牌形象款能够逐渐树立店铺的品牌形象。其中，引流款是带动销售量的关键。3 种产品类别应设置的数量、折扣率及利润率如表 9-1 所示。

产品分类	数量	折扣率	利涆率
引流款	5%	50%	低
利润款	85%	30% ～ 40%	较低
品牌形象款	10%	10% ～ 20%	高

表 9-1 　　　　　　　　　　　　　　　产品战略布局

从表 9-1 中可以看出：引流款产品通常属于初期亏损产品，起引流作用；利润款产品的数量占店铺产品总量的 85% 左右，其利润率较低；品牌形象款产品的数量占店铺产品总量的 10% 左右，其利润率较高。

三、跨境电商的市场调研

1. 网站数据观察

进行市场调研的方式有很多，这里介绍初级卖家容易操作的方式。初级卖家可通过互联网收集现有的数据和信息，经过分析判断得出结论。

卖家在跨境电商平台的买家界面上可以很方便地收集选品的信息。下面以速卖通平台为例进行介绍。

单击速卖通首页的"Best Selling"，可看到图 9-3 所示的页面，选择"Hot Products"或"Weekly Bestselling"，可以查看平台上卖得好的产品。

图 9-3 　速卖通平台的"Best Selling"

"BestSelling"频道收集了最新热门产品和每周热销产品，卖家可以按照经营类目查看热门产品排行，如图 9-4 所示。

图 9-4 　按照经营类目查看热门产品排行

卖家可以参考同行卖家的产品，并在买家登录首页搜索想了解的产品，如"high heels"，按订单销售量降序排列，即可查看目前平台上高跟鞋类目下销售量较好的产品信息。"high heels"产品的销售情况如图9-5所示。

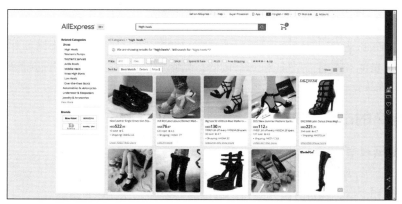

图9-5 "high heels"产品的销售情况

2．观察流行趋势

（1）观察其他国家的本土电商网站

① 美国电商网站

除了本书讨论的几大电商平台外，美国有一些以线下大型实体店为基础向电商发展的平台，它们也是美国买家的主要网购平台。

· Walmart，沃尔玛百货，美国最大的线下零售商，经营连锁折扣店和仓储式商店的美国跨国零售公司。

· Best Buy，百思买，美国跨国消费电子公司，专注于消费类电子产品。

· Macy's，梅西百货，美国中档连锁百货公司，以消费类产品为主，种类丰富。

· Sears，西尔斯，美国著名的连锁百货公司，和梅西百货类似。

② 俄罗斯电商网站

· Ulmart，俄罗斯最大的电商平台之一，成立于2008年，销售产品达12万种，包括家电、手机、计算机、汽配、服装、母婴、家装、图书等品类。

· Ozon，俄罗斯老牌电商平台，1998年上线，主营业务为在线销售图书、电子产品、音乐和电影等。

· Wildberries，时尚类电商平台，成立于2004年，是俄罗斯本土的鞋服及饰品在线销售平台。

· Citilink，3C家电电商平台，成立于2008年，为用户提供数码下载、计算机、3C家电等产品。

· Lamoda，时尚服装电商平台，成立于2010年，是一家俄罗斯电商网站，主营服饰、鞋子等时尚产品。

③ 巴西电商网站

· Mercadolire，巴西本土最大的C2C平台之一，提供巴西各类物价指数、消费趋势、付款习惯等市场信息。

· Americanas，巴西本土的连锁零售商店，1929年成立于里约热内卢，目前在巴西超过765个城市拥有2 200多家门店。

④ 西班牙电商网站

El Corte Inglés，西班牙最大的百货集团，也有电商平台，主营一些西班牙本土品牌的产品。

⑤ 法国电商网站

· Cdiscount，法国排名靠前的购物网站，拥有 1 600 多万名用户，平台经销范围涉及文化产品、食品、IT 产品等诸多品类，产品销往南美、欧洲、非洲等地。

· Fnac，法国老牌的图书和电子产品零售商，拥有数百家实体店。

· PriceMinister，欧洲地区流量较高的电商平台，总部在法国，主营 3C 产品、Fashion 及家居品类。

· La Redoute（乐都特），法国时尚品牌，1995 年开始从事网络销售，现覆盖 120 多个国家和地区，拥有 70 多个品牌。

（2）通过 SNS 了解流行趋势

SNS 通常是信息发源地，各领域的最新信息和流行趋势都会先在 SNS 中传播，卖家可以关注境外流行的 SNS 中的行业相关意见领袖和热门话题，通过观察发掘潜在商机。例如，时尚达人经常会分享最新的设计款式，这些设计款式可能会在未来的 3 个月至 2 年的时间内逐渐开始流行，卖家通过判断可以提前预备相关产品。下面介绍 3 种可能会出现销售商机的流行趋势。

① 电影流行趋势

关注院线未来一年的上映计划，尤其是好莱坞出品的影视作品，选出观众期望度较高的电影，这些电影很可能会带动一股文化潮流。卖家可以针对电影里的热门元素提前开发周边产品，但是注意不可发生侵权行为。

② 时尚博主流行趋势

时尚产品的卖家要多关注社交平台，如 Instagram 和 Pinterest 等，寻找并关注符合自己品牌风格的时尚博主、影视名人，其穿着或关注的话题很可能会引起普通消费者的跟风潮流。

③ 大型文体活动流行趋势

体育比赛和走秀节目都可能带来阶段性的购买热潮。以下推荐两个值得卖家关注的大型活动。

· 全球性体育赛事都会引起阶段性的流行趋势，如奥运会和国际足联世界杯。4 年一次的国际足联世界杯是全球球迷狂欢的日子，期间球赛周边产品销售量会直线上升，如 2010 年南非世界杯期间我国产的"呜呜祖啦"爆卖。

· 超级碗（Super Bowl），即美国国家橄榄球联盟的年度冠军赛。"超级碗"被称为美国的"春晚"，美国大牌的演艺名人都会在超级碗上演出，是美国收视率排名靠前的电视节目。

第二节　跨境电商的平台选择

一、跨境电商平台评价的系统框架

本书第一章第三节阐述了跨境电商的进出口流程，其涉及跨境电商平台、支付企业、物流商、海关、用户等一系列关键要素。卖家是否选择该跨境电商平台，需要考虑该平台的目标用户、支付方式、物流、平台服务等众多因素。根据跨境电商进出口的整个流程，我们用系统框架来衡量平台的价值，即从目标用户、平台卖家、准入条件和支付方式、网上服务平台、物流和其他服务 5 个方面进行评价。

1. 目标用户

跨境电商平台必须做出合理决议，决定到底该服务哪些地区的用户。跨境电商平台所涉及的用户身在不同国家或地区，其文化与我们的差异极大，所以针对特定地区的用户，跨境电商平台可以凭借对该特定群体需求的理解来设计相应的服务。目标用户细分依据如表 9-2 所示。

表 9-2　　　　　　　　　　　　　　　　目标用户细分依据

用户细分依据	目标用户细分群体
类型	是零售用户还是批发用户
地区	跨境电商平台服务于哪些地区
性别	男、女
年龄阶段	年轻人、中年人、老年人
职业	根据从事工作内容的不同进行划分
收入水平	根据收入金额的不同进行划分
用户价值	根据最近消费时间、频率、金额等指标进行评估

2. 平台卖家

在选择跨境电商平台时，我们也需要考虑平台上其他卖家的情况，如是个人卖家还是企业卖家、来自哪个国家或地区、销售的产品属于哪个类目等。平台卖家分类情况如表 9-3 所示。

表 9-3　　　　　　　　　　　　　　　　平台卖家分类情况

分类依据	说明
类型	个人卖家还是企业卖家
地区	来自哪个国家或地区
产品种类	销售的产品属于哪个类目，如汽车配件、服装等
企业规模	大、中、小
企业经营情况	根据企业的销售量、消费者数量等进行划分

3. 准入条件和支付方式

各大跨境电商平台对卖家的要求不尽相同，部分平台只接受企业卖家，不接受个人卖家或对个人卖家的要求非常严格。因此，个人卖家在进入该平台之前必须首先考虑这一因素。此外，各大平台的收费模式也有着显著的差异，主要有年费、交易佣金、服务费等。

跨境电商平台除了保证自身产品质量和服务，还需要了解用户的需求，其中支付就是很重要的一部分。全球各地区的人们在网上购物时，所使用的支付方式是有差异的。跨境电商平台涉及的各地区消费者常用的支付方式如表 9-4 所示。

表 9-4　　　　　　　　　　　跨境电商平台涉及的各地区消费者常用的支付方式

地区	常用的支付方式
北美地区（泛指美国和加拿大）	熟悉各种先进的电子支付方式，如网上支付、电话支付、邮件支付等。信用卡支付是常用的在线支付方式之一
欧洲	欧洲人习惯的电子支付方式除了维萨（VISA）和万事达（MasterCard）等国际卡，还有当地卡，如 Maestro（英国）、Solo（英国）、Laser（爱尔兰）、Carte Bleue（法国）等
日本	以信用卡付款和手机付款为主，常使用支持 20 种货币的 JCB 信用卡进行网上支付
澳大利亚、新加坡、南非和南美地区	习惯的电子支付方式是 VISA 和 MasterCard，也习惯用 PayPal 电子账户支付
欠发达地区	东南亚、南亚、非洲的中北部等欠发达地区，一般也使用信用卡支付。但由于风险较大，卖家要充分利用第三方支付商提供的反欺诈服务，事先屏蔽恶意欺骗或有风险的订单

4. 网上服务平台

网上服务平台最近几年更加注重用户体验，本书也主张从用户体验的角度出发来对跨境电商平台进行评价。用户体验主要可以分为感官体验、交互体验、情感体验 3 类。感官体验是用户视听上的体验，强调舒适性，一般在色彩、声音图像、文字内容、网站布局等方面进行呈现。

交互体验是用户使用、交流过程中的体验，强调互动、交互特性。交互体验贯穿浏览、点击、输入、输出等过程。情感体验是用户心理上的体验，强调心理认可度。例如，很多网站都设立了客服，客服回复的及时性、解决问题的快速性等都影响着用户的情感体验。如果用户能通过站点认同、抒发自己的内在情感，那说明该平台的用户体验效果较好。

5．物流和其他服务

众多跨境电商平台都涉及国际物流，它们基本会选择第三方国际物流，但可供选择的第三方国际物流公司在物流时间、物流成本等方面具有不同的特点。此外，很多跨境电商平台在境外设立了海外仓，缩短了物流时间，提高了办事效率，能促进境外用户在海外仓进行线下购买。所以，海外仓也是跨境电商平台需要考虑的关键因素。

跨境电商平台的主要服务是产品销售，但是围绕产品销售，平台会根据自身情况和用户需求提供其他相应的服务。各大平台提供的此类服务有较大差异，卖家需要根据自身情况选择适合自己的平台。跨境电商平台的其他服务如表9-5所示。

表 9-5　　　　　　　　　　　　跨境电商平台的其他服务

其他服务	说明
个性化定制	例如，兰亭集势的突出点是婚纱的个性化定制，这吸引了广大适婚人士在该网站上进行注册和购买
产品收货、分拣、打码、质检等预加工处理服务	为卖家提供了便利，提高了效率
跨境贸易结算、通关代理等服务	减少卖家的程序
信贷服务	解决卖家和买家资金不足的问题，如敦煌网与DHCredit合作
培训	从事跨境电商的人员需要有较强的外语能力及丰富的专业知识储备，平台可为新手提供培训
营销推广	为卖家提供提高产品曝光度的营销工具，包括定价广告、竞价广告和展示计划等
代运营服务	为卖家提供店铺装修及优化、账号托管等服务

二、跨境电商平台的选择策略

前面我们阐述了跨境电商平台评价的系统框架，卖家可以根据这个框架，结合自身行业和产品的特点，选择适合自己的跨境电商平台。通过对资料的整理，本书归纳了以下选择跨境电商平台时需要考虑的几个方面。

1．了解各平台对卖家的准入条件及各平台的相关规则

卖家分为企业卖家和个人卖家。我国境内的跨境电商平台，如敦煌网、速卖通等均接受个人卖家和企业卖家，对卖家的要求比较低，卖家只需要通过实名认证即可入驻平台。但是，境外的很多跨境电商平台，如eBay、Amazon等对卖家的要求相对比较高。eBay在卖家注册的时候要求提交相关证明，如销售的产品的发票、银行账单等，对企业卖家还要求提供营业执照等相关证明并进行认证，同时要求支付一定的交易费用。

因此，卖家应熟悉平台的规则。敦煌网的卖家都来自中国，敦煌网能做到较为公平地对待买家和卖家，且风控经验丰富（在控制买家欺诈方面做得好）；速卖通作为阿里巴巴的一大平台，也能做到比较公平地对待买家和卖家，不过其规则常会发生一些变化，卖家需要及时了解；eBay、Amazon作为境外的知名跨境电商平台，其规则对于卖家而言较为严格，注重保障买家的权益。如果买家投诉卖家售卖仿制产品，eBay和Amazon会立刻冻结卖家账号，只有当卖家提供相应的证据证明自己所销售的不是仿制产品时，eBay和Amazon才会将其账号解冻，这一解冻过程需要花费较长的时间。

2．分析平台所针对的买家群体

买家群体大致分为零售商和小额批发商。卖家应考虑自己的产品特点及企业特点，如果产品主要销售给个人，那么可以选择 B2C 平台，如兰亭集势、米兰网、敦煌网等，境外平台主要有 eBay、Amazon 等。

清楚平台买家的分布地区。各大平台的精力有限，所以其推广的地区往往具有针对性，各地区的买家对平台的使用频率也略有差异。另外，产品品牌的知名度也在各大地区存在差异，卖家应考虑平台在境外地区的知名度等，从而选择适合自己产品销售的平台。例如，如果企业的产品主要销往美国，那可以选择在美国有较大买家群体的 Amazon 或 eBay。

3．掌握平台销售的产品信息

跨境电商平台销售的产品品类，从服装服饰、3C 产品、计算机及配件、家居园艺、珠宝、汽车配件、食品药品等便捷运输产品向家居、汽车等大型产品扩展。eBay 数据显示，eBay 平台上增速最快的三大品类依次为家居园艺、汽配和时尚。

4．熟悉网上服务平台的评价

网上服务平台的评价主要可以从用户体验角度出发。

（1）感官体验，主要考虑网页色彩搭配、布局给人的舒适程度。

（2）交互体验，通俗来讲，就是网站的操作难易度。目前，敦煌网和速卖通符合中国用户的操作习惯；eBay、Amazon 等对于境内卖家而言操作相对复杂，因为其卖家来自全世界，平台需要适应全世界卖家的习惯。

（3）情感体验，通过客服的回复是否及时、网页上是否有比较详尽的 FAQ 设置等来呈现。例如，兰亭集势在美国、西班牙、波兰等国家或地区聘请当地服务市场的客服，此举措使其与当地的买家有了更好的互动，提升了买家的情感体验。

5．了解平台所采用的支付方式

这主要是从卖家的角度出发，考虑平台的支付方式是否符合买家的需求。其具体情况见前文，此处不赘述。

6．清楚平台的物流方式及是否设立境外仓等情况

例如，大龙网在俄罗斯莫斯科、巴西圣保罗、印度新德里、加拿大蒙特利尔、澳大利亚堪培拉等地开设多个境外销售办公室，拥有 200 多名外籍员工，主要负责境外的销售和推广工作。它还在各地设立了仓储设施，在国内长三角、珠三角等地拥有仓库，在东莞拥有公共监管仓，仓内对接海关和检验检疫部门，可实现一站式通关出口；在黑龙江拥有合作配送点，为外贸企业的俄罗斯市场开发提供更多便利；在俄罗斯、印度、英国、美国、澳大利亚等国家拥有海外仓，极大地提高了物流的便利性。

7．探索各大平台提供的其他服务

敦煌网除了提供基于平台的基本服务，也在优化一体化服务，如提供 30 多种支付方式、20 多种物流方式、多种信贷服务及其他的增值服务；大龙网属于跨境 O2O 模式，它建立了云库房，实现了本土化运营；兰亭集势具有供应链优势，营销能力强，采取了本土化举措。在选择时，卖家需根据自己产品的特点及所需服务和平台的特点进行匹配，看哪个平台最符合自己的要求。

三、多平台运行的优势和难点

由于各个跨境电商平台所针对的目标用户群体有所差异，所以为了拥有更多的用户，部分

卖家会选择多平台运行。但是，部分卖家会纠结于是否要进行多平台运行。因此，本部分将分析多平台运行的优势和难点，使卖家对其有初步认识。

1. 多平台运行的优势

多平台运行的优势可以简单地概括为五大"多元化"，即市场多元化、渠道多元化、产品多元化、推广多元化和服务多元化。

（1）市场多元化

众多国家形成的广阔的市场空间，由经济水平决定的强大的消费能力，开放的消费观念及成熟的消费市场等为跨境电商的发展提供了有利的环境。电子商务在境外高速发展10余年，在国际和地区贸易中显示了强大的生命力及迅猛的发展势头。例如，在法国、德国等欧洲国家，电子商务的销售额已占商务总额的1/4；在电子商务发展更为先进的美国，销售额更是占商务总额的1/3以上。

发达国家的电子商务环境比较成熟，但是竞争也相对激烈。因此，卖家可以选择发展中的新兴市场，如非洲市场。

卖家选择多平台运行可以获得更多更广阔的市场，可同时在几个目标市场上进行销售，再根据用户消费情况进行取舍。

（2）渠道多元化

用户在购买商品的时候会选择不同的跨境电商平台，跨境电商平台也会根据不同的用户需求推出相关的促销或线下活动等。进驻不同的跨境电商平台的成本比进驻线下的超市、加盟店等渠道的成本低很多，卖家可多渠道开拓市场。

（3）产品多元化

很多企业实行多元化经营战略，会在产品的设计上进行拓展，有些企业会设立子品牌，目的是获得更多的用户。卖家在同一个跨境电商平台上罗列自己的全部产品，可能会引起用户的认知混乱，无法记住其标识性产品。此时卖家可以在不同的跨境电商平台上销售不同的产品，以此提高用户对品牌的认知度。

（4）推广多元化

媒体的多元化和受众信息需求的多元化共同促成了传播平台的多元化。选择跨境电商多平台运行，实质上也是在构建多元化的传播平台。

卖家将信息发布在多个跨境电商平台上，如此它就存在更多被分享、收藏、购买的可能性。只要产品对买家群体有吸引力，买家的好友就会继续分享、传播、购买，这部分"社会化分享循环圈"所带来的流量犹如隐藏在海面下的冰山部分。多元化推广能为产品带来更多的展示平台、更好的排名和更多的外链等。

（5）服务多元化

卖家选择多平台运行，可享受到多平台带来的多元化服务。

2. 多平台运行的难点

（1）选择跨境电商平台难

不同的跨境电商平台的功能、服务、操作方式和管理水平相差较大，理想的跨境电商平台应该具有这样的基本特征：良好的国际品牌形象、简单快捷的注册手续、稳定的后台技术、快速周到的客户服务、完善的支付体系、必要的配送服务，以及具有售后服务保证措施等。当然，平台还需要有尽可能高的访问量，有订单管理等基本功能，并且可以提供一些高级服务，如营销推广、访问流量分析、信贷等。此外，收费模式和费用水平也是重要的影响因素之一。不同的企业可能对网上销售有不同的要求，选择适合本企业产品特点的跨境电商平台需要花费不少精力，完成对跨境电商平台的选择确认大概需要几个小时甚至几天的时间，运营多平台耗费的时间会更多。

（2）网上店铺建设难

卖家在跨境电商平台上可以上传产品信息或开设店铺。跨境电商平台为卖家提供了丰富的功能和简单的操作界面，通过模板式的操作即可完成平台上店铺的建设或产品信息的上传。但是不同的平台所采用的系统有很大的差别，有些平台需要直接上传产品图片和文字说明，有些平台则需要卖家对店铺进行高级管理。运行多平台的卖家需要对各个平台进行探索和了解。此外，语言的差异也是卖家可能会遇到的障碍。

（3）业务推广难

当店铺建好并上传好产品信息之后，最重要的问题就是如何让更多的用户浏览并购买产品。整个跨境电商平台上可能有数以千计的专卖店，因此某一个网上专卖店只是其中很小的组成部分，通常被隐藏在二级甚至三级目录之后，用户直接发现它的可能性比较小，何况同一个网站上还有很多竞争者在互相争夺有限的潜在用户资源。因此，网上店铺对平台的依赖程度很高，这在一定程度上对卖家所建立的网上店铺或上传的产品信息的效果形成了制约。想从数量众多的网上店铺或产品中脱颖而出并不是一件容易的事情，这需要卖家针对每个平台采取不同的推广手段。

第三节　主要跨境电商平台介绍

一、AliExpress 平台

1．简介

全球速卖通（AliExpress）于 2010 年4 月上线，是阿里巴巴旗下面向全球市场打造的在线交易平台，被广大卖家称为"国际版淘宝"，其首页如图 9-6 所示。全球速卖通是阿里巴巴为帮助中小企业接触终端批发零售商，实现小批量多批次快速销售、拓展利润空间而全力打造的融订单、支付、物流于一体的外贸在线交易平台，是全球第三大英文在线购物网站，是我国最大的 B2C 跨境电商交易平台。

图 9-6　全球速卖通首页

2．主要产品

全球速卖通覆盖 3C 产品、服装、家居、饰品等共 30 个一级行业类目，提供的产品品类有40 多种，数量超过 54 万件。一般来说，只要支持国际快递的产品都可以在该平台上销售，尤其是体积较小、附加值高的产品，主要包括服装服饰、美容健康、珠宝手表、灯具、消费电子、计算机网络、手机通信、家居、汽车和摩托车配件、首饰、工艺品、体育与户外用品等。

3．平台的特点

全球速卖通平台的特点是对价格比较敏感，较多使用低价策略。全球速卖通的侧重点在新兴市场，特别是俄罗斯和巴西。

全球速卖通英文版页面操作简单，非常适合新人，只需使用淘代销工具，产品信息即可自动翻译成英文。同时，其只需 4 个步骤就能实现跨境贸易：账号注册、身份认证、淘代销工具一键搬家和等待订单联系货代。淘代销工具将境内贸易和国际贸易无缝衔接，当地货代收货的方式简化了跨境物流的烦琐流程，提高了跨境电商交易的效率和安全性。另外，阿里巴巴一直有非常好的社区和用户培训传统，通过全球速卖通大学的培训，跨境新人可以快速入门。根据前面讲述的跨境电商平台评价的系统框架，我们将全球速卖通的评价加以整理，如表 9-6 所示。

表 9-6　　　　　　　　　　　　　　　　全球速卖通的评价

评价框架	全球速卖通平台的评价
目标用户	主要来自俄罗斯、巴西、以色列、西班牙、白俄罗斯、美国、加拿大、乌克兰、法国、捷克、英国等国家或地区
平台卖家	包括个人卖家和企业卖家，主要销售服装服饰、手机通信、鞋包、美容健康、珠宝手表、消费电子、计算机网络、家居、汽车和摩托车配件、灯具等产品
准入条件	在买家和卖家两类人群中，全球速卖通平台只向卖家收费，向卖家收取的费用有 3% ～ 9.15% 的交易佣金、会员费、广告费。卖家主要由外贸生产型企业、外贸公司、外贸 SOHO（Small Office and Home Office）等组成
支付方式	可以用信用卡、Moneybookers、Western Union、Bank Transfer（T/T 银行转账）及其他境外本地化信用卡和借记卡进行支付。其中，Western Union 和 Bank Transfer 属于线下支付方式，其他属于线上支付方式
网上服务平台	已覆盖全球 200 多个国家和地区，网站支持使用 18 种语言
物流	全球速卖通提供的物流服务主要有邮政物流、专线物流和商业快递 3 种。其中，邮政物流包括中国邮政小包、新加坡邮政小包、瑞典邮政小包、中国邮政大包等。专线物流主要有中俄航空专线和俄罗斯、南美航空专线。商业快递主要涉及 DHL、FedEx、UPS、TNT 等。2015 年，全球速卖通正式开启了包括美国、俄罗斯、印度尼西亚、澳大利亚等 9 个国家的海外仓服务。海外仓服务能够解决物流的本土发货问题，以及很大部分的跨境物流纠纷，并且能够在某种程度上降低物流费用
其他服务	根据数据分析结果，可将卖家划分为优秀、良好、及格和不及格 4 个等级，不同等级的卖家将获得不同的平台资源。"数据纵横"提供数据分析服务，全球速卖通大学提供培训服务等

综上，全球速卖通适合跨境新人，尤其是其产品特点符合新兴市场需求的卖家，产品有供应链优势、价格优势明显的卖家，且最好是卖家工厂直接销售。但是，正因为进入门槛低，在全球速卖通平台上从事相关业务的卖家众多，同类产品经营者多，价格竞争激烈，市场的价格空间更低；每单成交量小，成交金额少，卖家投入的精力与得到的回报不成正比；卖家过分依赖全球速卖通平台，不利于自身发展。

二、Amazon 平台

1. 简介

亚马逊全球开店首页如图 9-7 所示。2014 年，亚马逊美国、德国、西班牙、法国和意大利开通了直邮中国服务。此外，亚马逊"海外购"服务开始试运行。亚马逊中国直邮合作伙伴包括 EMS、UPS 等，境外直邮实现了快速处理清关手续。

2. 主要产品

亚马逊主要产品涉及图书、影视、音乐、软件、教育音像、游戏 / 娱乐、消费电子、手机通信、家电、计算机 / 配件、摄影 / 摄像、视听 / 车载、日用消费品、个人护理、钟表首饰、礼品箱包、玩具、厨具、母婴产品、化妆、家居、运动健康、食品酒水、汽车用品等。

图9-7　亚马逊全球开店首页

3．平台的特点

在新人注册亚马逊账号以后，后期收款的银行账号需要是美国、英国等国家的账号。成熟的亚马逊卖家最好先注册一家美国公司或者找一家美国代理公司，然后申请联邦税号。新人注册成为亚马逊跨境电商平台供应商的，一般需要注意以下几点。

（1）选择亚马逊平台，最好有比较好的供应商合作资源，供应商产品品质需要非常稳定，且供应商有很强的研发能力。

（2）接受专业的培训，了解开店政策和知识。在亚马逊平台上开店比较复杂，而且有非常严格的审核制度，如果违规或者不了解规则，不仅会有被封店的风险，甚至会有法律上的风险。

（3）最重要的事情是需要一张美国的银行卡。亚马逊店铺产生的销售额是全部保存在亚马逊自身的账户系统中的，卖家要想提取资金，必须有美国的银行卡。

（4）流量是关键。亚马逊流量主要分为内部流量和外部流量两类，类似于国内的淘宝。同时，还应该注重 SNS 营销、软文营销等营销方式。

根据前面讲述的跨境电商平台评价的系统框架，我们将亚马逊平台的评价加以整理，如表9-7所示。

表9-7　　　　　　　　　　　　　　　　亚马逊平台的评价

评价框架	亚马逊平台的评价
目标用户	主要集中在澳大利亚、巴西、加拿大、中国、法国、德国、印度、意大利、日本、墨西哥、西班牙、英国
平台卖家	主要销售婴儿用品、书籍、厨具、办公用品、个人计算机、体育器材及户外用品、汽车用品及家居装修、视频等产品
准入条件	在收费上，对企业卖家每月收取 39.99 美元的固定费用，对个人卖家则按照每笔 0.99 美元的手续费来收取。除此之外，亚马逊平台还会根据所卖产品的不同，收取不同比例的交易费
支付方式	美国银行账户、中国香港银行账户、万里汇、P 卡和"金融服务公司"支付
网上服务平台	亚马逊面向全球贸易，亚马逊中国平台目前支持在北美地区、欧洲各国、日本、澳大利亚、印度和中东地区开店
物流	亚马逊为卖家构建了亚马逊体系内的完美生态循环，包括海运、空运、国际快递、船务代理、仓储及配送、码头服务、清关服务等。跨境物流服务包括货运代理（海外仓预约、订单管理、报关报检、提单及各类文件管理、码头空港现场操作）、相关增值服务（贴标签、产品分拣包装等）及合规服务（检验检疫及清关）
其他服务	亚马逊全球开店已在杭州、厦门和宁波等地成立跨境电商园，搭建本地化跨境电商产品服务集群，为当地及周边地区企业出口提供一站式服务。另外，还提供亚马逊物流、亚马逊广告、卖家学习中心、第三方服务商网络和官方市场活动日历等一系列服务

三、eBay 平台

1. 简介

eBay，中文名称为电子湾、亿贝、易贝，是一个可让全球民众上网买卖物品的线上拍卖及购物网站，其首页如图 9-8 所示。1995 年 9 月 4 日，eBay 由皮埃尔·奥米迪亚（Pierre Omidyar）以 Auctionweb 的名称创立于加利福尼亚州圣何塞，可供人们通过网络出售商品。

上海亿贝网络信息服务有限公司是 eBay 在我国投资设立的中外合资企业，致力于推动我国跨境电商的发展，向我国的中小企业和个人用户推广和介绍在 eBay 全球平台（eBay Marketplaces）上直接面向境外进行销售的方法，以便深入了解市场和用户的需求。

图 9-8　eBay 平台首页

2. 主要产品

每天都有数百万的家具、收藏品、计算机、车辆在 eBay 上被刊登、贩售、卖出。2018 年 10 月 23 日，eBay 推出一项名为"即时销售"的服务，帮助用户在 eBay 在线市场上出售他们老旧的智能手机。汽配品类是 eBay 平台在市场上最具竞争优势的品类之一；家居园艺一直是 eBay 全球市场跨境电商出口的支柱品类；eBay 以销售二手产品和收藏品出名。

在 eBay 上销售产品时，卖家需注意一些基本规则，如根据美国国家法律及各州法律制定的产品政策；进行跨境交易时，请先查看跨境交易及进口限制规定；隐形眼镜是不可销售的；违反知识产权相关规定的产品也不能销售等。具体信息详见 eBay 网站基本规则。

3. 平台的特点

eBay 对卖家的要求比较严格，对产品质量的要求较高，且价格有优势，真正做到了物美价廉。其特点如下。

（1）eBay 平台上的产品可以以固定价格出售，也可以竞拍出售，拍卖模式是这个平台最大的特色。一般情况下，卖家可以设定产品的起拍价及在线开始拍卖时间，然后看拍卖结束时谁的竞拍金额最高，出价高者获得该产品。

（2）eBay 上可以销售二手产品。但事实上，eBay 上 86% 的产品交易总额来自固定价格产品，平台上出售的产品 80% 都是新品。

（3）eBay 平台上的卖家需要自己负责配送和物流。

（4）每个商品清单（Listing）都需要刊登费，但基于账号类型，卖家可以获得一定量的免费 Listing。同时，该平台上也有 Advanced Listing 选项，卖家可以付费并改善 Listing。

根据前面讲述的跨境电商平台评价的系统框架，我们将 eBay 平台的评价加以整理，如表 9-8 所示。

表 9-8 eBay 平台的评价

评价框架	eBay 平台的评价
目标用户	覆盖 190 多个国家和地区，拥有 1.8 亿活跃用户
平台卖家	卖家分布范围广，有 1/3 是中国卖家，产品分别销往美国、欧洲各国和澳大利亚
准入条件	eBay 会向卖家收取刊登费、成交费、功能费、店铺月租费等
支付方式	eBay 可为其平台上的用户提供信用卡、Apple Pay、Google Pay 等支付选项
网上服务平台	eBay 拥有 37 个独立站点及门户网站，支持使用 23 种语言
物流	通过第三方物流企业，2019 年实施跨境物流直邮方案 SpeedPAK
其他服务	提供跨境交易认证、业务咨询、疑难解答、外贸专场培训及电话培训、外贸论坛热线、洽谈物流优惠等一系列服务

生产型工厂可以尝试选择 eBay，因为它对品质要求较高，所以规则偏向买家，但其产品服务，包括物流服务不如其他平台好。另外，如果主要销售二手产品和收藏品及在线的车库销售，选择 eBay 平台更加适合。

四、Wish 平台

1. 简介

Wish 是一款移动电商购物 App。Wish 于 2011 年成立于美国硅谷，创始人是来自谷歌和雅虎的顶尖工程师彼得·舒尔泽斯基（Peter Szulczewski）和张晟（Danny Zhang）。Wish 是北美和欧洲地区最大的移动电商平台，是一家高科技独角兽公司。它具有天然的技术基因，基于该平台精确的算法推荐技术，将产品信息推送给感兴趣的用户。

2013 年，Wish 成功转型为跨境电商；2014 年，为了进一步拓展中国的供应商资源，Wish 在中国上海静安中央商务区（Central Business District，CBD）成立了全资子公司及中国总部。

2018 年，Wish 累计向全球超过 3.5 亿用户供应了逾 2 亿款产品，月活跃用户超过 9 000 万人，活跃卖家有 12.5 万户，日出货量峰值达 200 万单，订单主要来自美国、加拿大等国家和地区。Wish 平台上有超过 3 亿的注册用户，日活跃用户超过 1 000 万人，活跃 SKU 数达 1.6 亿个，90% 以上的订单来自移动端。

2019 年，Wish 持续开展丰富产品多样性、提升产品性价比等工作，继续完善物流矩阵，EPC 合并订单服务已覆盖五大洲的 19 个重点国家或地区。

2. 主要产品及规则

Wish 旗下共拥有 5 个垂直的 App：Wish，提供多种产品类别；Geek，主要提供高科技设备；Mama，主要提供孕妇和婴幼儿用品；Cute，专注于美容产品、化妆品、配饰和衣服；Home，提供各种家居配件。

Wish 严禁销售伪造产品，卖家不得侵犯他人的知识产权，产品不得引导用户离开 Wish，严禁列出重复的产品，禁止将原来的产品修改成一个新的产品，同一产品列表内禁止出现价格极端上涨，存在误导性的产品将被处以罚款等。同时，Wish 不允许销售禁售品，一旦发现，卖家将被处以 10 美元罚款且该产品将被系统下架。自 2019 年 1 月 15 日 0 时起（世界标准时间），该项罚款金额提高至每个禁售品 50 美元。详细的产品列表见 Wish 官方网站。

3. 平台的特点

Wish 平台根据用户的兴趣喜好，通过精准的算法推荐技术，将产品推荐给可能对此感兴趣的用户。Wish 开启了移动端购物的新境界，具有四大特点。

（1）推送算法

Wish 平台力求给用户带来便捷的购物体验，利用自己独特的预算规则将卖家的产品精准推送给用户，而不是被动地依赖用户搜索。Wish 平台推送产品依据的核心维度包括在线时长、违规率、迟发率、取消率、有效跟踪率、签收率、订单缺陷率、退款率、退货率、反馈及时率、推送转化率、店铺等级、产品同质化等指标。

（2）低价策略无效

低价引流在 Wish 平台上是无效的，薄利多销也已不合时宜，以"90 后"为主力的人群更希望得到优质的服务。2 美元包邮产品要维持利润就必须采用平邮来发货，但到货时间超过 30 天，用户是不会满意的。此外，只买便宜产品的用户只会对价格忠诚，而不会对你的产品或品牌有丝毫眷恋。

（3）刷单无效

刷单等同于造假，即以虚假的收藏、点击和购买等数据来影响真实购买的行为。这些手法在某些 PC 平台上的确用得风生水起，但是用到移动平台上就会水土不服。

根据前面讲述的跨境电商平台评价的系统框架，我们将 Wish 平台的评价加以整理，如表 9-9 所示。

Wish 创办的时间不长，但发展迅速，且自身特点鲜明，顺应了移动端消费的趋势，在多方面都有创新。对于卖家来说，Wish 平台的操作简单，不像亚马逊那样有可以主动营销的空间，规则也没有亚马逊那样烦琐。

表 9-9　Wish 平台的评价

评价框架	Wish 平台的评价
目标用户	产品主要销售到北美、欧洲等发达地区
平台卖家	平台卖家大多在中国，主要有电子产品、母婴产品、美容类产品、服饰类产品等类目的卖家
准入条件	平台收益来自卖家每次交易的佣金，收费以交易额的 15%（即产品和运费总和的 15%）为基准，不收取平台费、推广费等额外费用
支付方式	Google Wallet（谷歌钱包）、易联支付（PayEco）等
网上服务平台	Wish 平台有超过 3 亿注册用户
物流	支持的物流服务有邮政物流、商业快递、自主专线和海外仓
其他服务	提供业务咨询、疑难解答、Express 物流服务、Wish 销售渠道、数据分析及培训等一系列服务

不同的跨境电商平台有不同的特点和运营规则，在开展跨境贸易时，卖家一方面要考虑自己经营的产品、所处的市场、当前的行业、用户群体，另一方面要考虑跨境电商平台的特点。卖家在挑选平台时，要看清自己，找准位置，因为同样的产品不可能在所有平台上都能卖得很好，在某个平台上卖得好的产品，不一定在其他平台上也可以卖得好。有的平台对卖家的要求较严格，有的平台对产品质量的要求较高，有的平台要有品牌才行。例如，由于 Amazon 以产品为驱动，所以如果没有品牌，卖家最好不要选择 Amazon。eBay 对卖家的要求较严格，即产品的质量要好，价格也要有优势。全球速卖通以"价格为王"，其中的卖家只有价格低才能有优势。此外，在不同的区域要选择不同的平台。卖家还要了解平台的规则，因为平台的规则随时都在发生变化，只有搞懂了规则，才能知道哪些规则是要遵守的、哪些流程是必须进行的，这样卖家才能通过跨境电商平台更好地开展跨境贸易。

案例分析

贸易强国：浙江"地瓜经济"

"地瓜经济"，是浙江创新形成的市场和资源"两头在外"的高增长模式，即向外界要市场与资源，而把企业的总部、高附加值与高技术含量的东西留在浙江。要在广袤的全球市场中找到下一条增长曲线，跨境电商无疑是最快的通路，而习惯"走出去"的浙江人不会错过这样的机会。

有中国电商"出海四小龙"之称的速卖通、SHEIN、Temu、TikTok Shop，以平台建设加速牵引"地瓜经济"藤蔓生长。

速卖通面向境外消费者推出多项服务：3～5日配送、包邮、免运费退货……这些境内电商沉淀的经验，如今被输出到境外，首批覆盖包括西班牙、法国、美国、韩国等重点市场在内的55个国家。

世界超市义乌，也在加速培养数字化外贸新能力。义乌久昌进出口有限公司业务经理毕付侠接到孟加拉国客户的订单邮件，业务员在中国小商品城线上平台"采购宝"中发布询单信息，不出两日就完成了交易。

"采购宝"不光能撮合订单，应用场景还贯穿采购、验货、装柜出货、智能报关等整个出口链条。在此基础上，义乌打通了8个部门的19个业务系统，推出义乌小商品城数字贸易综合服务平台。

在世界市场找寻"阳光雨露"，勇闯天涯的浙产"地瓜"一路前行、一路进击。

（资料来源：学习强国——浙江学习平台）

讨论题：浙江省在发展"地瓜经济"时，是如何利用跨境电商平台的？

本章小结

通过对本章的学习，我们对跨境电商的选品与平台选择有了一定的了解，掌握了一些跨境电商选品的方法，以及根据自身特点选择跨境电商平台的方法；了解了主要跨境电商平台及其特色并比较分析了多平台运行的优势和难点。

习题

一、名词解释

选品逻辑　目标用户　支付方式　跨境电商平台选择步骤

二、选择题

1. 亚马逊QA是在亚马逊产品页面上的（　　）板块，主要是买家对产品的特性、功能、质量、品质、使用方法或者包装等问题提出疑问和交流。

　　A. 展示　　　　　B. 售后　　　　　C. 问答　　　　　D. 评价

2. （　　）不属于Wish平台推送产品的依据。

　　A. 在线时长　　　B. 违规率　　　　C. 迟发率　　　　D. 产品质量

3. 订单主要来自俄罗斯的出口跨境电商平台是（　　）。

　　A. 全球速卖通　　B. 亚马逊　　　　C. 敦煌网　　　　D. Wish

4. （　　）不属于 Wish 平台的垂直 App。

  A．Wish   B．Geek   C．Mama   D．Ball

5. 跨境电商参与主体包括（　　）。

  A．通过第三方平台进行跨境电商经营的企业和个人

  B．支付企业

  C．跨境电商的第三方平台

  D．物流企业

6. Wish 在（　　）成功转型为跨境电商。

  A．2013 年   B．2014 年   C．2015 年   D．2016 年

7. （　　）不属于跨境电商选品原则。

  A．产品质量   B．判断目标市场用户需求和流行趋势

  C．适应跨境电商的物流运输方式 D．判断货源优势

三、主观题

1. 跨境电商的选品原则是什么？如何进行选品？

2. 跨境电商平台评价的系统框架是什么？

3. 跨境电商平台的选择步骤有哪些？

4. 请讨论如何根据主要跨境电商平台的特点进行平台选择。

四、技能实训题

1. 根据跨境电商平台的选择原则及步骤，查阅主要跨境电商平台的开店要求，选择一家适合你的出口跨境电商平台进行跨境电商交易。

2. 根据选品原则进行选品。

3. 以实训题 1 和实训题 2 的结果为基础，在出口跨境电商平台上推广选出的产品。

知识点拓展

知识点 9-1：
中国外贸
育"新"求"进"

知识点 9-2：
RCEP 促进
稳外资稳外贸

知识点 9-3：
中国电商巨头
齐出海

知识点 9-4：
跨境电商三大
趋势

知识点 9-5：
Lazada 平台
流量增长

知识点 9-6：
Coupang
"爆单"秘籍

知识点 9-7：
亚马逊选品
七步走

知识点 9-8：
亚马逊旺季
选品攻略

第十章
跨境电商综合实训

知识结构图

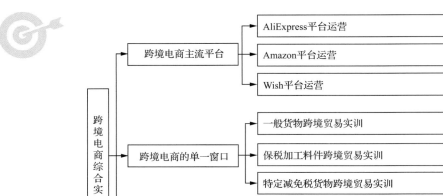

学习目标

知识目标
1. 了解并掌握 AliExpress、Amazon、Wish 平台的相关操作方式。
2. 了解并掌握跨境电商的单一窗口。
3. 了解并掌握跨境电商的虚拟仿真实验。

价值目标
1. 学习各平台的数据分析和实践操作，提升解决复杂问题的能力。
2. 实操各平台的虚拟仿真实验，树立系统思维、创新意识。

第一节　跨境电商主流平台

一、AliExpress 平台运营

实验一　卖家账户注册

1. 实验目的

了解全球速卖通（以下简称"速卖通"）平台的店铺类型、入驻要求、入驻流程和学习账户信息设置。

2. 实验任务

（1）了解速卖通平台的店铺类型。

（2）了解入驻流程。

（3）完成卖家账户注册。

（4）完善账户基本信息。

（5）通过手机短信或邮箱接收订单通知。

3. 实验步骤

（1）入驻要求

目前，速卖通店铺有 3 种类型：官方店、专卖店和专营店。不同类型速卖通店铺的开店条件根据每年的情况会有差异，具体可通过速卖通官网进行了解。

（2）入驻流程

卖家只需要完成卖家账户注册、提交入驻申请、缴纳年费、完善店铺信息即可完成入驻，之后便可开始发布商品，开通店铺并对店铺进行装修。

（3）卖家账户注册

51 商课游平台为每个卖家账号分配了一个电子邮件和优学付账户，卖家输入验证码后即可进入下一步；卖家设置登录密码并完善卖家基本信息后，即可成功注册卖家账户。

（4）账户基础设置

个人信息：继续完善账户个人基本信息。

订单通知：可以通过手机短信或邮箱接收订单通知，卖家可随时修改通知的手机号、通知时间、通知频率及邮件订阅设置。

实验二　企业入驻

1. 实验目的

了解速卖通商标申请的整体流程和商标注册的具体操作步骤。

2. 实验任务

（1）了解速卖通商标注册的整体流程。

（2）了解商标注册的具体操作步骤。

3. 实验步骤

（1）商标注册

目前，企业品牌仍是速卖通准入的基本要求。卖家可以自主申请注册商标，也可以通过速

卖通平台线上申请注册商标，将自己的企业品牌加入速卖通平台品牌库。速卖通商标申请的整体流程可登录速卖通网站查询。

（2）具体操作步骤

① 商标注册：填写企业基本信息并上传营业执照扫描件，然后填写企业商标信息。

② 商标添加入库：如果速卖通平台商标库中没有所要销售的品牌商标，卖家可将企业自主的品牌商标申请加入速卖通平台商标库。

③ 产品资质申请：发布新产品"品牌属性"必须选择商标。卖家查询所经营类目下的商标资质要求后，可开始进行"商标资质申请"。

实验三　产品管理

1. 实验目的

了解速卖通3个等级的运费模板设置方法，设置海外仓物流运费模板、服务模板和尺码模板。

2. 实验任务

（1）设置3个等级的运费模板。

（2）设置服务模板。

（3）设置尺码模板。

3. 实验步骤

（1）运费模板

卖家可以针对不同的国家（或地区）设置多个运费等级。3个等级的运费模板设置操作如下。

① 运费在100元/千克以内的国家（或地区）设置成包邮。

② 运费在100元/千克～120元/千克的国家（或地区）设置成首重收3美元，续重收1美元/千克。

③ 其他国家（或地区）设置成标准运费。

每个运费组合都由两个部分组成：一个是送往的目的地，另一个是计算运费的方式。在运费模板下分别设置包邮的等级；设置首重收3美元，续重收1美元/千克的等级；设置标准运费等级。3个运费等级添加完成后，返回物流服务方案选择页面，单击"保存"，即可完成添加。

（2）服务模板

在模板管理中选择"服务模板"，单击"新增服务模板"，输入创建的新服务模板名称，选择相应的服务后，单击"保存"，服务模板即添加成功。

（3）尺码模板

在模板管理中选择"尺码模板"，单击"新增模板"，根据所售产品选择一个大类，如服装尺码，选择模板类型，单击"下一步"进入尺码编辑页面。在上方勾选需要的维度，不可勾选的是必填项，可以勾选的是可选项，勾选后即可填写，填写完成后保存。至此，尺码模板即添加完成。

实验四　店铺开通与装修

1. 实验目的

了解速卖通店铺的开通过程和操作，以及如何进行店铺装修。

2. 实验任务

（1）店铺开通。

（2）店铺装修。

3．实验步骤

（1）店铺开通

① 开通店铺

单击菜单栏中的"店铺"，在商铺管理中选择"开通店铺"，输入店铺名称即可开通店铺。开通店铺的条件是上架 10 个以上产品并在前台显示。

② 申请店铺类型

在网站首页单击"立即申请"后，选择速卖通店铺类型中的一种，勾选"我已了解此次修改对店铺权益的影响，并确认希望修改的店铺类型为：……"即可确认申请。

（2）店铺装修

① 样式编辑

店铺装修是塑造店铺产品品牌形象的关键因素。选择样式编辑，确定店铺主题色系；也可选择不展示背景颜色，使店铺背景为白色。为店铺装修选择一个主题色后进行保存。装修完成后可预览装修效果，并保存装修设置。

② 布局管理

进入布局管理，确定店铺结构，可增减店招模块、图片轮播模块、商品推荐模块、自定义内容区模块，也可添加图片轮播模块、商品推荐模块、自定义内容模块。

③ 页面管理

a. 店招模块。可输入图片，规定高度为 100px ～ 150px，宽度为 1 200px。

b. 图片轮播模块。轮播图片主要包括上新海报、促销海报、节日海报，其作用是实现店铺自主营销。

c. 商品推荐模块。可对商品推荐模块进行命名，按自己的需求和喜好来添加商品。

d. 自定义内容模块。可自行添加图片、文字或代码。

实验五　交易管理

1．实验目的

了解速卖通平台如何进行买家注册，了解订单直邮发货和海外仓发货业务处理过程，以及如何进行客服管理。

2．实验任务

（1）了解买家注册。

（2）了解订单直邮发货。

（3）了解海外仓发货。

（4）了解客服管理。

3．实验步骤

（1）买家注册

实验中，选择买家角色后单击"Sign in"，即可进行买家注册；输入相应的邮箱、姓名、登录密码、验证码等，单击"创建新账户"，即完成注册。

（2）订单直邮发货

① 注册直邮物流公司

在实训模块里选择"直邮物流商"，每个卖家都可以注册直邮物流商，了解订单直邮发货业务处理的过程。

② 订单处理

在菜单栏中选择"交易"，进入交易板块，选择左侧的"所有订单"，即可看到所有订单的状态。

（3）海外仓发货

① 注册海外仓物流公司

在角色选择页面，选择"海外仓用户"，注册海外仓账户。

② 海外仓开通和申请

在"业务处理"—"申请海外仓"中选择"海外仓物流服务商"，然后提交申请。物流服务商下拉选择框中显示的是所有卖家已经注册的海外仓物流服务商。

③ 海外仓订单发货

如果店铺商品的运费模板设置的是海外仓运费模板，则订单默认采用海外仓发货，商家需要单击"海外仓用户"功能模块来申请订单发货。

（4）客服管理

① 卖家评价

在买家对商品进行评价后，卖家可在"管理交易评价"中对买家进行评价。

② 地址管理

在"交易菜单"中选择"物流服务"中的"地址管理"，可新增发货地址和退货地址，同时需要录入中文和英文版本的地址，并设置好默认地址。

实验六　广告营销

1．实验目的

了解如何进行平台活动发布和报名，如何进行店铺营销活动，如何进行店铺联盟营销和直通车营销，以及如何进行用户管理与营销等。

2．实验任务

（1）平台活动发布和报名。

（2）店铺营销活动设置。

（3）联盟营销。

（4）直通车营销。

（5）用户管理与营销

3．实验步骤

（1）平台活动

① 发布平台活动

系统提供的平台活动包括 Superdeals（促销活动）、Featured Brands（品牌闪购）和爆品。运营商权限用户可以添加平台活动。

② 报名平台活动

在主页面菜单的"营销活动"中，选择左侧的"平台活动"，即可显示所有可以报名的平台活动，选择"我要报名"并选定活动产品，卖家可批量设置活动库存，也可单独设置活动库存。

（2）店铺营销活动

① 限时限量折扣

在主页面菜单栏的"营销活动"中，选择左侧的"店铺活动"，单击"创建活动"，即可创建限时限量折扣，然后编辑活动基本信息，包括活动名称、活动开始时间和活动结束时间。

② 全店铺打折

同一折扣的一批产品可以划分到同一个营销分组中，以后在每次设新活动时，只需针对这个营销分组设置活动即可。

③ 店铺满立减

创建店铺满立减活动时，活动产品既可为全店铺产品，也可为指定活动产品。多梯度满减可设置多个单笔订单优惠金额及立减金额。

④ 店铺优惠券

在"店铺活动"中选择"添加优惠券"，可以看到4部分信息：活动基本信息、优惠券领取规则设置、优惠券使用规则设置、优惠券买家可见位置提示。

（3）联盟营销

① 加入联盟营销

在"营销活动"中选择"联盟营销"中的"加入联盟"，输入默认佣金比例，申请加入联盟营销。其具体操作包括佣金设置，添加类目佣金，选择类目，输入佣金比例。

② 报表查看

a. 主推产品报表。可选择"最近七天""最近十五天""本月""最近三个月"的相关核心指标（主推产品浏览量、主推产品访客数、支付金额、支付订单数、预计佣金、退款佣金），查看主推产品效果。

b. 流量报表。可按日期查询店铺浏览量和访客总数及其变化情况。

c. 订单报表。可查看指定日期店铺产品因联盟网站所带来的订单数量、支付金额、支付佣金。

d. 退款报表。可查看联盟营销网站带来的退款订单量、退款金额及退款佣金。

e. 成交详情报表。成交详情报表只显示交易结束的订单，交易没有结束的订单（如订单流程在创建完成、等待卖家发货等环节）不显示。

（4）直通车营销

① 开通直通车

直通车是平台会员通过自主设置多维度关键词来免费展示产品信息，从而通过大量曝光产品来吸引潜在买家，并按照点击付费的全新网络推广方式。

② 新建推广

商家向直通车账户充值，查看账户余额。设置账户每日消费上限，即每日最高消费金额，达到消费金额后，当天不参与直通车营销活动；设置余额提醒功能，当账户余额低于设定金额时，平台自动向手机发送提醒短信、向邮箱发送电子邮件。

4. 用户管理与营销

根据客户特征创建多个客户分组。将未分组的客户移入不同的分组或调整客户分组。卖家可按客户分组或客户类型进行邮件营销或优惠券营销。

实验七　数据纵横

1. 实验目的

了解速卖通店铺的数据呈现、实时交易额排名，了解如何进行经营分析和店铺能力诊断，以及如何发现商机等。

2. 实验任务

（1）实时风暴。

（2）经营分析。

（3）能力诊断。

（4）商机发现。

3. 实验步骤

（1）实时风暴

① 实时排名

实时排名是主营二级行业实时交易额排名，卖家可以清晰地了解当前店铺的排名情况、访客数、下单订单数、支付订单数、支付金额等。

② 实时营销

实时营销可提供实时访客营销和实时营销效果统计。其中实时访客营销可以一键催付，即提供未付款订单记录的一键催付功能，实时营销效果统计则可实时统计催付效果。

（2）经营分析

① 成交分析

其可用于了解店铺排名、成交概况、成交分布、成交核心指标分析及其变化情况。

② 店铺流量来源

其可用于查看店铺流量的来源渠道、流量来源分布等数据。

③ 店铺装修

其可用于查看装修效果趋势图、装修事件数据报表等数据。

④ 商品分析

其可用于查看商品效果排行、商品来源分析等数据。

⑤ 营销助手

其可用于查看店铺营销概况、平台营销概况等信息。

（3）能力诊断

① 转化能力

其可用于查看 L-D 转化率（指通过搜索曝光的 List 页面单击进入 Detail 页面的转化率）、D-O 转化率（指用户浏览 Detail 页面之后下单的转化率）、支付意愿率、搜索客单价等数据信息。

② 引流能力

其可用于查看站外引流 UV、站内引流 UV、老买家能力等数据信息。

③ 商品能力

其可用于查看热销商品、中坚商品、新商品等数据信息。

④ 营销能力

这里统计的是参加营销活动的商品对应的成交金额及各个营销活动的效果差异。营销活动包括关联营销、店铺营销、联盟营销、直通车营销。

⑤ 服务能力

其包括拍而不卖、未收到货、SNAD（货物严重描述不符）纠纷率、SNAD 仲裁率、好评率、DSR（店铺动态评分）等综合评价指标。

⑥ 平台规则

其包括知识产权、信息质量、违规交易等综合评价指标。

（4）商机发现

① 行业情报

其可用于查看行业数据、趋势图、趋势数据明细、行业国家分布情况等。

② 选品专家

其可用于查看热销商品词、热搜商品词、搜索词分析、热搜词、飙升词、零少词等。

速卖通操作视频

账户注册	商标注册入库	企业认证	模板管理	产品发布
产品管理	诊断中心	店铺开通	店铺页面装修	买家体验
订单直邮发货	海外仓发货	客服管理	平台活动	店铺营销活动
联盟营销	直通车营销	用户管理与营销		

二、Amazon 平台运营

实验一 卖家账户开通

1. 实验目的

了解 Amazon 平台的卖家分类，以及进行卖家注册需要准备的材料。

2. 实验任务

（1）了解卖家分类。

（2）卖家注册准备。

3. 实验步骤

（1）了解卖家分类

登录亚马逊网站，了解亚马逊平台上的几种卖家，包括卖主中心（Vendor Central，VC）、亚马逊代运营（Vendor Express，VE）、全球开店、专业卖家、个人卖家。

（2）卖家注册准备

注册账户分为自注册账户和商务经理的全球开店账户。本实验以自注册账户流程为例进行讲解。个人身份和企业身份的中国卖家都可以在亚马逊平台上注册账户。亚马逊美国站是最活跃的，也是最大的网上零售市场，所以本实验以美国站为例进行介绍。

实验二　卖家账户设置

1．实验目的

了解亚马逊平台卖家注册流程及如何创建新账户，如何签订卖家协议与完善业务信息，如何绑定收付款方式，如何进行纳税审核和卖家身份验证。

2．实验任务

（1）创建新账户。

（2）签订卖家协议。

（3）完善业务信息。

（4）绑定收付款方式。

（5）纳税审核。

（6）卖家身份验证。

3．实验步骤

（1）创建新账户

① 卖家注册流程

卖家注册流程包括创建新账户、签订协议、完善卖家信息、设置信用卡、纳税审核、提交商品信息和完成卖家身份验证。

② 创建新账户

卖家需先登录亚马逊官网，在网页最底部依次单击“Sell on Amazon”和“Start Selling”，然后开始创建账户。卖家注册成功后，即可用刚才注册的账户登录平台。

（2）签订卖家协议与完善业务信息

① 签订卖家协议

卖家设置亚马逊的销售账户，在合法名称中填入企业或个人名称，然后勾选同意相关协议。

② 完善业务信息

卖家在“告诉我们您的业务”页面完善相关信息，包括地址、卖家名称、验证方式等。

（3）绑定收付款方式

① 绑定信用卡

模拟系统为每位卖家初始化信用卡信息，卖家可在“设置您的收款方式”中输入信用卡的相关信息。注意：需要核对所填地址是否与信用卡账单地址相同。

② 设置收款方式

亚马逊通过电子转账的方式将店铺的销售收益支付给卖家，所以卖家必须指定一个银行账户，以便收款。

（4）纳税审核

美国的纳税审核是一个自助的审核过程，系统会指导卖家输入自己的身份信息并确认自己的账户是否需要缴纳美国相关税费。中国卖家也必须完成此审核流程才可完成注册。中国卖家的审核流程包括：确认企业或个人的非美国身份；选择受益人性质；同意提供电子签名；确认提交。

（5）卖家身份验证

① 选择国家及卖家类型

新入驻亚马逊北美站点的卖家体验全新的身份验证流程，企业注册请务必选择“公司卖家”并提交营业执照。

② 提交所需资质文件

提交文件前，请务必详细阅读上传说明，特别注意：身份证务必上传正反两面；不接受黑白复印件；不接受屏幕截图；请将所有材料合并到一个文件中上传；所有文件请确保在审核有效期内；所有文件请确保清晰可见。

③ 提交联系方式

卖家需要输入有效的邮箱地址和电话号码，亚马逊将通过邮箱或电话通知卖家验证信息。

实验三 商品管理

1. 实验目的

了解在亚马逊平台上如何进行商品管理，如何购买 UPC 码，如何刊登商品 Listing，如何设置跟卖、商品编辑和商品下架。

2. 实验任务

（1）购买 UPC 码。

（2）刊登商品 Listing。

（3）跟卖。

（4）商品编辑。

（5）商品下架。

3. 实验步骤

（1）购买 UPC 码

① UPC 码

UPC 码是美国统一代码委员会制定的一种商品用条码，主要用于美国和加拿大地区。亚马逊北美站的卖家在上传商品时需要 UPC 码。

② 注册亚马逊账户是否必须要 UPC 码

根据亚马逊的规定，并不是所有的商品都需要提交 UPC 码，比如亚马逊北美站需提交 UPC 码，亚马逊欧洲站则需提交 EAN 码。

③ 如何获得 UPC 码

原则上，UPC 码是由生产制造商向当地的编码中心提出申请，从而获得的独一无二的编码。中国的编码管理机构是中国物品编码中心。除此之外，卖家还可以通过亚马逊官方推荐的 BarCodes Talk 网站购买。

（2）刊登商品 Listing

① 进入商品添加页面。进入卖家后台，单击屏幕左上角库存下面的"添加新商品"。如果该商品不在亚马逊的商品目录中，单击"创建新商品信息"。

② 选择商品品类。如果不确定商品品类，就可以使用品类搜索功能，输入品类关键字后进行搜索；如果已经确定商品品类，可直接选择正确的品类添加新商品。在不能确定商品分类时，也可使用品类搜索功能，由系统自动推荐类目，从中选择最合适的类目。

③ 编辑商品详情。开启高级模式后，系统会显示 Description、Keywords、More Details 设置选项卡，此时卖家需要输入更多的信息。

④ 编辑标题。标题构成要素为"品牌名 + 关键词 + 商品功能属性 + 适用范围 + 颜色（颜色可有可无）"。

（3）跟卖

① 商品跟卖

跟卖是指在别人的 Listing 上挂接自己的商品链接。如果你的商品和别人的一模一样，而且你具有相应的经销资格，那么跟卖是允许的。

卖家可以用以下两种方法进行跟卖。

a. 通过前台搜索寻找跟卖商品。找到需要跟卖的商品，单击商品购物车下方的"Sell on Amazon"，填写相关信息即可跟卖。此功能将在 3.0 版本中展示，目前的 2.0 版本未实现该功能体验。

b. 进入亚马逊后台跟卖。首先在亚马逊平台搜索商品目录中输入要销售商品的名称、UPC、EAN、ISBN 或 ASIN，单击"搜索"。搜索出商品以后，确认其 UPC 和自己商品外包装上的 UPC 码完全一致，单击"出售您的"进行添加。填写商品必要信息后，单击"保存"。添加成功后，Manage Inventory 页面中将出现该商品。

② 取消跟卖

如果卖家不小心跟卖了有品牌保护的商品或者中途不想跟卖了，可以直接停售跟卖商品，卖家可以通过以下两种方式在后台库存中取消跟卖。

a. 单击"停售商品"，把跟卖的库存改为 0。

b. 单击"删除商品和报价"，删除跟卖商品。

此外，如果品牌授权的卖家发通知要求卖家下架，否则就会向亚马逊平台投诉，那么建议卖家做删除处理。

③ 如何防止跟卖

a. 在商品或包装上加防伪标识。如果没有进行品牌保护，卖家可以将不同的商品组合在一起搭配销售，也可以将 Logo 印在商品或者包装上，让别的卖家无法跟卖。

b. 向亚马逊平台举报跟卖的卖家。如果卖家手握品牌代理权或商标权却遭到跟卖，可以第一时间与跟卖卖家沟通，如果对方不听劝，则可以直接向亚马逊平台投诉。

c. 申请品牌备案来维护自身的利益。卖家可以在当地注册商标，然后在亚马逊平台上申请品牌备案，通过打造自主品牌来防止别人跟卖。

（4）商品编辑

对于后台直接添加的商品或通过表格上传的商品，卖家后续想要更新其信息时，可以在后台直接编辑更新。

① 在库存选项卡中选择"管理库存"。

② 找到要修改的商品，然后单击最右侧的"编辑"。

③ 逐项修改商品信息，单击"Save and finish"即可完成商品编辑。

（5）商品下架

当下商品不再售卖后，卖家可以对该商品进行下架处理。亚马逊平台提供了 3 种处理方式，具体如下。

① 修改库存

a. 把商品的库存设置为 0。

b. 关闭商品链接。

c. 删除商品链接。

② 关闭商品

停售商品后，商品不再在亚马逊平台上销售。但亚马逊平台可保留历史销售记录，以便卖家随时重新发布商品。停售商品的具体操作为选择"停售商品"，将此商品的状态更改为"不可售"状态。

③ 删除商品

删除商品是永久性操作，如果卖家想再次出售该商品，则必须等待 24 小时才能添加。

其具体操作方法为：在"管理库存"页面找到要删除的商品，单击右侧的"编辑"，然后选择"删除商品和报价"即可。

实验四　配送管理

1．实验目的

了解亚马逊平台的 FBA 配送及如何创建移除订单和多渠道订单配送任务。

2．实验任务

（1）转换为 FBA 配送。

（2）创建移除订单。

（3）创建多渠道订单配送任务。

3．实验步骤

（1）转换为 FBA 配送

① 如何转换为 FBA 发货方式

进入"管理库存"页面，单个选择或多选需要转换发货方式的商品。选择此次要发货到美国亚马逊 FBA 仓库的商品后，单击"编辑"后的上下三角形按钮，选择"转换为'亚马逊配送'"，确认转换为 FBA 发货方式。

进入确认转成 FBA 发货方式的页面，确认需要转成 FAB 发货方式的商品信息后，单击"转换并发送库存"，确认转换为 FBA 发货方式。

② 创建 FBA 发货计划

在该页面中选择发货地址和包装类型：发货地址即起运地，默认为公司地址，选择从另一地址发货需修改发货地址；包装类型分为混装和原厂包装发货，混装即一箱里装有多个 SKU 商品，原厂包装发货即一箱里只有一个 SKU 商品。

对选择的货件进行处理，可单击"查看货件内商品"以查看货件商品信息，单击"处理货件"继续处理货件。

a．检查货件内容。单击"检查并修改商品"，确保发货实物的 SKU 和数量与创建时填写的完全一致。

b．配送服务。配送服务分为小包裹快递和汽运零担两种方式。小包裹快递是指采用单独箱子包装的商品，并且单独贴标配送。小包裹快递必须满足以下要求：所有箱子必须贴有亚马逊物流货件标签和承运人标签；箱子重量不得超过 50lb（1lb ≈ 0.45kg），除非其中包含单件重量超过 50lb 的大件商品；箱子任何一侧的长度均不得超过 25in。

如果商品总货重量超过 150kg，卖家应选择汽运零担方式进行配送。

选择发货物流供应商时，UPS、FedEx 是亚马逊合作物流服务商，不需要预约，可以直接进行配送，卖家也可以选择其他承运人。

c．货件包装。首先要选择是把商品放在一个箱子里还是多个箱子里。亚马逊平台提供了 3 种方式处理箱内商品信息：使用网页表格，上传文件，跳过箱子信息并收取手动处理费用。

如果选择多个箱子，卖家需要填写每个箱子配置的商品数量、箱子重量、箱子尺寸；如果选择的是单个箱子，只需要输入单个箱子的尺寸和重量。

最后确认货件包装信息。

d. 货件标签。打印货件标签之前，要打印单个商品的 SKU 标签。

③ 如何由 FBA 配送转成卖家自配送

找到需要转换配送方式的商品，单击"编辑"后的上下三角形按钮，然后单击"转换为'卖家配送'"。注意，这里选择的商品必须是通过 FBA 配送的。

（2）创建移除订单

① 移除订单的原因

a. 由于商品长期滞销，导致仓储费用过高，为了降低仓储成本而撤仓。

b. 亚马逊店铺的 Listing 被移除后，商品没有办法再进行销售，只能撤仓。

c. 由于 FBA 头程中的损坏、用户购买商品后退货但原包装破损，导致无法进行二次销售，只能撤仓。

② 如何创建移除订单

选择"库存"—"管理 FBA 库存"，找到并勾选要移除的商品，单击"编辑"后的下三角形按钮，选择"创建移除订单"。

选择"配送地址"后需要输入详细的地址，移除订单只接受美国当地的接收地址和联系信息，亚马逊平台会将商品直接快递或配送到指定的美国当地地址。

有些商品即将产生长期仓储费或在账号受限、库存不多的时候，就可以选择"弃置"。

卖家可以在"设置订单编号"处手动填写方便后期跟踪辨识的号码，如果不填写，系统将自动生成一个订单号。

填写移除订单的具体信息，单击"继续"。

接下来进入"检查并下单"界面，确认无误后单击"下单"，如此整个移除订单就创建完成了。

③ 查看移除订单详情

在"数据报告"—"库存"和销售报告中，单击"移除订单详情"，可以查看已经创建成功的移除订单的详细移除情况及完成进度和数量等详情。

（3）创建多渠道订单配送任务

通过多渠道配送，即使买家使用其他销售渠道（非亚马逊网站）下单，亚马逊平台也可以将卖家发送至亚马逊 FBA 仓库的库存配送至买家。接下来我们介绍如何在亚马逊后台创建多渠道配送订单。

找到需要配送的商品，单击"编辑"后的上下三角形按钮，然后单击"创建多渠道配送订单"。注意，这里选择的商品必须是通过 FBA 配送的并且在亚马逊 FBA 仓库有库存。

提供详情：填入买家的配送地址信息及对应的商品数量。

检查并下单：选择配送操作，包括选择立即配送或最多将此库存保持两周。

实验五　买家体验

1. 实验目的

了解亚马逊平台的买家购物流程、买家订单管理和订单反馈评价。

2. 实验任务

（1）了解买家购物流程。

（2）了解买家订单管理。

（3）了解买家订单反馈评价。

3．实验步骤

（1）买家购物流程

① 登录并搜索商品

在搜索栏中输入商品关键词或商品名称，或在类目导航中查找商品。

② 加入购物车

选中商品后，输入购买数量，单击"Add to Cart"，将商品加入购物车。

③ 账单确认

确认好需要购买的商品后，单击"Proceed to checkout"确认订单。

④ 确认收货地址

如果之前没有填写收货地址，那么将会跳转到地址添加页面。

⑤ 确认支付方式

第一次购物时需要添加信用卡支付信息，如信用卡姓名、信用卡卡号、信用卡的有效日期。信用卡支付信息添加完成后，单击"Add your card"。已经有购买支付记录的买家，需要选择支付方式或新增付款方式，选择支付方式后单击"Continue"。

⑥ 订单确认

确认地址信息和支付信息后，如果需要修改，可单击"change"。

如果有优惠码或gift card，可以在"gifts cards & promotional codes"处输入，然后单击"Apply"。确认信息后，单击"确认结账"。

（2）买家订单联系

选择"Your Account"（你的账户），单击"Your Orders"（你的订单），再单击"Track Package"查看物流状态。

在商品清单中找到你的订单，单击"Get help with order"联系卖家。单击"request cancellation"，可以请求取消订单；单击"archive order"（归档），暂时收藏或隐藏订单。

如果订单出现问题，可以选择"problem with order"，在"what went wrong"中，根据你的情况，选择订单存在的问题。

选择订单存在的问题后，进入"what would you like to do?"中，选择"Contact seller"，输入订单问题详情，单击"Send"提交问题。

（3）订单评价和反馈

在"Your Orders"中找到要评价的订单，单击"Order Details"，可对订单进行留言并评价。

依次选择"Your Account"——"Your Orders"——"Orders Details"，单击"leave seller feedback"，对订单进行留言并评价。

选择"rate your experience"，可评价卖家星级，包括5星（Excellent）、4星（good）、3星（Fair）、2星（Poor）、1星（Awful）；也可评价订单，包括物流速度、产品质量、客服质量；还可编辑留言评价。

（4）卖家如何使用5星系统来反馈等级

好评（Positive Feedback）：5星或4星。

中评（Neutral Feedback）：3星。

差评（Negative Feedback）：2星或1星。

（5）如何计算卖家的反馈评分

利用计算公式：反馈评分 = 好评总数 / 评价总数。

备注：评价总数指30天、90天、365天或一直以来累积的评价数量。

实验六　订单管理

1．实验目的

了解亚马逊平台如何进行订单管理，掌握其订单管理的操作方法。

2．实验任务

（1）订单查看。

（2）订单发货。

（3）已发货订单信息更新。

（4）订单联系回复。

（5）订单反馈评价。

3．实验步骤

（1）订单查看

订单查看路径："订单"—"管理订单"—"未发货"—"confirm shipment"。

在"未发货"页面中，系统会提示未处理订单数。未发货订单显示的状态是"Unshipped"。

"confirm shipment"按钮：确认发货。买家下单后48小时内必须单击"confirm shipment"确认发货，否则会有延误发货的记录，影响卖家绩效。

"cancel order"按钮：取消订单。买家下单后30分钟之内可以取消订单，超过30分钟之后再想取消订单则需要向卖家提出申请。

（2）订单发货

在"确认发货"页面选择Carrier下拉框中的"物流服务商"，接着选择物流服务商提供的服务类型，然后输入运单号，单击"confirm shipment"完成发货。如果有需要，也可输入备注说明。

（3）信息更新

在"已发货订单"页面中，卖家可对前期发货信息进行更新完善，以及完成订单退款的操作。

（4）订单联系回复

联系回复时间指标用于评估卖家对买家消息的回复时效，即卖家在24小时内回复买家消息的百分率。

（5）订单反馈评价

在"绩效"—"买家反馈"页面中选择"View Current Feedback"，找到你要回复的评论，然后单击"Respond"，输入需要回复的内容，单击"Submit"。回复信息提交以后，你可以删除，但不能再进行编辑。在商品详情页，其他买家可以查看你的回复信息。

实验七　广告营销

1．实验目的

了解亚马逊平台如何进行广告营销，掌握创建站内广告、促销和秒杀的方法。

2．实验任务

（1）创建站内广告。

（2）促销。

（3）秒杀。

3．实验步骤

（1）创建站内广告

① 创建 CPC 广告

亚马逊站内广告为付费推广，又称 Pay Per Click/Cost Per Click（PPC/CPC）。后台设置广告路径："广告"—"广告"。

如果是第一次进入后台设置广告，卖家需要单击"Creat ad campaign"以开始创建 CPC 广告。

② 管理 CPC 广告

广告创建完成后，进入"Campaign Manager"页面即可进行 CPC 广告的管理，卖家可在其中设置广告状态、广告投入等。

（2）促销

① Free Shipping（免运费）

单击"广告"—"促销"，进入"促销"页面；再单击"Created"，跳转至"Free Shipping"设置页面。

② Percentage Off（折扣）

Percentage Off 的设置和 Free Shipping 的设置基本相同。

③ Buy One Get One

Buy One Get One 为买一送一，即商品买一件送一件，或选择其他商品作为赠品。

（3）秒杀

卖家在导航栏"广告"中选择"秒杀"，输入秒杀标题、秒杀活动描述，选择秒杀活动商品，设置秒杀活动商品价格、秒杀活动日期、活动开始时间、活动结束时间。填写完成后，"Create"按钮由灰色变为黄色可操作状态，单击"Create"即可创建秒杀活动。

亚马逊操作视频

注册卖家账户	签署销售协议与完善业务信息	绑定收付款方式	纳税审核	提供产品预售信息
卖家身份验证	卖家账户信息	配送设置	卖家信息与政策	UPC 码和商品采购
刊登商品 Listing（不含变体）	刊登商品 Listing（含变体）	商品跟卖	商品编辑	商品下架
转换为 FBA 配送	创建移除订单	创建多渠道订单配送任务	买家购物体验	订单联系

订单评价及反馈	订单发货	订单消息回复及评价反馈		

三、Wish 平台运营

实验一　注册开店

1．实验目的

了解 Wish 平台开店注册的相关规则；了解店铺审核和产品审核的基本规则。

2．实验任务

（1）设置用户名。

（2）设置账户信息。

（3）完成实名认证。

3．实验步骤

（1）设置用户名

① 用户名

注册邮箱是用户未来登录 Wish 账户的用户名。

② 签订商户协议

单击"创建店铺"，阅读并签订商户协议。

③ 邮箱验证

单击"同意已选条款"，Wish 平台会自动向卖家的邮箱发送确认邮件，单击"立即查收邮件"会进入邮箱系统，单击"确认邮箱"或 URL 后会直接跳转到卖家后台，设置用户名步骤完成。

（2）设置账户信息

账户信息包括店铺名称、真实姓名、办公地址、邮编等内容。

（3）实名认证

在 Wish 平台发布产品之前，卖家还需要完成实名认证。认证信息将作为店铺归属的唯一凭证。实名认证分为个人账户实名认证和企业账户实名认证。

实验二　产品管理

1．实验目的

掌握如何添加新产品以及编辑产品的流程。

2．实验任务

（1）添加新产品。

（2）编辑产品。

3．实验步骤

添加新产品的方法有两种，即手动添加新产品、使用 CSV 文件批量添加新产品。

（1）手动添加新产品

操作路径："产品"—"添加新产品"—"手动"。

产品发布流程大致包括基本信息、产品图片、库存运费、产品属性等。

① 基本信息

a. 包括产品标题、描述、标签、SKU、货源 ID 等。

b. 描述（Description）：对产品进行文字描述，文字描述要简洁，繁杂的描述容易引起买家反感，卖家可以直接描述产品的独特性或差异性，让买家直观地了解产品优势。

c. 标签（Tags）：为产品添加标签，每个产品最多可添加 10 个标签，如果超过 10 个，Wish 平台将自动忽略多余的标签。

d. SKU：识别产品的唯一标识，具有唯一性。若一个产品有多种颜色和多种尺码，产品首先有一个父 SKU，具体的产品属性中需要填写对应的 SKU，即子 SKU，在使用 CSV 文件批量修改产品时，系统将根据 SKU 编码定位要修改的产品。

e. 货源 ID：为了方便与货源平台进行对接，不是必填项。

② 产品图片

产品图片包括 1 张主图、10 张辅图，可以从本地上传，也可以从网络地址上传，图片尺寸建议为 800px×800px。

③ 库存运费

该页面主要包括产品销售价格（price）、库存数量（quantity）、产品运费（shipping）、预估利润、物流信息等。

④ 产品属性

产品属性包括颜色、尺码、产品变量、可选信息、摘要等。

（2）使用 CSV 文件批量添加新产品

使用 CSV 文件批量添加新产品，是指根据指定的文件模板批量填写新产品信息之后，生成 CSV 文件并上传到 Wish 后台的过程。

操作路径："产品"—"添加新产品"—"产品 CSV 文件"。

文件模板包含 3 种类型：Excel 文件模板、CSV 文件模板、谷歌数据表。其中，谷歌数据表可以用谷歌浏览器直接在线浏览并编辑 CSV 文件和 Excel 文件；Excel 文件能保存文字格式及表格格式；CSV 文件不能保存表格格式。

（3）编辑产品

编辑产品包括编辑原有产品，修改产品价格、运费、库存，编辑国际运费，向原有产品添加尺寸、颜色等变量及移除变量，启用和禁用 SKU，通过 CSV 文件编辑原有产品信息等操作。

① 编辑原有产品

操作路径："卖家中心"—"产品"—"更新现有产品"—"手动"—"措施"—"编辑产品"。

② 修改产品价格、运费、库存

操作路径："卖家中心"—"产品"—"更新现有产品"—"手动"。在产品列表中可以直接修改产品价格、运费、库存，这里设置的产品运费默认适用于所有国家。

③ 编辑国际运费

若想针对一个产品选定的配送区域设置不同的运费，可以单击"卖家中心"—"产品"—"查看所有产品"—"措施"—"编辑国际运费"，设置运费。

④ 向原有产品添加变量

操作路径："卖家中心"—"产品"—"查看所有产品"—"措施"—"添加新的尺寸/颜色"。这里可以向原有产品添加尺寸、颜色等变量。

⑤ 移除变体

操作路径："卖家中心"—"产品"—"查看所有产品"—"措施"—"移除变量"。

卖家可以使用移动变量功能将本产品的子 SKU 移动到另外一个产品下面，如此该产品就会减少一个子 SKU。

⑥ 启用和禁用 SKU

操作路径："卖家中心"—"产品"—"查看所有产品"—"措施"—"启用和禁用 SKU"。

⑦ 通过 CSV 文件编辑原有产品信息

批量更新产品信息操作路径："卖家中心"—"产品"—"更新现有产品"—"产品 CSV 文件"。

实验三　订单管理

1. 实验目的

了解如何注册开通 Wish 邮以及订单的发货与处理。

2. 实验任务

（1）Wish 邮注册开通。

（2）订单发货。

（3）订单处理。

3. 实验步骤

（1）Wish 邮注册开通

Wish 邮是 Wish 与中国邮政的合作物流，是针对 2kg 以下的小件物品推出的空邮产品，运送范围为全球 200 多个国家和地区，运费便宜，经济实惠。其他常用的国际物流方式有跨境专线、商业快递、海外仓等。实验平台以 Wish 邮为例，介绍 Wish 邮的注册开通流程及物流发货操作方法。

① Wish 邮注册开通

Wish 邮注册流程主要包括 3 步：注册开通，核实信息，提交实名信息。待实名信息验证通过后，卖家即可使用 Wish 邮功能。

② 设置发件人、揽货地址

在使用 Wish 邮系统创建订单前，需要设置发件人地址和揽货地址。

发件人地址指的是卖家个人的居住地址或公司的注册地址，需要使用英文填写，地址信息会显示在跨境物流面单上；揽货地址指的是货物所在地，是通知物流公司前来揽货的地址，需要使用中文填写。将揽货地址设为默认地址后，在创建订单时系统会默认使用该地址。

（2）订单发货

进入买家中心，注册开通买家账户。

① 填写英文名、姓，邮箱地址和设置登录密码。邮箱地址是电子邮箱地址，也是未来登录买家中心的账户名。

② 订单交易。选择商品，单击 "buy" 将商品加入购物车，在购物车中统一结算。添加收货地址并绑定信用卡。信用卡的有效期、姓名等验证信息在"学习中心"—"实训辅助功能"—

"美联 VISA"中可以查询。

（3）订单处理

订单发货方式有两种：一是在 Wish 平台上直接发货处理订单，二是自发货——使用 Wish 邮创建订单发货。

① 平台发货

操作路径："卖家中心"—"订单"—"未处理"—"措施"—"配送"。

② 自发货

操作路径："Wish 邮"—"创建订单"。

使用 Wish 邮创建物流订单：第一步，输入 Wish 交易订单号；第二步，选择物流渠道；第三步，完善包裹信息。信息完善并提交后，订单即创建完成，同时生成物流跟踪单号。

卖家需要将该单号关联到 Wish 平台，操作路径为"卖家中心"—"订单"—"未处理"—"措施"—"配送"—"do it myself"，输入物流单号，填写备注信息，单击"finish"提交后，该交易订单与物流单号成功关联，订单状态即更改为已发货。

订单发货后，系统会自动生成物流跟踪进度，单击"历史订单"—"快件详情下的物流单号"可查询物流进度。

实验四　客户管理

1. 实验目的

了解卖家问题回复的处理步骤。

2. 实验任务

（1）卖家问题回复。

（2）客户问题发起与关闭。

3. 实验步骤

在 Wish 交易期间，客户如果想更改配送地址、更换其他尺寸或颜色的产品、查询物流跟踪信息或退换货等，可以联系卖家。对于卖家而言，这可以称为被动联系，当然卖家也可以主动联系客户。

（1）卖家问题回复

操作路径："客户问题"—"未处理"。

一般客户问题响应时间在 0 ~ 24 小时，如果客户的问题在 48 小时内还未得到解决，那么第三方客户服务系统可能会直接退款。

单击"查看"，可以看到客户问题涉及的商品和订单详情，在项目处可以看到客户提出的具体问题。

（2）客户问题发起与关闭

操作路径："买家中心"—"Order History"（历史订单）。

进入"买家中心"—"历史订单"，单击"contact seller"联系卖家。

客户选择问题标签、输入问题内容，向卖家发起问题。

实验五　广告营销

1. 实验目的

了解 Wish 平台的营销工具 ProductBoost 的功能；了解卖家如何加入 ProductBoost，如何创建 ProductBoost 活动；了解 ProductBoost 竞价设置技巧。

2. 实验任务

（1）创建 ProductBoost 活动。

（2）设置关键词工具。

3. 实验步骤

卖家可以创建 ProductBoost 活动，为自己的产品设定精准的关键词及合理的竞价，如此当买家在 Wish 平台上搜索时，其产品便可获得更多的推送机会及更高的产品排名。这是一种为指定产品增加流量的营销活动。

（1）创建 ProductBoost 活动

操作路径："ProductBoost"—"创建活动"。

① 活动设置

活动起止时间为系统自动填入活动开始时间和截止时间，卖家也可自行调整活动时间，最长可为 4 周。

② 产品设置

产品 ID 指提交参与 ProductBoost 活动的产品 ID。每行仅限输入一个产品 ID，如需添加更多产品，请单击"添加更多产品"。每次活动中最多可提交 200 个产品 ID，且卖家需为每个参与活动的产品支付 1 美元报名费。

③ 金额设置

预算为活动期间卖家同意支付的最大流量购买金额。卖家如果想要取消活动预算上限（不限制预算），请输入"0"。活动的最高预算金额的计算公式为：

$$活动的最高预算金额 = Wish 余额 + 推广专项金 + ProductBoost 余额$$
$$- 审核中活动的金额 - 报名的总费用$$

活动的最高预算金额指平台给出的卖家能够花费的最高金额，卖家的预算金额不可以超过这个最高金额。

Wish 余额指 Wish 结算货款后还未发放给卖家的金额。

推广专项金指订单还未确认配送，达不到结算货款的条件时，部分订单金额可以作为推广费用预支，相当于信用贷款，使用之后是需要归还的，系统会在 Wish 余额中扣除。Wish 平台会给予新手卖家 200 美元的信用贷款额度，不过仅限于第一次创建 ProductBoost 活动时使用。

④ ProductBoost 活动营销效果查看

在活动期间，卖家可以随时取消、暂停活动，操作路径为"ProductBoost"—"所有活动列表"。单击"查看"可以查看活动的整体效果，内容分为产品、每日表现、发票等。

（2）设置关键词工具

Wish ProductBoost 关键词工具能够帮助卖家为其广告活动挑选最佳的关键词。关键词根据买家搜索特定关键词的次数、卖家使用特定关键词的次数等维度来分类。

操作路径："ProductBoost"—"关键词工具"。

实验六 业绩分析

1. 实验目的

学习如何分析平台收集的关于产品、物流、店铺的各项指标数据。

2．实验任务

（1）了解产品概述及销售业绩。

（2）了解诚信店铺表现。

（3）了解评分表现。

3．实验步骤

Wish 平台店铺"业绩"菜单中的数据会以周为单位，在每周三进行更新。为更好地展现各项数据，达到实训效果，系统会对平台数据进行实时的统计，并对每一项数据进行详细的介绍。

操作路径："卖家店铺后台"—"业绩"。

（1）了解产品概述

店铺的产品运营以开发持续动销的产品为核心任务，并且需要持续增加店铺内的产品基数。产品概述主要可以帮助卖家完成以下操作。

① 检查店铺每周的产品上新是否完成。

② 检查上架产品价格与运费比是否合理，建议产品的价格和运费比控制在 4 ：1 左右。

③ 可以通过对比店铺流量、销售额与上架产品总数来查看店铺动销情况。

④ 监控店铺的产品价格结构，设置合理的价格。

（2）了解销售业绩

销售业绩这项数据可以非常直观地展示一个店铺在某段时间内的表现，分为总览数据、产品浏览和每个国家的明细列表。

① 总览数据

总览数据展示的是店铺的运营状况，可以显示该店铺在特定日期范围（以周为单位）内的流量（产品浏览数）、点击转化率（"购买"按钮点击率）、结账转化率及成交金额等核心数据。

② 产品浏览

产品浏览展示的是某日期范围内的单品数据。产品浏览页数据是卖家对单品进行淘汰和优化的重要依据。其中，单品的结账转化率可用于判断单品定价是否合理，以及店铺的物流时效是否有竞争力；单品的结账转化率的标准，通常可以对标排名第一的店铺（或产品）。

③ 每个国家的明细列表

此页面可以显示店铺订单在各个国家的分布情况。每个国家的明细列表展示的是产品在各个国家的销售金额和趋势，但是其展示的并非一周的数据，而是 3 个月前的月数据。

（3）了解诚信店铺表现

诚信店铺表现可根据仿品率、有效跟踪率、延迟发货率、30 天平均评分、63 ～ 93 天的退款率这 5 项数据来评判。

（4）了解评分表现

评分表现数据是对店铺首页数据中平均订单评级更加详细的分类统计，共有每周总计评分、每周店铺评分、店铺评分明细、每周产品评级、产品评分明细、国家评分明细 6 种。

（5）了解物流表现

物流表现数据汇总了运营中物流方面的数据，是卖家在物流方案优化、渠道选择、物流商选择等所有物流方面决策的数据依据。物流表现包括目的地国家表现，物流承运商、物流服务走势、全球物流服务商表现，确认妥投表现。

Wish 操作视频

创建 Wish 店铺	添加新产品（手动添加）	添加新产品（自动添加）	编辑产品
Wish 邮注册开通	订单发货	采用 CSV 文件批量标记发货	客户问题回复
客户问题发起与关闭	创建 ProductBoost 活动	关键词工具	为 Wish ProductBoost 充值余额

第二节　跨境电商的单一窗口

"单一窗口"，简单来说就是申报人（参与国际贸易和运输的各方）能够通过一个入口，向各相关政府机构，提交货物进出口或转运所需要的单证或电子数据。通过单一窗口，企业可以提高申报效率，缩短通关时间，降低企业成本，促进贸易便利化，进而推动国际贸易合作对接。

一、一般货物跨境贸易实训

1. 实验目的

分别扮演进出口商角色，完成一笔完整的一般货物进出口业务。

2. 实验任务

（1）以出口商角色进入，完成订货、索要证书、申请产地证、委托订舱、出口投保、出口报检报关、出运查询、支付出口运杂费、装运通知、寄单、国际收支网上申报、出口退税等操作。

（2）以进口商角色进入，完成委托进口货代、取提货单、进口报检报关、税费支付、安排提货、支付进口运杂费、销货、申请汇款（到付）、外汇监测系统申报等操作。

3. 实验步骤

具体操作步骤如图 10-1 所示。

图 10-1 中的 1、2、3 步（交易磋商、签订合同、发送形式发票）已经完成。

第 4 步　出口许可

合同签订后，出口商可根据商品的海关监管要求，向发证机构申请出口许可证。步骤如下。

① 查询商品资料

在【出口许可】页面下方单击"查看监管条件"，查看其中的监管信息部分。

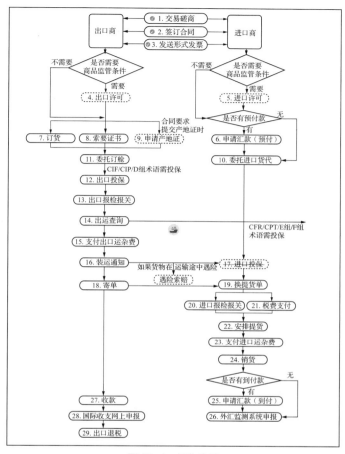

图 10-1　操作步骤

② 申请办理出口许可证

在【出口许可】页面下方单击"办理出口许可",进入单一窗口实训系统。在【许可证件】菜单中选择【出口许可证】,新建相应单证并录入数据,然后单击右上角"申报",进行出口许可证申报。

第 5 步　进口许可

合同签订后,进口商即可根据商品的海关监管要求,办理《自动进口许可证》或《进境动植物检疫许可证》。步骤如下。

(1)查询商品资料

在【进口许可】页面下方单击"查看监管条件",查看其中的监管信息部分。

(2)填写相关申请单据

进入单证中心,添加并填写《进境动植物检疫许可证申请表》。

(3)申请办理许可证

办理自动进口许可:在【进口许可】页面下方单击"办理自动进口许可",进入单一窗口实训系统。在【许可证件】菜单中选择【机电产品自动进口许可证】(监管条件含"O"时)或【非机电产品自动进口许可证】(监管条件含"7"或"v"时),新建相应单证并录入数据,然后单击右上角"申报"按钮,进行自动进口许可证申报。

办理进境动植物检疫许可:在【进口许可】页面下方单击"办理进境动植物检疫许可",

选择提交《进境动植物检疫许可证申请表》《企业法人营业执照》《对外贸易经营者备案登记表》。申请提交后，需等待发证机构进行处理。处理完成后，相关机构签发证书（自动进口许可证需在录入界面单击"打印"生成证书）。

第 6 步 申请汇款（预付）

当结算方式含"电汇（T/T）"方式下的预付款时，合同签订后，进口商应尽早向银行申请汇款。其步骤如下。

（1）判断是否有预付款

进入【业务详情】页面，打开《合同》，查看其中的付款条件部分。

（2）填写《境外汇款申请书》

仍在【业务详情】页面，添加并填写《境外汇款申请书》。

（3）申请办理预付款汇款

在【申请汇款】页面下方单击"申请汇款（预付）"，选择提交《合同》《形式发票》（由出口商发送）和《境外汇款申请书》，办理申请手续。

第 7 步 订货

合同签订完成后，出口商即应依照装期开始准备向工厂订货。步骤如下。

（1）确定商品及数量

在【订货】页面下方单击"查看合同"，查看其中的商品明细部分。确定商品编号与数量，以免订错货。

（2）订货

在【订货】页面下方单击"订货"，输入要购买的商品编号及数量，再单击"确定"。

第 8 步 索要证书

订货后，出口商向工厂索要一些证书，用于报检报关。步骤如下。

在【索要证书】页面下方单击"索要证书"，工厂将自动出具相关证书（如果商品本身不需要证书则不发放），出口商可到单证中心查看。

第 9 步 申请产地证

产地证一般可于订货后交单前向检验机构申请。步骤如下。

（1）判断是否需要申请产地证、产地证种类

进入【业务详情】页面，打开《合同》，查看其中的单据要求部分。

（2）填写相关单据

仍在【业务详情】页面，添加并填写《商业发票》《装箱单》。

（3）申请产地证

在【申请产地证】页面下方单击"申请产地证"，进入单一窗口实训系统。在【原产地证】菜单中选择【海关原产地证申请】或【贸促会原产地证申请】（在两者中任选一个申请即可，但需注意贸促会不支持签发普惠制产地证 Form A），新建相应证书并录入数据，然后单击右上角"申报"，进行产地证申报。

第 10 步 委托进口货代

合同签订后，确定了装期，进口商就可以寻找货代，委托其办理进口报检报关提货等事宜。步骤如下。

（1）向货代询价

在【委托进口货代】页面下方单击"向货代询价"，先选择一个货代公司，填写询价单；填写完成后单击"发送询价单"，向进口货代发送询价。DDP 术语下，进口商无须询价和委托货代。

（2）填写《国际海运 / 空运货物委托书》

进入【业务详情】，添加并填写《国际海运货物委托书》（海运时）或《国际空运货物委托书》（空运时）。

（3）委托货代

在【委托进口货代】页面下方单击"委托货代"，选择提交《国际海运货物委托书》或《国际空运货物委托书》，办理申请手续。申请提交后，需先等待货物到港，再向货代提供进口报检报关资料。

第 11 步　委托订舱

合同签订后，出口商就可以根据装期准备订舱。步骤如下。

（1）向货代询价

在【委托订舱】页面下方单击"向货代询价"，先选择一个货代公司，填写询价单；填写完成后单击"发送询价单"，向出口货代发送询价。FOB、FAS、FCA 术语下，收到进口商指定货代的邮件后（进口商先完成委托货代），出口商才可以询价并订舱。

EXW 术语下，出口商无须询价和委托订舱。

（2）填写《国际海运货物委托书》《国际空运货物委托书》

进入【业务详情】，添加并填写《国际海运货物委托书》（海运时）或《国际空运货物委托书》（空运时）。

（3）委托订舱

在【委托订舱】页面下方单击"委托订舱"，选择提交《国际海运货物委托书》或《国际空运货物委托书》，办理申请手续。申请提交后，需等待货代公司进行处理，处理完成签发《订舱确认书》等。

第 12 步　出口投保

CIF、CIP、DAT、DAP、DDP 5 种贸易术语下，由出口商投保，出口商应在订舱之后办理。步骤如下。

（1）选择投保方式

投保有两种方式：逐笔投保、预约投保。两种方式可任选其一，效力相同。除了上述 5 种术语，其他术语下，直接跳过下面的步骤。

（2）逐笔投保

进入【业务详情】页面，添加并填写《货物运输险投保单》。

（3）预约投保

如果要做预约投保，应等到完成流程图中的"装运通知"步骤后再办理。必须在货物出运前先完成签订预约保险合同步骤，才可以做预约投保（只需要签订一次，后续业务不需要再签订）。

第 13 步　出口报检报关

备好货准备出运前，出口商需要先完成报检报关。根据向货代询价时是否勾选委托货代报关，这里分为"自主报关"和"代理报关"两种操作（EXW 术语下无须询价，按"代理报关"方式操作），分别单击以下菜单进行查看。

自主报关：如果未委托货代报关，应由出口商自主进行报关操作。

代理报关：如果已委托货代报关，此处出口商需要提供报检报关资料给货代。

（1）填写相关单据

进入【业务详情】，添加并填写《商业发票》《装箱单》（如已填过无须再填）和《代理报关委托书》（EXW 术语下无须填写委托书）。

（2）提供出口报检报关资料

在【出口报检报关】页面下方单击"出口报检报关"，并提交单据。

第14步　出运查询

无须操作。

第15步　支付出口运杂费

出口商收到货代发送的账单后，应及时支付费用，取得相关单据。步骤如下。

（1）查收《账单》

进入【业务详情】页面，查看是否收到《账单》。

（2）支付货代费用

在【支付出口运杂费】页面下方单击"支付货代费用"，选择提交《账单》，确定支付费用。支付费用后，出口商将收到提单等单据。

第16步　装运通知

从货代公司拿到《提单》后，出口商可以向进口商发送装运通知。步骤如下。

（1）填写装运通知

进入【业务详情】页面，添加并填写《装运通知》。

（2）发送装运通知

在【装运通知】页面下方单击"发送装运通知"，进入发送邮件的页面。输入标题"Subject"（例如，Shipping Advice）和内容"Text"，然后单击"Send"，发送装运通知。

出口商提交申请后，进口商将收到《装运通知》。

第17步　进口投保

无须操作。

第18步　寄单

从货代公司拿到提单后，在汇款方式下，出口商应及时向进口商寄单。步骤如下。

在【寄单】页面下方单击"寄单"，选择提交单据。

第19步　换提货单

货物到港后，进口商应及时向进口货代领取提货单（海运时需先取得提货单等货运单据）。步骤如下。

如果货物在运输过程中遇险，则无须办理以下步骤。

在【寄单】页面下方单击"换/取提货单"，选择提交《海运提单》（海运方式下），若为空运方式，则无须提交单据。

第20步　进口报检报关

进口商取得提货单后，应及时办理进口报检报关，以便尽早提货。根据向货代询价时是否勾选委托货代报关，这里分为"自主报关"和"代理报关"两种操作，可分别单击以下菜单进行查看。

自主报关：如果未委托货代报关，应由进口商自主进行报关操作。

代理报关：如果已委托货代报关，此处进口商需要提供报检报关资料给货代。

（1）如果未委托货代报关，应由进口商自主进行报关操作。在【进口报检报关】页面下方单击"进口报检报关"，进入单一窗口实训系统。

（2）如果商品资料口的货物类型为"加工原料"，需要先进行加工贸易手册申报（一般货物无须此操作）。

（3）如果商品资料中的货物类型为"减免税货物"，需要先进行减免税申请（一般货物无须此操作）。

（4）选择【货物申报】—【货物申报】菜单，进入【进口报关单整合申报】页面，录入数据，并在"随附单据"菜单中选择单据。

（5）在【进口报关单整合申报】页面单击右上角"申报"，进行进口申报。申请提交后，需等待海关进行处理，处理完成后货物可通关放行。进口商可在录入界面中单击"打印"，生成《进口报关单》（在【业务详情】页面查看）。

如果货物在运输过程中遇险，则无须办理以上步骤。

第21步　税费支付

申报进口报关后，进口商还需及时支付进口税费。步骤如下。

如果货物在运输过程中遇险，或者委托货代进行代理报关，则无须办理以下步骤。

（1）在【税费支付】页面下方单击"税费支付"，进入单一窗口实训系统。

（2）选中要支付的税单，单击"直接支付"进行支付。

（3）支付完成后，可到【税费单查询】或【支付记录查询】页面查看已支付完成的税单。税单支付完成后，货物即通关放行，进口商可以安排提货。

（4）办理了加工贸易手册、已做减免税申请或者暂时进出境的货物，均无须支付税费（免税），也不会有相关记录。

第22步　安排提货

完成进口报检报关并收到《到货通知书》后，进口商就可以安排提货了。步骤如下。

（1）在【安排提货】页面下方单击"安排提货"，选择提交以下单据。

（2）海运方式下：《提货单－提货联》。

（3）空运方式下：《航空运单》《提货通知单》。

第23步　支付进口运杂费

进口商收到货代发送的账单后，应及时支付费用，取得相关单据。步骤如下。

（1）查收《账单》。进入【业务详情】页面，查看是否收到《账单》。

（2）支付进口运杂费。在【支付进口运杂费】页面下方单击"支付进口运杂费"，选择提交《账单》，确定支付费用。支付费用后，进口商将收到《国际货物运输代理业专用发票》等单据。

第24步　销货

进口业务完成，提取货物后，进口商即可将货物售出以获取利润。步骤如下。

在【销货】页面下方单击"销货"，打开可销售的货物列表。然后单击要销售的商品对应的"售出"按钮，在弹出的页面中再单击"确定售出"。申请提交后，需等待市场销售。销售完成后，进口商将收到相应款项。

第25步　申请汇款（到付）

当结算方式含"电汇(T/T)"等方式下的货到付款时，提货后，进口商应及时向银行申请汇款。步骤如下。

（1）判断是否有到付款

进入【业务详情】页面，打开《合同》，查看其中的付款条件部分。

如果付款条件中含有"×× % by T/T"字样（"in advance"除外），说明有到付款；否则直接跳过下面的步骤。

（2）填写《境外汇款申请书》

仍在【业务详情】页面，添加并填写《境外汇款申请书》。

（3）申请办理到付款汇款

在【申请汇款】页面下方单击"申请汇款（到付）"，选择提交《合同》《商业发票》《境外汇款申请书》《进口货物报关单》（此单据于完成进口报检报关后打印获得，如果货物发生意外则无须提交），办理相关手续。

第26步　外汇监测系统申报

进口商付汇后，需要进行外汇监测系统申报。步骤如下。

（1）在【外汇检测系统申报】页面下方单击"外汇监测系统申报"，打开国家外管局服务平台 ASOne。

（2）在 ASOne 平台首页单击"登录"，选择【货物贸易外汇监测系统（企业版）】，打开申报信息录入列表。

（3）选中待申报的业务条目后，单击右下方的"新增"，进入该笔业务的申报信息录入页面，填写相关信息（大部分信息已由银行自动生成）。

（4）填写完成后，单击"保存"，再单击"提交"，即申报成功。

第27步　收款

当合同中规定结算方式含"票汇（D/D）"时，进口商完成汇出汇款业务后，将寄送《票汇汇票》给出口商，出口商收到后应及时向出口行提示汇票以便其收汇。步骤如下。

（1）查收《票汇汇票》

收到进口商寄送《票汇汇票》的消息后，进入【业务详情】页面，查看是否有《票汇汇票》。

（2）提示汇票

在【收款】页面下方单击"提示汇票（到付）"，选择提交《票汇汇票》，办理申请手续。申请提交后，需等待银行进行处理。银行处理完成后，出口商将收到通知及相关款项。

第28步　国际收支网上申报

（1）在【国际收支网上申报】页面下方单击"国际收支网上申报"，打开国家外管局服务平台 ASOne。

（2）在国家外管局服务平台首页单击"登录"，打开申报信息录入列表。

（3）单击待申报业务条目的申报号码，进入该笔业务的申报信息录入页面，填写相关信息（大部分信息已由银行自动生成）。

（4）填写完成后，单击"保存"，再单击"提交"，即申报成功。

第29步　出口退税

（1）确定商品是否能退税

打开商品详细资料，查看其中的 HS 编码并复制；再到"资料查询"中打开"HS 编码"，在上方的搜索框内输入商品 HS 编码进行搜索。

（2）办理出口退税

在【出口退税】页面下方单击"出口退税"，进行退税申报。

二、保税加工料件跨境贸易实训

1. 实验目的

分别扮演进出口商角色，完成一笔完整的保税加工料件进出口业务。

2. 实验任务

（1）以出口商角色进入，完成订货、索要证书、委托订舱、出口投保、出口报检报关、出运查询、支付出口运杂费、装运通知、寄单、国际收支网上申报、出口退税等操作。

（2）以进口商角色进入，完成委托进口货代、换提货单、进口报检报关、税费支付、安排提货、支付进口运杂费、销货、申请汇款（到付）、外汇监测系统申报等操作。

3．实验步骤

具体操作步骤如图 10-2 所示。

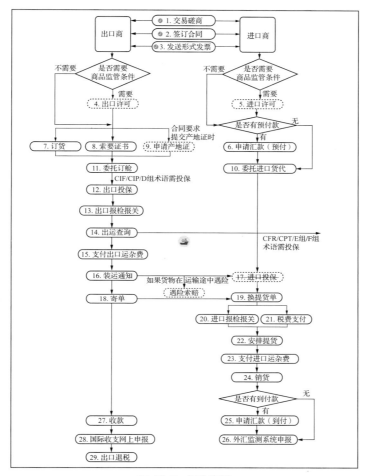

图 10-2　操作步骤

备注：本部分操作步骤与"一、一般货物跨境贸易实训"一致。

三、特定减免税货物跨境贸易实训

1．实验目的

分别扮演进出口商角色，完成一笔完整的特定减免税货物进出口业务。

2．实验任务

（1）以出口商角色进入，完成订货、索要证书、委托订舱、出口投保、出口报检报关、出运查询、支付出口运杂费、装运通知、寄单、国际收支网上申报、出口退税等操作。

（2）以进口商角色进入，完成委托进口货代、换提货单、进口报检报关、税费支付、安排提货、支付进口运杂费、销货、申请汇款（到付）、外汇监测系统申报等操作。

3．实验步骤

具体操作步骤如图 10-3 所示。

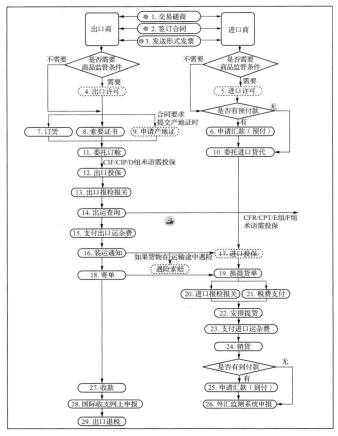

图 10-3　操作步骤

备注：本部分操作步骤与"一、一般货物跨境贸易实训"一致。

第三节　跨境电商虚拟仿真实验

一、跨境电商保税进口虚拟仿真实验

1. 实验目的

（1）掌握跨境电商保税进口的过程：包括涉及的主体以及各个主体之间的信息流、资金流和物流等交互关系。

（2）掌握跨境电商保税进口中涉及的各个单据的规范：包括报关单位海关注册登记证、经营主体备案信息、电子口岸业务办理申请单、海关商品备案明细表、报关表、报检表、装箱单、提单等。

（3）掌握跨境电商保税进口中涉及的各个主体的操作流程：包括电商企业、外经贸对外办事处、海关办事处、物流企业、保税区仓库等。

2. 实验任务

实验涵盖跨境电商保税进口中有关备案登记、海关注册编码、电子口岸 IC 卡、单一窗口注册备案、电子口岸数据中心企业注册、商品备案、账册申请、申报、货物运抵、报关、报检预录入、过卡进区、查验、报关、表单申报、商品出库拣货、尾程派送等知识点。

3. 实验步骤

（1）登录国家虚拟仿真实验教学课程共享平台。

（2）首先完成个人注册。

（3）注册后登录。

（4）单击菜单栏中的"实验中心"，在文本框中输入关键词"跨境电商保税进口虚拟仿真实验"，进入图10-4所示页面。

图10-4　实验中心

（5）单击"我要做实验"，导入实验。注意第一次导入时，速度会有点慢。另外，注意浏览器的使用提示。图10-5所示为进入页面。

图10-5　进入页面

（6）进入实验界面，按照操作提示，完成实验程序，并生成实验报告。

二、跨境电商数字人直播运营设计与决策优化虚拟仿真实验

1. 实验目的

（1）掌握电商直播全流程中的各项业务活动：包括直播前、直播中、直播后各主体和主要业务流程。

（2）掌握电商直播过程涉及的数据获取与分析方法：包括政策与行业分析、选品分析、主播风格分析、直播后复盘分析等。

（3）掌握直播过程中涉及的直播方案设计方法：包括产品风格设计、直播话术与妆容设计、

直播场景设计、直播脚本设计等。

（4）了解电商直播中的观众互动、应急情况处理、退换货处理、数据复盘等。

2. 实验任务

（1）跨境电商环境分析：包括跨境电商国家政策分析、行业发展分析、市场分析、资源分析。

（2）跨境电商数据分析：包括跨境电商数据采集、清洗、数据分析与可视化呈现。

（3）跨境电商数字人直播准备：包括跨境电商直播平台分析与选择、直播场景搭建、数字人搭建、数字人动作训练、话术训练与提词器编辑。

（4）跨境电商数字人直播：包括跨境电商直播开场白、产品介绍、与观众互动、催付、意外事件处理。

（5）跨境电商直播复盘分析。

3. 实验步骤

（1）登录国家虚拟仿真实验教学课程共享平台。

（2）完成个人注册。

（3）注册后登录，单击"实验中心"。

（4）进入实验中心之后，搜索课程名称"跨境电商数字人直播运营设计与决策优化虚拟仿真实验"，如图10-6所示。

图 10-6　实验中心

（5）单击"我要做实验"，导入实验。注意第一次导入时，速度会有点慢。另外，注意浏览器的使用提示。图10-7所示为进入页面。

图 10-7　进入页面

（6）进入实验，按照操作提示，完成实验程序，并生成实验报告。

三、电商小件商品快速拣货决策虚拟仿真实验

1. 实验目的

全面了解电商园区的运作模式，包括电商货物接单、货物仓储、出库、分拣、贴标、打包等实验操作。

2. 实验任务

熟悉库存摘取式、播种式、摘播式等拣选模式。

3. 实验步骤

（1）登录国家虚拟仿真实验教学课程共享平台。

（2）完成个人注册。

（3）注册后登录。

（4）单击"实验中心"，在文本框中输入关键词"电商小件商品快速拣货决策虚拟仿真实验"，进入图10-8所示页面。

图 10-8 实验中心

（5）单击"我要做实验"，导入实验。注意第一次导入时，速度会有点慢。另外，注意浏览器的使用提示。图10-9所示为进入页面。

图 10-9 进入页面

（6）进入实验界面，按照操作提示，完成实验程序，并生成实验报告。

四、跨境电商直邮监管虚拟仿真实验

1. 实验目的

掌握跨境电商直邮监管（"9610"）流程，流程如图 10-10 所示。

图 10-10　跨境电商直邮监管流程

2. 实验任务

企业注册、订单和运单申报、清单申报、汇总申报。

3. 实验步骤

（1）登录国家虚拟仿真实验教学课程共享平台。

（2）完成个人注册。

（3）注册后登录，单击"实验中心"。

（4）进入实验中心之后，搜索课程名称"跨境电商直邮监管虚拟仿真实验"，如图 10-11 所示。

图 10-11　实验中心

（5）单击"我要做实验"，导入实验。注意第一次导入时，速度会有点慢。另外，注意浏览器的使用提示。图 10-12 所示为进入页面。

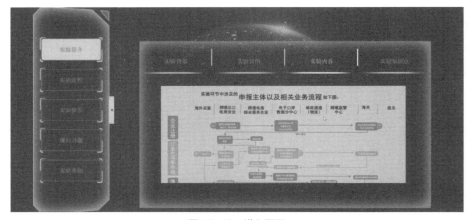

图 10-12　进入页面

（6）进入实验，按照操作提示，完成实验程序，并生成实验报告。

附录
关键术语中英文对照

3PL（Third Party Logistics）第三方物流

ACOS（advertising cost of sale）广告销售成本

Added value 附加价值

ADO（average daily order）日均订单量

Advance payment 预付款

AFTA（ASEAN Free Trade Area）东盟自由贸易区

Agent 代理商

Air freight 空运

Air waybill 空运提单

AliExpress 全球速卖通

Alipay payment 支付宝支付

Alternative marketing channels 可选择的营销渠道

Amount 数量

Anti-dated B/L 倒签提单

Anti-dumping duty 反倾销税

Anti-dumping 反倾销

Antitrust lawsuit 反垄断法案

AOV（average order value）客单价

Artificial intelligence 人工智能

ASIN（Amazon standard identification number）亚马逊标准识别号

Audience share 受众占有率

B2B（business to business）企业对企业

B2C（business to customer）企业对客户

Big data technology 大数据技术

Big data 大数据

Blockchain 区块链

Bonded import 保税进口

Bonded zone 保税区

Booking charge 订舱费

Break-even analysis 盈亏平衡分析

Budget 预算

Business intelligence 商业智能

C2C（customer to customer）客户对客户

CAC（customer acquisition cost）客户获取成本

Capital transactions 资本交易

Cash in advance 预付货款

Cash on delivery 货到付款

CBEC（Cross-Border E-commerce）跨境电商

Certificate of origin 原产地证明

CFR（cost and freight）成本加运费

Channel 途径；渠道

Charter party 租船合同

China post air mail 中国邮政小包

China post air parcel 中邮大包

CIF（cost，insurance and freight price）到岸价

CIP（carriage insurance paid to）运费保险费付至……

Clearance 通关；放行

Cloud computing 云计算

Clustering analysis 聚类分析

Collection 托收

Combined transport 联合运输

Commerce control list 商业管制清单

Commercial invoice 商业发票

Commission 佣金

Competitive advantage 竞争优势

Consumer behavior 消费者行为

Consumer protection 消费者保护

Consumption tax 消费税

Contactless payment 无接触支付

Container shipping 集装箱航运

Content marketing 内容营销

CPC（cost per click）每次点击成本

CPT（carriage paid to）运费付至……

CRM（Customer Relationship Management）客户关系管理

Cross-Border E-commerce marketing 跨境电商营销

Cross-Border E-commerce platform 跨境电商平台

Cross-Border import 跨境进口

Cross-Border payments 跨境支付

Cross-Border settlement 跨境结算

Cross-Border supply chain 跨境供应链

Cross-docking 直达配送

Cross-sell 交叉销售

CTR（click-through rate）广告点击率

Customer feedback 客户评价

Customs broker 报关行

Customs declaration for export goods 出口货物报关单

Customs declaration 报关

Customs duty 关税

Customs inspection 海关检查

Customs supervision 海关监管

Customs clearance 清关

Cut-off date 截关日

DAF（delivered at frontier）边境交货

DAP（delivered at place）目的地交货

DAT（delivered at terminal）运输终端交货

Data visualization 数据可视化

DDP（delivered duty paid）税后交货

DDU（delivered duty unpaid）未完税交货

Dead freight 空舱费

Dealer 经销商

Delivery order 提货单

Demand stagnation 需求停滞

DEQ（delivered ex quay）目的港码头交货

DES（delivered ex ship）目的港船上交货

Difference marketing 差异化营销

Digital divide 数字鸿沟

Digital economy 数字经济

Digital industrialization 数字产业化

Digital marketing 数字营销

Digital payment 数字支付

Digital trade 数字贸易

Digital transformation 数字化转型

Diminishing marginal cost 边际成本递减

Direct mail from overseas 海外直邮

Direct marketing 直接营销

Discount quotation 贴现行情

Duty drawback 关税退税

E-commerce law 电商法

Economic benefit 经济效益

Economies of scale 规模经济

EDI（electronic data interchange）电子数据转换

EDM（E-mail direct marketing）电子邮件营销

Electronic contracts 电子合同

Electronic signature 电子签名

Emerging economies 新兴经济体

Entrance fee 入港手续费

ETA（estimated time of arrival）到港日

ETD（estimated time of delivery）开船日

Evaluate 评估

Export credit 出口信贷

Export 出口

Express delivery 商业快递

EXW（EX works）工厂交货

FAS（free alongside ship）装卸港船边交货

FBA（fulfillment By Amazon）亚马逊物流

FCA（fulfillment to carrier）货交承运人

FedEx（Federal Express）联邦快递

Financial supervision 金融监管

FOB（free on board）离岸价

Foreign exchange 外汇

Free shipping 免运费

Free trade zone 自贸区

Free trade 自由贸易

Freight rates 运费率

Freight tax 行邮税

FTA（free trade agreement）自由贸易协定

Full truck load transport 整车运输

GATT（General Agreement on Tariffs and Trade）关贸总协定

Gig economy 零工经济

Gross weight 毛重

Guerrilla marketing 游击营销

Hashtag 标签

Import license 进口许可证

Import tariff 进口税则

Import 进口

Insurance charge 保险费

Intellectual property rights 知识产权
Intelligent logistics 智慧物流
Intermodal bill of lading 多式联运提单
IAIA（International air transport association）国际航空运输协会
International dedicated logistics 国际专线物流
International shipping 国际运输
Internet of things 物联网
Inventory 存货
Invoice 发票
L/C（letter of credit）信用证
Last mile delivery 末端配送
Less-than-truck-load transport 零担运输
Liner transport 班轮运输
Listing 清单；产品详情页
Logistics 物流
M2C（manufacturers to consumer）生产者对消费者
Manifest 清单
Manufacturer 制造商
Manufacturing resource planning 制造资源计划
Market penetration 市场渗透
Market positioning 市场定位
Market segmentation 市场分割
Marketing automation 营销自动化
Marketing budget 营销预算
Marketing communications 营销传播
Marketing mix 市场营销组合
Marketing objectives 营销目标
Marketing research 市场调研
Marketing strategy 市场营销策略
Minimum order quantity 最小起订量
Mobile payment 移动支付
Monopolistic competition 垄断竞争
Multilateral export control 多边出口管制
Multinational 跨国的
Net profit 净利
Net weight 净重
Neural network 神经网络
O2O（online to offline）线上到线下
Ocean freight 海运费

ODR（order defect rate）订单缺陷率
OMS（order management system）订单管理系统
Online money transfers 线上汇款
Online payment 在线支付
Online retail 线上零售
Overseas shopping 海淘
Overseas warehouse 海外仓
P2P（peer to peer）个人对个人
P2P（production to customer）商品到顾客
Pay in a lump sum 一次性付款
Pay in cash 现金支付
Pay in installments 分期付款
Payment confirmation 支付确认
Payment deadline 付款截止日期
Payment due 应付款
Payment method 支付方式
Payment plan 付款计划
Payment receipt 付款收据
Payment valuation 支付估价单
Payment 支付
Penalty 罚款
Personalization marketing 个性化营销
PIN（Personal Identification Number）个人识别密码
Port of entry 入境口岸
Port of shipment 起运港
Port 港口
Postal service 邮政服务
Pre-sale 售前
Price gouging 价格欺诈
Product description 产品描述
Prohibited/restricted goods 禁止 / 受限商品
Promotion 推广
Purchasing management 采购管理
QC（quality control）品质控制
QR（code payment）二维码支付
Qualitative forecasting 定性预测
Quantitative forecasting 定量预测
Quarantine inspection 检疫检查
Quote 报价
Real-time data 实时数据

Refund/change 退换货

Regional Trade Agreement 区域贸易协定

Relationship marketing 关系营销

Remittance 汇款

Reprice 重新定价

Request a check 申请支票

Reserved funds 储备基金

Resource 资源

Retailer 零售商

Retargeting and remarketing 重定位和再营销

Return and refund 退货与退款

Reverse supply chain 逆向供应链

ROI（return on investment）投入产出比

Routing analysis 路径分析

Sea freight 海运费

Settlement 结算

Shipping order 装船单

Shipping 航运

Sign up 注册；签署

Significant difference 显著性差异

SKU（stock keeping unit）库存量单位

Social media marketing 社交媒体营销

SRM（supplier relationship management）供应商关系管理

Supply chain management 供应链管理

Supply chain risk and coordination 供应链风险与协调

Target audience 目标受众

Tariff barrier 关税壁垒

Tax incentives 税收优惠

Tax regulation 税收监管

Taxation rate 税率

TBT（technical barriers to trade）技术性贸易壁垒

Technical specs 技术规格

Third-party 第三方的

Through bill of lading 联运提单

Trade barriers 贸易壁垒

Trade deficit 贸易逆差

Trade dispute 贸易争端

Trade surplus 贸易顺差

Trademark law 商标法

Transit duties 过境税

Transportation 运输

Transshipment 转运

UPS（United Parcel Service）美国联合包裹运输服务公司

VAT（Value-added Tax）增值税

Visualization 可视化

WeChat Payment 微信支付

WPA（With Particular Average）水渍险

WTO（World Trade Organization）世界贸易组织

Zero inventories 零库存